이덕일의 영웅천하

2

그 위대한 전쟁 2

저자_ 이덕일
그림_ 우승우
사진_ 권태균

1판 1쇄 인쇄_ 2007. 1. 19.
1판 1쇄 발행_ 2007. 1. 22.

발행처_ 김영사
발행인_ 박은주

등록번호_ 제406-2003-036호
등록일자_ 1979. 5. 17.

경기도 파주시 교하읍 문발리 출판단지 515-1 우편번호 413-756
마케팅부 031)955-3100, 편집부 031)955-3250, 팩시밀리 031)955-3111

값은 표지에 있습니다.
ISBN 978-89-349-2415-9 04900
        978-89-349-2413-5(세트)

독자의견 전화_ 031)955-3104
홈페이지_ http://www.gimmyoung.com
이메일_ bestbook@gimmyoung.com

좋은 독자가 좋은 책을 만듭니다.
김영사는 독자 여러분의 의견에 항상 귀 기울이고 있습니다.

그 위대한 전쟁

이덕일의 영웅천하

2

김영사

1
권

차례

영양왕 |?~618|

고구려 제26대 임금. 이름은 고원(高元). 통일제국 수나라 영토인 요서지역을 선제공격함으로써 여수대전(麗隋大戰)의 서막을 연다. 이후 수나라 문제, 양제 두 황제와 천하를 두고 여러 차례의 전쟁을 치른다.

양제 |隋煬帝:569~618|

수나라 제2대 황제. 이름은 양광(楊廣). 문제의 둘째아들로서 태자 용(勇)을 내쫓고 태자가 된 후 부왕을 독살하고 황제에 오른다. 즉위 후 대운하 굴착 등 수많은 토목사업을 전개했고, 여러 차례 직접 대군을 이끌고 고구려 원정에 나선다.

태종 |唐太宗:599~649|

당나라 제2대 황제. 이름은 이세민(李世民). 고조 이연의 차남으로 부친을 거병의 길로 이끈다. 당나라 개국 후 통일전쟁에서 각지의 군웅들을 진압하여 당나라를 통일제국으로 만든다. 형 건성과 태자 자리를 놓고 골육상쟁을 벌이는 현무문의 정변을 일으켜 황제가 된다.

당 고종 |唐高宗:628~683|

이름은 이치(李治). 태종과 장손왕후 사이의 삼남으로서 황위계승권이 없었으나 형 승건과 태가 싸우는 바람에 어부지리로 황제가 되었다. 즉위 후 부왕의 후궁이었던 측천무후를 궁중에 데려와 왕황후를 내쫓고 황후로 삼음으로써 그의 사후 측천무후가 주(周)나라를 개창하는 단초를 열었다. 재위 시절 백제와 고구려를 멸망시킨다.

선덕여왕 |善德女王:?~647|

진평왕의 둘째 딸로 언니 천명공주가 용춘에게 왕위를 넘기기 위해 출궁하자 왕위를 대신 차지한다. 즉위 후 흠반(欽飯)과 을제(乙祭), 용춘(龍春)을 남편으로 삼았으나 자식은 없었다. 당 태종이 여자라는 이유로 반란을 부추기자 김춘추와 김유신을 중용해 이를 타개하려 한다.

태종무열왕 | 太宗武烈王:602~661 |
이름은 김춘추(金春秋). 폐위당한 진지왕의 손자로서 첫 부인 보량궁주가 죽은 후에야 유신의 동생 문희를 맞아들였다. 딸 고타소가 의자왕의 군대에게 죽자 복수를 결심하고 고구려와 당나라, 왜국까지 가서 군사를 청한다. 당나라 군사를 끌어들여 백제를 멸망시킨 이듬해 사망한다.

김유신 | 金庾信:595~673 |
신라 삼국통일의 영웅. 증조부는 금관가야의 마지막 임금 구해왕이고, 아버지는 서현인데 가야계라는 이유로 서라벌 정통진골들로부터 차별을 받았다. 이후 김춘추를 매제로 삼아 왕통을 잇게 하고 자신은 군권을 쥐어 서라벌 진골들을 제압하고 삼국통일의 길로 나선다.

을지문덕 | 乙支文德:?~? |
고구려의 장군. 수 양제의 고구려 침략 때 수나라 대군을 살수에서 몰살시킨다.

연개소문 | 淵蓋蘇文:?~666 |
고구려 말기의 재상 및 장군. 아버지는 막리지 연태조인데 영류왕의 대당(對唐) 저자세 외교에 분개해 정변을 일으켜 왕을 죽이고 정권을 잡는다. 이후 당 태종의 침공과 백제 멸망 후 나당 연합군의 공격을 막아낸다. 그러나 그의 사후 아들들 사이에 발생한 내분이 고구려를 결정적으로 약화시킨다.

양만춘 | 楊萬春:?~? |
안시성 성주. 개모성, 비사성, 요동성, 백암성 등을 모두 함락시킨 당 태종의 대군을 안시성에서 맞이해 끝내 격퇴시킨다.

천지천황 | 天智天皇:재위 661~671 |
중대형황자. 서명천황과 황극여제 사이의 장남으로 태어났으나 대신 소아입록의 견제를 받아 황태자가 되지 못한다. 645년의 대화정변으로 소아입록을 주살하고 황태자가 되었으며, 정변 후 다시 친백제계로 돌아선다. 어머니 황극여제가 급서한 후 2만 7천 명에 달하는 대규모 백제구원군 파견을 주도한다.

의자왕 | 義慈王:?~660 |
무왕의 장남이지만 형제와 귀족들의 심한 견제로 무왕 33년(632)에야 태자로 봉해진다. 즉위하자마자 호족들에 대한 대숙청을 단행하고 신라의 여러 성을 빼앗아 백제의 왕권과 국력을 신장시킨다. 이 과정에서 김춘추의 딸을 죽게 만든 것이 백제를 위험에 빠뜨린다. 호족들과의 반목에 의한 내분 때문에 나당연합군의 침략 때 적절한 대응을 못하고 망한다. 패망 후 당나라 수도 장안으로 끌려와 금방 죽는다.

계백 | 階伯: ?~660 |
백제의 장군. 백제의 5천 결사대를 이끌고 김유신의 5만 군사에 맞서 황산벌에서 네 번 싸워 모두 승리했으나 화랑 반굴(盤屈)·관창(官昌) 등 어린 화랑의 죽음에 격동된 신라군에게 끝내 패배해 전사한다.

무왕 | 武王: ?~641 |
백제의 30대 임금. 어린 시절을 마장수로 보낼 정도로 불우하게 지냈으나 익산의 호족 출신 선화공주와 결혼하면서 임금자리에 오른다. 재위 시절 익산으로 천도하기 위해 왕궁과 미륵사를 창건했으나 끝내 뜻을 이루지는 못했다.

문무왕 | 文武王: ?~681 |
이름은 김법민(金法敏). 태종무열왕과 문명왕후(김유신의 동생) 사이의 장남. 김춘추와 당나라 장안에 가서 태종에게 군사 지원을 요청했으며 당에 남아 숙위한다. 태종무열왕 사후 백제부흥군을 격파하고 고구려까지 멸망시킨다. 당나라가 백제와 고구려 영토를 모두 차지하려 하자 나당전쟁을 일으켜 승전한다. 유해를 화장해 뿌려달라는 유언을 남긴다.

오국시대 후반기 세력도

唐

買肖城

新羅

伎伐浦

高句麗 百濟 新

11

생애 마지막 과업

수 양제가 잔혹하고 포악했으므로 일개 필부의 손에 죽었지만
천하의 백성들이 그의 죽음을 슬퍼했다는 말은 거의 들어본 적이 없다.
아무쪼록 그대들은 나를 위해서 수의 멸망을 생각해 간해주기 바란다.

『정관정요(貞觀政要)』, 「정체편(政體篇)」에서 태종이 신하들에게 한 말

돌궐 정복

정관 7년(633) 정월, 장안성의 내성 태극전 앞에서는 거대한 연회가
베풀어지고 있었다. 중앙의 태종을 위시한 삼품 이상의 관리가 모두
참석했으며 당에 복속한 유목민족의 족장들도 모여서 충성을 맹세하
는 신년 하례 자리였다.

장엄한 칠덕무(七德舞) 연주가 연회의 분위기를 돋우었다. 칠덕무는
태종이 진왕 시절 산서 지방에서 유무주를 물리치던 장면을 노래한
것으로 창과 칼을 든 군사들이 어울려 싸우는 장엄하고 용맹스런 무
곡이었다. 『춘추좌씨전(春秋左氏傳)』에 따르면 무(武)에는 7덕이 있는
데, 난폭한 짓을 못하게 하고, 군사를 징발하지 않고, 대의를 지키고,
공로를 밝히고, 백성을 편하게 하고, 무리를 화합하고, 재물을 넉넉
하게 하는 것이라고 했다. 즉 무란 단순한 폭력이 아니라 대의와 민
생에 입각하여 진정한 평화를 가져오는 도구라는 뜻이 7덕에 담겨 있
었다. 칠덕무는 태종이 즉위한 해 '진왕파진악(秦王破陣樂)' 이란 이름

위엄이 넘치는 당나라 의장대의 모습

으로 처음 연주되었다. 이 음악을 접한 태종은 큰 감동을 받아 이렇게 말했다.

"나의 공업은 이 무곡을 낳은 유무주와의 전투로 성취된 것이다. 나는 그때의 일을 영원히 잊을 수 없다."

이 말을 들은 봉덕이(封德彛)가 화답했다.

"폐하께서는 귀신과 같은 무공으로 천하를 평정하여 모든 문(文)은 빛을 바랬습니다."

그러나 태종의 대답은 달랐다.

"난세를 다스려 창업히는 것은 무에 힘입지만 실현된 공업을 수성하는 것은 문으로 해야만 한다. 문과 무는 각각 그 역할이 다를 뿐 문이 무보다 못한 것은 아니다."

태종은 이처럼 칼로서 한 세상을 연 군주이면서도 문의 효능을 잘 알고 있었다. 그래서 18학사라 불렸던 문학관 학사를 중용해 새 국가 건설의 기획과 각종 문화사업을 맡겼다. 이들 중 두여회·방현령·저수량·공영달(孔穎達) 등은 먼 훗날까지 이름을 떨쳤다.

이세민이 즉위한 지 며칠 지나지 않았을 무렵 돌궐이 20만 대군을 이끌고 전격 남침을 단행했다. 돌궐 국왕 힐리가한은 시필가한의 아들인 돌리가한(突利可汗)과 함께 섬서성 무공현을 돌파하고 파죽지세로 내려왔다. 행군총관 위지경덕이 섬서 경양(涇陽)에서 저지했으나 이를 뚫고 장안 근처까지 진격했다. 돌궐은 장안 북쪽의 위수 북안에 주둔하고 당 조정에 사신을 보내 위협했다.

"가한께서는 백만 대군을 거느리고 와 계신다."

아직 현무문 정변의 여파가 다 가시지 않아 어수선한 상황이었던 당은 큰 혼란에 빠졌다. 하지만 태종은 조금도 흔들림없이 준엄하게 힐리가한의 사자를 꾸짖었다.

"우리는 너희와 화친을 맺고 여러 차례 막대한 양의 금은 비단을 내려주었다. 그런데 지금 아무런 이유도 없이 맹약을 배신하고 침략해온 목적이 무엇이냐? 내 이를 도저히 용서할 수 없으니 우선 네놈의 목을 베야겠다."

태종이 뜻밖에 강경하게 나오자 사자는 당황했다. 사실 돌궐이 남하한 목적은 영토가 아니라 금은보화, 비단 같은 재물과 노동력 확보에 있었다. 태종이 사자의 목을 베려 하자 전쟁이 벌어질 것을 우려한 소우(蕭瑀)가 나서서 말렸다.

"사신을 돌려보내는 것이 좋겠습니다."

하지만 태종은 듣지 않았다.

"사신을 돌려보내면 돌궐은 우리가 자신들을 두려워하는 줄 알고 더욱 기고만장할 것이다."

태종은 사신의 목을 베는 대신 그를 문하성(門下省)에 감금해 버렸다. 그리고 손수 방현령과 고사렴 등 몇몇 측근들을 데리고 위수강가로 가서 건너편을 바라보며 꾸짖었다.

"힐리가한아! 맹약을 배신하다니 괘씸하구나."

강물소리에 휩쓸려 잘 들리지 않았지만 힐리가한은 단 몇 기만을 거느리고 강 건너편에 나타난 인물이 이세민임을 알 수 있었다. 잠시 후 당의 정예군인 육군(六軍 : 천자의 군대)이 오색깃발과 흙먼지를 날리며 달려와 돌궐과 맞서 진을 쳤다. 강 건너편이 삽시간에 군기와 갑옷으로 가득 차자 힐리가한은 당황했다. 이세민은 부대에게 진을 치게 하고 자신은 계속 강가에 머물면서 힐리가한에게 소리질렀다.

"적의 화살이 날아올지 모르니 안전한 곳으로 옮기십시오."

그러나 이세민은 듣지 않고 계속 강가에 서서 고함을 질렀다. 사실 이는 힐리가한에게 외치는 것이라기보다는 진지의 병사들과 배후의 장안 백성들에게 외치는 소리였다.

'나는 돌궐이 조금도 두렵지 않다.'

유혈 참극 끝에 즉위한 지금 돌궐과 전쟁을 벌일 만한 여력이 없음을 이세민도 잘 알고 있었다. 하지만 굴욕적인 자세를 보인다면 저들이 더욱 거만하게 나올 것임이 분명했으므로 강경하게 대응한 것이다.

과연 이세민의 예상대로 돌궐은 그날로 화친을 제의해왔다. 이세민과 힐리가한은 며칠 후 장안의 북교(北郊) 편교(便橋) 위에서 백마의 피를 나눠 마시고 맹약을 맺었다. 막대한 양의 금은 비단이 돌궐 측에 건네졌음은 말할 나위도 없었다. 그나마 태종이 전쟁을 불사할 것처럼 맞불을 놓았기에 그 액수를 줄였을 뿐 당나라는 돌궐에 무릎을 꿇은 것이었다.

나중에 신하들이 이세민에게 돌궐과 일전을 불사하지 않은 이유를 물어보았다.

"그때 돌궐과 싸웠다면 승산은 반반이었다. 그러나 당시 짐은 즉위한 지 얼마 안 돼 나라의 기초가 아직 약하고 백성들의 생활도 넉넉하지 못할 때여서 아직은 때가 아니라고 생각했다. 일단 그렇게 무마해두었다가 힘을 길러 일거에 쳐부술 요량이었다."

돌궐이 돌아간 후 태종은 군사들을 열심히 훈련시켰다. 태종이 직접 임석한 가운데 궁중 활터에서는 비무 대회가 벌어지고, 우수한 성적을 거둔 군사에게는 많은 상이 내려졌다. 그리고 그는 군사들에게 훈시를 게을리 하지 않았다.

"이적(夷狄)의 침략은 예로부터 우리나라의 큰 골칫거리였다. 변경이 편안하면 제왕들이 향락에 빠져 군비를 소홀히 해 이적의 침략을 부르기도 했다. 그러나 짐은 나의 향락을 위해 연못을 파거나 정원을 닦지 않을 것이다. 평화시에는 제군들의 스승이 되어 무예를 가르치고, 돌궐이 쳐들어오면 제군들과 함께 나가 백성들의 평화를 지키리라. 백성들만 평안하면 짐은 더 이상 바랄 것이 없다."

그러나 군사들이 궁중 안에서 훈련하는 것을 우려하는 신하들이 많았다. 무장한 군사들을 함부로 궁 안에 들이는 것은 위험하다는 생

만리장성

각이었다. 그러나 태종은 이를 일축했다.

"모든 백성은 짐의 적자(赤子)이다. 하물며 궁성을 지키는 금위군이 야 말할 것이 있겠는가?"

군사들은 이런 태종의 말에 감격해 전쟁이 일어나면 목숨을 바쳐 싸우리라 맹세했다. 태종은 이처럼 군사들을 조련하며 돌궐을 정복할 기회를 엿보았다. 그러는 동안 돌궐이 분열되고 약화되는 조짐이 보였다.

우선 산서성 대동(大同) 부근에서 위세를 떨치던 원군장(苑君璋)이 투항해왔다. 돌궐을 믿고 제멋대로 굴던 원군장은 돌궐의 분위기가 심상치 않게 돌아가자 당나라에 귀순했다.

한편 조덕언(趙德言)을 신임한 힐리가한은 돌궐을 문명화, 즉 중국화하려고 힘썼는데 이것이 마찰을 불렀다. 자유롭게 생활하던 유목민족인 돌궐족에게 여러 까다로운 제도가 마련되자 불편을 느낀 그들이 불만을 품게 되었던 것이다. 힐리가한은 또 무역에 능한 서역인들을 중용해 동서무역을 맡겼다. 그러나 이들이 무역의 이익을 독점하자 부의 분배에서 소외된 돌궐인들의 불만이 증폭되어 갔다.

게다가 설상가상으로 몽고 고원에 폭설이 내려 수많은 가축들이 얼어죽고 말았다. 그런데도 힐리가한이 세금 징수를 독촉하자 돌궐인들의 불만은 폭발 직전에 이르렀다.

또한 힐리가한은 조카 돌리가한에게 동북방의 여러 부족을 통솔하는 임무를 맡겼는데 돌리는 터키계 철륵(鐵勒)의 반란을 진압하는 데 실패했다. 힐리가 그 책임을 묻자 돌리는 큰 불만을 품었다. 돌리는 힐리의 잘못된 정책 때문에 반란과 투항이 잇따르고 있다고 생각했다. 그러다 둘은 설연타(薛延陀)와 위흘(圍紇) 사건을 계기로 완전히 갈라섰다.

　돌궐의 지배하에 놓여 있던 설연타와 위흘이 반란을 일으키자 힐리가한은 10만 대군을 보내 진압하도록 했다. 그런데 그만 위흘의 장수가 거느리는 5천 기병에게 패전하고 천산(天山) 지방까지 쫓겨갔다가 대부분 포로가 되었다. 힐리가한은 다시 돌리가한을 보냈으나 그역시 대패하고 겨우 목숨만 건져 돌아왔다. 이에 분노한 힐리가한은 돌리가한을 감금하고 수모를 주었다. 격분한 돌리가한은 군사를 일으켜 힐리가한에게 대적했다.

　정관 2년(628) 4월, 드디어 힐리가한과 돌리가한 사이에 전투가 벌어졌다. 힐리의 공격을 받은 돌리는 당에 사자를 보내 구원을 요청했다. 그리고 이듬해 12월에는 돌리가한이 직접 입조해 항복을 청해왔다. 고구려에서는 이를 힐리가한을 사로잡은 것으로 잘못 판단하고 『삼국사기』 영류왕 11년(628) 9월 조에 "사신을 보내 태종이 돌궐의 힐리가한을 사로잡은 것을 치하했다"고 기록하고 있다.

　돌리가한의 귀순으로 당 태종은 드디어 힐리가한을 토벌할 때가 왔다고 판단했다. 때마침 설연타도 조공 사절을 파견하자 힐리가한은 안팎으로 완전히 고립되었다.

　정관 3년(629) 11월, 당 태종은 이세적(李世勣)을 동한도행군총관으로, 이정(李靖)을 정양도행군총관, 시소(柴紹)를 금하도행군총관, 설만철(薛萬徹)을 창무도행군총관으로 삼아 10만 대군을 주어 돌궐을 공격했다.

　이듬해 정월 마읍에서 출발한 이정의 3천 정예군사가 정양(定襄)에서 힐리가한의 군사를 급습하자 이에 놀란 힐리가한은 음산(陰山)산맥 쪽으로 도망갔다. 때마침 운중(云中 : 현 산서성 대동 동쪽)에서 출발한 이적의 군사는 음산산맥 북쪽 요충지인 백도(白道)에 매복하고 있다가 힐리가한의 군사를 습격해 대승리를 거두었다. 이 승리로 이적은 무려 5만에 달하는 돌궐족을 포로로 잡았다.

치명타를 입은 힐리가한은 태종에게 사신을 보내 사죄하면서 강화를 청했다. 태종은 힐리가한이 시간을 벌어 원병을 끌어들이려는 전략으로 판단하고 답장을 보내 방심시키는 한편, 이정과 이적의 양군에 속전속결을 명했다.

이정은 정예기병 1만에게 20일치 식량을 나눠준 후 백도에서 출발했고, 이적도 뒤를 따랐다. 이들은 전열을 채 갖추지 못한 힐리가한을 현재의 내몽고 이연호특시(二連浩特市) 서남쪽에서 기습해 대승을 거두었다. 이 승리로 돌궐군 1만여 명의 목을 베었으며 남녀 10만여 명을 포로로 삼았고 수십만 두의 가축을 노획했다.

간신히 몸을 피한 힐리가한은 잔존 병력 1만여 명을 거느린 채 고비사막을 건너려 했으나 이세적의 대군이 가로막자 할 수 없이 영하(寧夏) 방면에 있던 소니실(蘇尼失) 부족에게 몸을 의탁했다. 그러나 당나라 군사들이 추격해오자 당군의 위세를 두려워한 소니실은 산 속에 몸을 숨긴 그를 끌어내 당군에게 인계했다. 불과 3년 전만 해도 20만 기병을 이끌고 장안을 위협하던 힐리가한은 포로의 몸이 되어 장안으로 잡혀왔다.

태종에게 제위를 내주고 유폐 생활을 하고 있던 고조 이연은 힐리가한을 사로잡아 왔다는 보고를 듣고 이렇게 말했다.

"옛날 한 고조(漢高祖 : 유방)는 백등산(白登山)에서 흉노에게 갖은 고초를 당했지만 보복 한 번 제대로 못했는데, 우리 아들은 돌궐을 멸망시켰으니 얼마나 훌륭한가. 금상(今上)에게 일을 맡기면 나는 근심할 것이 하나도 없다."

정확히 말하면 금상에게 일을 '맡긴' 것이 아니라 '빼앗긴' 것이지만 수백 년간 북방의 골칫거리였던 돌궐을 멸망시킨 것은 그만큼 대단한 업적이었다. 이세민은 중국 역사상 최초로 새북(塞北)의 패자 돌궐을 평정하는 대업을 이룩했다.

태종은 상황(上皇) 고조와 문무백관을 불러놓고 궁중에서 전승 축하연을 베풀었다. 술이 거나하게 돌아가자 고조는 손수 비파를 뜯고 태종은 자신이 쫓아낸 부왕의 비파 소리에 맞추어 밤새 흥겹게 춤을 추었다.

"새북까지 평정했으니 천하가 비로소 폐하의 발 아래 들어왔습니다."

한 신하가 기뻐서 이렇게 말했다. 중원을 통일한 중국 황제들은 만리장성 이남의 농경민족뿐 아니라 장성 이북의 유목민족까지도 지배하고 싶어했다. 농경민족이건 유목민족이건 하늘 아래 모든 백성들은 천자의 지배를 받아야 한다는 것이 한족들의 천하관이자 제왕관(帝王觀)이었다.

그러나 이런 제왕관은 그들만의 바람일 뿐 새북의 유목민족을 한번도 발 아래 두지 못했다. 이때 태종에게 항복한 여러 유목민족들이 '천가한(天可汗)'이란 존칭을 바친 것은 비로소 태종에 이르러 중국황제가 유목민족까지 지배하게 되었음을 뜻했다. 국왕을 뜻하는 '가한' 앞에 하늘을 뜻하는 '천' 자가 붙은 이 호칭은 유목민족에 있어서 최고의 존칭이었다.

"천하가 비로소 폐하의 발 아래 들어왔습니다"라고 말한 것은 바로 이 때문이다. 그러나 태종의 반응은 달랐다.

"아직 천하가 짐의 발 아래 들어온 것이 아니다."

이 말에 놀란 여러 신하들이 태종을 바라보았다.

"저 요동의 고려가 있지 아니하냐?"

고구려는 자신들만의 천하관을 가진 나라였다. 고구려는 자신들이 천하의 주인이라는 생각에서 거란과 말갈 등을 속국으로 두었다. 중국에 사신을 보내는 것도 속국의 조공 관계가 아니라 중국 남북조와 각기 외교를 맺었던 것처럼 서로 대등한 관계였다. 수 양제가 여러 차례 고구려를 침략한 것도 고구려를 정복하지 않고는 천하를 다스린다고 말할 수 없었기 때문이었다.

당 태종도 마찬가지였다. 그도 고구려를 정복하지 않고서는 진정한 천자가 될 수 없다고 생각했다. 그는 자신의 마지막 전쟁이 고구려가 될 것임을 알고 있었다.

태자 책봉

정관 17년(643), 태종은 수심에 잠겨 있었다. 천하를 정복한 그에게도 뜻대로 안 되는 일이 있었으니, 바로 자식들 문제였다. 후사 문제로 거의 잠을 이루지 못할 지경이었다. 그는 7년 전인 정관 10년(636), 세상을 떠난 부인 장손황후(長孫皇后)를 떠올렸다.

이세민은 그녀가 살아 있었다면 이 문제를 지혜롭게 해결할 수 있었을 텐데라고 생각했다. 이세민과 장손씨 사이에는 승건(承乾)·태(泰)·치(治) 세 아들이 있었는데 모두 마음에 들지 않았다. 자신과 그녀 사이에서 어떻게 이런 자식들이 나왔는지 이해할 수 없었다.

이세민은 16세 때인 대업 9년(613)에 13세의 장손씨와 결혼했다. 장손무기의 여동생인 그녀는 북위의 황실인 선비 탁발씨(拓跋氏)의 피가 흐르고 있었다. 장손씨는 어릴 적부터 독서를 좋아했으며, 특히 옛 사람들의 선악을 보고 스스로 거울로 삼았다. 당이 건국된 후에는 남편이 제위에 오르는 데 큰 보탬이 되었다. 아첨할 줄 모르는 이세민이 고조의 비빈들로부터 미움을 받을 때마다 비빈들에게 선물을 바치거나 비위를 맞추어 적개심을 누그러뜨렸다. 그리고 시아버지 고조를 성심껏 모시는 것으로 이세민을 도왔다.

현무문의 정변으로 황후에 올랐지만 여전히 검약하고 독서를 게을리 하지 않으며 조용히 내조했다. 이세민은 즉위 후에 곧잘 황후를 상대로 정사를 의논했다. 한번은 신하에 대한 상벌 문제를 논의하자 이렇게 대답했다.

"예로부터 암탉이 울면 집안이 망한다고 했습니다. 여자의 몸으로 정사에 간여할 수 없습니다."

태종은 그녀의 의견을 듣기 위해 여러 모로 애를 썼으나 끝내 실패하고 말았다. 그러나 그녀는 태종이 어긋나간다 싶으면 간언을 서슴지 않았다.

어느 날 태종이 전에 없이 노해 있었다.

"그놈의 늙은이를 죽여버리고 말겠다."

"누구를 말씀하십니까?"

"위징이란 놈이요. 그놈이 조정에서 날 모욕했소."

위징은 원래 동궁관으로 태자 이건성의 측근이었다. 그는 건성이 세민과 대립하고 있을 때 여러 계책을 내어 태자 건성을 도왔다. 산동의 유흑달을 토벌하도록 권한 것도 바로 그였다. 그래서 진왕 시절 이세민은 위징을 증오해 자신이 정권을 잡으면 반드시 죽여버리리라 결심했다. 현무문 정변 직후 건성과 원길의 잔존 세력을 숙청할 때 위징이 첫 순위에 오른 것은 당연했다. 이세민은 붙잡혀온 위징을 꾸짖었다.

"네놈은 쓸데없는 계책으로 항상 우리 형제를 이간시켜 오지 않았느냐?"

그러나 위징은 조금도 굴하지 않았다.

"태자께서 저의 계책을 따라주셨다면 오늘날 이 모양이 되지는 않았을 것이오."

이세민은 죽음을 앞에 두고도 눈빛 하나 변하지 않는 그를 죽이기 아까웠다. 그래서 죽이려던 마음을 바꾸어 위징을 자신의 속관으로 삼았다. 태종의 측근이 된 위징은 항상 직언으로 태종에게 간했다. 태종은 자기 절제가 강한 인물이었지만 사냥을 매우 좋아했다. 그러자 이를 간하는 상소문이 많아졌다. 태종은 이것이 불만이었다.

"짐이 지나치게 사냥을 좋아한다는 말이 많은데 천하가 태평할 때에도 무예를 소홀히 해서는 안 된다. 또한 짐은 어원에서만 사냥을 하므로 백성들에게 피해를 주는 일은 없지 않은가?"

이 말에 위징은 단호하게 반대했다.

"그렇게 말씀하시면 다시는 간하는 신하가 없게 될 것입니다."

황보덕삼(皇甫德參)이란 지방관이 상소문을 올려 태종을 비판한 적이 있었다.

"낙양궁 수축에 백성들을 지나치게 혹사하고 있으며, 세금도 너무 중합니다. 또한 요즘 여인들이 머리를 높다랗게 올리고 있는데 이것은 원래 궁중에서 시작된 것입니다. 이런 사치스런 풍습은 금지시키는 것이 좋겠습니다."

상소문을 받아본 태종은 흥분했다.

"황보덕삼의 말대로 한다면 짐은 한 사람의 백성도 사역하지 못하고 세금도 거두지 못하며 궁녀들도 모두 머리를 빡빡 깎아야겠구나. 황보덕삼을 잡아올려라. 무고죄로 처벌하겠다."

황제에 대한 무고죄는 사형이었다. 이때도 위징이 열심히 달래서 없던 일로 만들었다. 한번은 태종이 위징에게 이렇게 물었다.

"예전에 비해서 요즘 짐의 태도는 어떠한가?"

"예전만 못하십니다."

이 대답에 섭섭해진 태종이 이렇게 말했다.

"나는 조금도 변한 것이 없는 것 같은데."

"그 이유는 이렇습니다. 즉위 초에는 신하들이 간언하지 않을 것을 두려워하셔서 일부러 말할 기회를 만들어 주셨습니다. 그 후 몇 해 동안은 기꺼이 간언을 받아 주셨습니다. 그러나 최근에 와서는 억지로 간언을 받아들이려고 노력하고 계십니다."

"어떻게 아는가?"

"겉으로 불쾌한 표정을 드러내고 있습니다. 이것이 예전과 다른 점입니다."

매사 이런 식이다 보니 가끔 분노가 폭발해 위징을 죽이겠다고 부인 장손씨에게 말하곤 했다. 위징을 죽이겠다는 말을 들은 장손황후는 말없이 물러났다가 황후의 예복을 차려입고 다시 조정으로 나왔다. 평소에 소박함을 좋아하는 황후가 신년 하례식이나 천제(天祭) 때 입는 예복 차림으로 나타나자 태종은 깜짝 놀랐다.

"무슨 일이오?"

"제왕이 공명하면 신하도 바르다고 했습니다. 위징이 항상 올바른 간언을 하고 있음은 폐하께서 공명하시다는 증거 아니겠습니까. 이것이 기뻐서 하례를 드리러 나왔습니다."

그러자 태종의 분노가 봄눈 녹듯 풀렸다. 장손씨는 예로부터 전해 내려오는 부인들의 선행이나 덕행을 모아서 『여칙(女則)』이란 책을 편찬하고 직접 서문을 썼다. 그녀는 스스로 검약을 실천하고 때로 이런 책을 나누어주는 방법으로 다른 후궁들을 다스렸다. 이렇게 다스린 그녀의 후궁 중에 중국 최초의 여제인 무측천(武則天)이 나왔으니 이 또한 역사의 아이러니이다.

장손황후는 또한 외척의 득세를 극도로 경계했다. 태종이 오빠 장손무기를 재상으로 삼으려 하자 그녀가 극력 반대하고 나섰다.

"오라비와 동생이 모두 나라의 주요 지위에 있게 되면 옛 성현들이 극력 경계했던 외척 전횡의 근원이 됩니다."

장손무기는 단순히 황후 여동생을 둔 오빠가 아니라 현무문의 정변 때 선봉을 맡았던 공신이었으므로 재상에 오를 자격이 충분했다. 그럼에도 불구하고 황후는 장손무기가 자신의 오빠이기 때문에 재상이 되어서는 안 된다고 간했다. 이런 처신 때문에 그녀는 역대 최고의 황후 중 한 명으로 인정받게 된다.

이런 장손황후가 34세라는 젊은 나이에 그만 중병에 걸리고 말았다. 백약이 무효하자 태자 승건은 종교의 힘을 빌리기 위해 대대적인 은사(恩赦)를 베풀고 도첩(度牒 : 승려 허가서)을 발행해 병액을 없애자고 청했다. 태종은 황후의 병을 낫게 할 수만 있다면 무엇이든 하고 싶은 심정이었으나 황후가 반대하고 나섰다.

"인명은 재천이니 사람이 어찌할 수 없습니다. 혹자는 복을 닦아서 생명을 연기시킬 수 있다고 말하지만 나는 원래 나쁜 짓을 하지 않았으니 그럴 필요가 없습니다. 선행을 베풀었는데도 효과가 없다면 더 이상 구할 수 있는 복은 없는 것입니다. 은사는 나라의 대사이고 불교는 이국의 가르침이니, 모두 정치의 악폐가 될 뿐만 아니라 천자가 함부로 할 일이 아닙니다. 어찌 일개 부인을 위해서 천하의 법을 어지럽힐 수 있겠습니까."

이 말에 태종은 크게 감동했다. 이런 부인을 살릴 수 있는 일이라면 무엇을 못하랴는 생각에 은사와 도첩을 시행하려 했으나 황후의 거듭된 사양으로 그만두었다. 죽음을 목전에 둔 장손황후의 마지막 간청은 태종의 비위를 거슬러 면관(免官) 상태로 있는 방현령을 용서해달라는 것이었다.

"방현령은 오랫동안 폐하를 섬겨왔습니다. 그와 같이 깊은 사려와 면밀한 판단력을 갖춘 재상을 찾기는 쉽지 않습니다. 그러한 명신은 특별히 큰 문제가 없는 한 멀리해서는 안 됩니다."

그녀는 자신의 친정에 관한 말도 빼놓지 않았다.

"저의 친정은 요행히 높은 자리를 차지하고 있습니다만 실력으로 된 것이 아닙니다. 아무쪼록 자손들을 위해서라도 친정 식구들에게 높은 자리를 주지 마시기 바랍니다."

그녀의 유언은 계속되었다.

"훌륭한 인재를 아끼시고, 충간을 잘 받아주시고, 토목 사업을 적게 하시고, 사냥을 중지해 주십시오. 이런 약속을 해주신다면 저는 안심하고 이 세상을 하직할 수 있습니다."

장손황후는 품안에서 독약을 꺼내 놓은 후 말했다.

"폐하께서 먼저 돌아가신다면 이 독약으로 뒤를 따를 작정이었습니다. 하지만 이제 이 독약은 소용없게 되었습니다."

그녀는 황후의 장례를 화려하게 치르는 것은 천하의 웃음거리라는 말로 간소한 장례를 부탁하고 정관 10년(636) 세상을 떠났다. 태종의 슬픔은 컸다.

"일량좌(一良佐 : 하나의 어진 보좌인)를 잃었도다!"

장손황후는 태종의 능으로 미리 정해 놓은 소릉(昭陵)에 묻혔다. 태종은 장손씨에 대한 애도문을 손수 써 돌에 새겨 그녀를 기렸다.

"황후는 성품이 검소하여 간소하게 장사지내 줄 것을 유언했다. 도적의 마음은 진기한 보물을 탐내는 데 있으니 보물만 없다면 도굴당할 염려는 없을 것이라고 말했다. 짐의 마음 역시 마찬가지이다. 왕

장손황후가 묻힌 소릉 훗날 당 태종도 이곳에 안장되었다.

자(王者)는 원래 천하를 자기 집으로 삼는다. 어찌 보물을 능 속에 수장해 자기 소유로 할 것인가⋯⋯."

부인을 잃은 태종의 방황하는 마음이 어원(御苑) 안에 높은 탑을 세우게 했다. 탑에 올라 장손황후가 묻힌 소릉을 바라보기 위해서였다. 태종은 황후와 함께 지냈던 나날들을 회상하며 자주 탑에 올랐다. 그러나 위징은 태종의 이런 모습이 탐탁치 않았다. 태종이 위징과 함께 탑에 올랐을 때 이렇게 물었다.

"어떤가, 소릉이 보이지 않는가?"

"나이가 들어서 그런지 잘 보이지 않습니다."

소릉의 주봉은 해발 1,188미터의 고봉이므로 능은 보이지 않을지

몰라도 산은 볼 수 있었다.

"저기 소릉이 보이지 않는단 말인가?"

"아, 저는 폐하께서 헌릉(獻陵 : 고조의 능)을 보고 계시는 줄 알았습니다. 소릉 같으면 저도 잘 보입니다."

위징은 태종이 부왕인 아버지의 죽음보다 아내의 죽음을 더 슬퍼하는 것은 만백성의 모범이 되어야 할 천자로서 적절한 태도가 아님을 빗댄 것이다. 물론 태종도 위징이 헌릉을 언급한 의도를 알고 있었다. 태종은 결국 위징의 말이 옳다고 여기고 어원에 쌓았던 탑을 허물어 버렸다.

그런 태종은 장손황후를 잃은 7년 후 위징을 잃고 말았다. 정관 16년 가을부터 병석에 누웠던 위징이 끝내 일어나지 못하고 이듬해 정월 세상을 떠났다. 위징은 장손황후 곁에 배장되었다. 장손황후와 위징의 죽음은 태종에게 균형 잡힌 판단 체제의 붕괴를 의미했다. 이런 상황에서 발생한 것이 태자 문제였다.

태종은 장손황후에게서 낳은 세 아들을 포함해 모두 열네 명의 아들을 두었다. 현무문의 정변으로 정권을 잡은 태종은 즉위하자마자 8세의 장남 승건을 태자로 삼았다. 후사 문제를 분명히 해두어 현무문의 정변 같은 비극을 되풀이하지 않기 위함이었다. 승건은 어린 시절에 매우 영특해 태종 마음에 들었다. 정관 9년(635) 태상황 고조가 세상을 떠나자 태종은 복상기간 동안 승건에게 정사를 맡겼는데, 열여섯의 태자는 제법 흡족하게 국사를 처리했다. 그러자 태종은 이궁에 가 있는 동안 으레 승건에게 정사를 맡겨 처리하게 했다.

이때만 해도 태종의 후사가 승건이 될 것임을 의심하는 사람은 아무도 없었다. 그러나 태종같이 목숨을 걸고 쟁취한 권력이 아니라 하늘에서 떨어진 권력을 받은 승건은 점차 권력의 단맛에 빠져들었다.

어느 순간부턴가 일반인의 출입이 엄격히 금지된 동궁에 신분이 불분명한 인물들이 출입하게 되었고 그중에는 수많은 미녀들이 끼여 있었다. 또 학문을 멀리하고 사냥을 가까이 하면서 민가에까지 피해를 입히기 시작했다.

게다가 승건은 돌궐족의 생활을 동경했다. 까다로운 예법이나 골치 아픈 학문 등에 구애받지 않는 유목민족의 자유로운 삶을 부러워했다. 승건은 커다란 구리솥을 만들어 사냥에서 잡아왔거나 훔쳐온 짐승들을 삶아 잔치를 벌였다. 서툰 돌궐 말투를 쓰고 돌궐 복장을 입기도 했다. 젊은이들을 돌궐족처럼 변발을 하게 하고 양가죽을 입히고 깃발을 만들어 천막 생활까지 하게 했다. 승건은 그 속에 들어가 돌궐족처럼 고기를 칼로 썰어 먹었다.

"내가 죽은 가한 시늉을 할 테니 너희들은 장례식을 올려라."

승건이 땅에 쓰러지자 모두들 통곡하면서 그 둘레를 달렸다. 어떤 때는 실제로 돌궐족을 동궁 내로 끌어들이기도 했다.

태종의 이복동생 한왕(漢王) 원창(元昌)은 행실이 나빠 자주 태종의 문책을 받았다. 그런데 승건은 원창과 손발이 맞아 함께 어울렸다. 노비들을 둘로 나누어 승건과 원창이 스스로 장군이 되어 전쟁놀이를 했다. 단지 시늉만의 놀이가 아니라 창에 찔려서 피 흘리는 자와 죽는 자까지 생겼다. 그럼에도 불구하고 승건은 이렇게 말했다.

"내가 제위에 오르면 어원 안에 1만 명의 군사를 풀어놓고 한왕과 전쟁놀이를 할 것이다. 얼마나 재미있겠는가?"

승건은 이런 말도 했다.

"내가 황제가 된다면 하고 싶은 일을 마음대로 하겠다. 만약 귀찮게 간하는 자가 있으면 가차없이 벨 것이다. 한 백 명쯤 죽여버리면 간하는 자가 없어지겠지."

승건이 유일하게 두려워했던 건 자신의 비행이 부왕인 태종의 귀에 들어가는 것이었다. 그래서 태종에게 간언하려는 동궁관이 있으면 재빨리 자리를 고쳐 앉으며 잘못했다고 반성하는 태도를 보였다. 얼마 동안은 아무 일 없이 넘어갈 수 있었지만 이런 비행들이 끝내 감추어질 수는 없는 법. 모든 사실을 알게 된 태종은 갖가지 방법으로 승건을 바로잡고자 했으나 별 소용이 없었다.

그러자 태종의 마음은 장손황후가 낳은 둘째 위왕(魏王) 태(泰) 쪽으로 기울었다. 태는 서자까지 합치면 넷째 아들이었는데 "너무 뚱뚱해서 절을 하는 것조차 힘들어했다"고 기록될 정도로 비만이었다. 그래서 태종은 자신을 알현하기 위해 걸어오는 게 힘들 것이라며 조그마한 가마를 타고 옥좌까지 오는 것을 특별히 허락할 정도였다.

그러나 위왕은 학문을 좋아하고 문장에 능해 학자들과 어울리며 교유했다. 그래서 태종은 왕부(王府)에 문학관을 설치해 학자들을 초청해 학문에 힘쓰도록 격려했다. 이때만 해도 태종이 위왕을 후사로 생각하고 있지 않았다. 승건은 태자로서 자신의 자리를 이어받고 태는 학문을 좋아하므로 학문 쪽 일을 맡기는 역할 분담을 고려했다.

정관 12년(638)에 왕부의 소성(蘇晟)이 태종에게 이렇게 권했다.

"예로부터 훌륭한 왕자가 학문이 높은 학자들을 초청해 책을 편찬한 예가 많습니다. 위왕에게도 그러한 일을 시켜보면 어떻겠습니까?"

태종이 이를 허락하자 태는 학자들을 모아서 전국 지리지인 『괄지지(括地誌)』를 편찬해 태종에게 바쳤다. 태종은 크게 기뻐하며 위왕 태와 참여한 학자들에게 후한 상을 내렸다. 위왕이 점점 기특해진 태종은 장안 연강방(延康坊)에 있는 위왕의 저택에 행차할 때는 장안의 죄수를 사면하는 은사를 베풀기도 하고, 연강방 백성들의 세금을 감면해 주기도 했다.

태종의 마음이 이처럼 위왕에게 쏠리는 순간에도 태자 승건은 폐행을 계속했다. 승건은 태상시(太常寺)의 칭심(稱心)이란 소년 악사를 총애했다. 칭심은 미소년인 데다 노래와 춤에 뛰어나 승건의 사랑을 받았다. 칭심이란 이름도 승건이 마음에 든다는 뜻으로 지어준 것이다. 승건은 심지어 이 소년을 늘 곁에 두고 잠자리까지 같이했다. 승건은 주술을 잘하는 도사 둘까지 곁에 두고 있었다.

　이 사실을 알게 된 태종은 노발대발하며 칭심과 도사를 붙잡아다가 죽여버렸다. 그런데도 승건은 반성하기는커녕 동궁 안에 따로 방을 마련해 칭심의 초상을 갖다놓고 제사지내며 눈물을 흘렸다. 정원에는 묘지를 만들고 자기 마음대로 관직을 추증해 비석까지 세웠다. 그러자 태종은 크게 노해 위왕에게로 마음이 더욱 기울었다.

　위왕은 태종의 마음이 움직이고 있음을 감지하고 기민하게 움직였다. 위왕은 먼저 인재들을 끌어모았다. 위왕부(魏王府)의 위정(韋挺)과 두초객(杜楚客)이 대신들을 위왕 쪽으로 끌어들이는 역할을 맡았다. 특히 두초객은 태종에게 영향력을 미칠 수 있는 대신들에게 뇌물을 보내 위왕이 후사가 되어야 한다고 설득했다. 승건이 워낙 비행을 저지르고 다녔으므로 이런 설득이 먹히는 경우가 많았다.

　오직 위징과 저수량만이 태종에게 승건을 멀리하고 위왕만 가까이 하지 말라고 간언했다. 그때마다 태종은 태도를 고치려 했으나 한번 멀어진 마음을 되돌리기는 쉽지 않았다. 그러자 승건은 사태가 이렇게 된 것이 위왕의 고자질 때문이라며 위왕의 비행을 태종에게 보고케 했다. 태종은 오히려 이 보고에 분개해 밀고자를 잡아오라고 길길이 날뛰었다. 설상가상으로 승건은 다리에 병이 생겨 태종이 행차할 때 위왕이 대신 수행하는 경우가 많아졌다. 그 후로는 위왕 곁에 더욱 많은 사람들이 몰려들게 되었다.

그러나 현무문의 정변으로 형을 죽이고 권력을 잡은 태종은 다시는 그런 전철이 되풀이되기를 원하지 않았다. 동생 태가 황제가 되면 승건은 살아남을 수 없었다. 그래서 그는 다시 한 번 태자 승건의 지위를 굳히는 작업에 나섰다.

"태자가 다리에 병이 있다 하나 걷지 못할 정도는 아니다. 또 적자가 죽으면 적손(嫡孫)을 세우는 것이 예로부터 내려오는 법도이다. 태자에게는 다섯 살 먹은 아이가 있다. 짐은 결코 적자를 폐하고 방계를 세우지는 않을 것이다."

그러나 태종의 이런 거듭된 공언에도 후사 문제는 쉽사리 정리되지 않아 태종이 태자를 폐립할 것이란 소문이 수그러들지 않았다. 정관 16년(642) 8월 태종이 신하들에게 물었다.

"지금 나라에 가장 시급한 문제가 무엇인가?"

그러자 저수량이 대답했다.

"지금 천하는 태평하오나 오직 하나 태자와 여러 왕들의 위치를 분명하게 해놓는 것이 가장 급한 일입니다."

이를 옳다고 여긴 태종은 위징을 태자 사부로 임명했다. 가장 신임하는 위징을 표면에 내세운다면 자신이 태자를 폐립한다는 소문을 가라앉힐 수 있으리라 생각했다. 이는 상당한 효과를 보았으나 얼마 가지 못했다. 태자 사부로 임명받았을 때 위징은 이미 병상에 있었는데 얼마 지나지 않아 세상을 떠나고 말았다.

위징마저 세상을 떠나자 불안해진 승건은 위험천만한 자구책을 마련했다. 부왕 태종의 현무문의 정변을 모방하는 것이었다.

동궁 위관 중에 하란초석(賀蘭楚石)이란 자가 장인 후군집(侯君集)과 손잡고 정변을 일으키려고 했다. 후군집은 현무문 정변 때도 공을 세웠던 태종의 측근으로 정관 9년(635)에 선비족의 하나인 토곡혼(吐谷

渾)을 정벌했고, 14년에는 당의 서북에 위치한 고창(高昌)을 정복해 서역과의 교통로를 넓힌 인물이었다. 그런데 고창에서 승리하고 돌아온 그를 기다리는 것은 포상이 아니라 적의 보물을 착복했다는 죄명이었다. 후군집은 이에 불만을 품고 태종을 깊이 원망했다. 이런 후군집과 태자 자리에서 쫓겨날지 모른다고 불안에 떨던 승건이 마침내 손을 잡았다. 그는 승건에게 전투로 단련된 팔을 높이 들어 "이 무쇠 같은 팔을 전하께 바치겠습니다"라고 맹세하면서 계책을 말했다.

"수나라 태자 용의 전철을 밟지 않도록 미리 대비책을 세워두시는 것이 좋습니다."

수 문제의 태자였던 용은 둘째 아들 양제에게 밀려 태자 자리에서 쫓겨났다. 태자를 잘못 이끈다고 태종에게 질책 받은 승건의 숙부 한왕 원창도 가담했다.

"요즘 폐하 곁에 비파를 잘 타는 절세미인이 하나 있는데 일이 성공하면 그 미녀를 제게 하사해 주십시오."

"좋습니다. 일이 성공하면 소원대로 해드리겠습니다."

이들은 위왕을 죽이는 것으로 권력을 잡을 수 없다는 사실을 잘 알고 있었다. 승건은 결국 권력을 잡기 위해서는 부왕 태종을 죽이는 수밖에 없다는 위험한 결론에 도달했다. 물론 실패하면 목이 열 개라도 부족했다. 그래서 이들은 혈맹을 맺었다. 팔목을 베어 피를 내고 그 피를 비단에 묻힌 다음 불에 태운 재를 술에 타서 마셨다. 이 술은 생사를 같이할 것을 맹세하는 서약주였다. 두여회의 아들 두하(杜荷)가 계책을 내놓았다.

"태자께서 급성 병환으로 위독하다는 소문을 퍼뜨리면 폐하께서 문병하러 오실 것입니다. 그때 결행합시다."

부정(父情)을 부살(父殺)에 이용하자는 비정한 계획이었다. 그러나 태종이 승건을 문병하기 전에 승건의 이복동생 제왕(齊王) 우(祐)의 반란 사건이 일어나는 바람에 사건은 엉뚱하게 전개되었다. 승건의 자객 흘간승기(紇干承基)가 이 사건에 연루되었는데, 목숨만이라도 건질 요량으로 태종 암살 계획을 털어놓았다.

이 엄청난 제보를 들은 조정은 즉각 조사에 나서 제보가 사실임을 확인했다. 태종은 말로 다할 수 없는 충격을 받았다. 피로 쟁취한 권력이 피를 부르는 역사의 악순환을 느꼈다. 그러나 승건은 아들이었다. 아비로서 자식을 죽이는 것은 차마 못할 일이었다. 죽어 장손황후를 볼 면목이 없는 일이기도 했다.

"승건을 어떻게 처리했으면 좋겠느냐?"

태종이 신하들에게 묻자 내제(來齊)가 나서서 이렇게 간했다.

"폐하께서는 자애로운 아버지의 자세를 잃지 마시고 태자가 천수를 누릴 수만 있도록 처리하시는 것이 좋을 듯합니다."

이 말에 태종은 고개를 끄덕였다. 형제들을 죽이고 부왕을 내쫓고 즉위한 태종으로서는 아들의 피까지 손에 묻힐 수 없는 노릇이었다. 태종은 이 의견에 따라 승건의 모든 신분을 박탈해 서인으로 만들어 군영 안에 유폐시켰다. 이복동생인 한왕 원창과 한때의 동지였던 후군집을 비롯한 나머지 연루자들은 전원 사형시켰다.

위왕 태는 예상하지 못했던 사건으로 태자 승건이 서인으로 강등되고 그 일당이 모두 사형당하자 후사는 자신에게 돌아오리라 예상하고 매일같이 태종을 찾아가 문안을 드렸다. 태종도 승건이 저렇게된 마당에 차자 태에게 제위를 물려줄 수밖에 없다고 판단했다. 그래서 위왕 태에게 직접 이렇게 말하기도 했다.

"이번에는 너를 태자로 삼을 생각이다."

대부분의 대신들도 위왕을 태자로 삼을 것을 권했다. 태종의 후사는 위왕에게 돌아가는 것처럼 보였다. 그때 변수가 발생했다. 장손황후의 오빠 장손무기가 반대하고 나선 것이다. 장손무기뿐만 아니라 저수량도 위왕 태의 태자 책봉을 반대했다. 승건과의 암투 과정에서 후궁과 대신들에게 뇌물을 뿌리고 승건의 비행을 고발한 비열한 행위들 때문이었다. 장손무기와 저수량은 태종의 아홉째 아들이자 장손황후가 낳은 막내아들인 진왕(晉王) 치(治)를 천거했다. 위왕 태가 황제에 오를 경우 지금까지의 행동으로 보아 형 승건은 물론 동생 치까지 죽일 수 있었다. 일리 있는 반대였기 때문에 태종은 고민에 빠졌으나 여전히 위왕에게 미련을 느꼈다. 그래서 대신들에게 이런 비유를 들었다.

"어젯밤 꿈에 파랑새〔靑雀〕 한 마리가 품에 날아오더니 '저는 오늘 처음으로 다시 태어나 폐하의 아들이 되었습니다. 저에게 아들이 하나 있는데 제가 죽을 때 그 아들을 죽이고 그 자리를 진왕 치에게 전할 생각입니다'라고 말하는 게 아닌가. 자기 자식을 사랑하지 않는 인간이 어디 있겠는가? 짐은 파랑새의 말을 듣고 그만 가엾은 생각이 들었다."

위왕의 어릴 적 이름이 청작(靑雀 : 파랑새)이었다. 태종은 꿈 이야기를 들어 위왕이 동생에게 제위를 넘겨줄 생각을 할 정도로 동생을 사랑하고 있다고 말했다. 태종이 꿈을 빗대어 가면서까지 위왕에게 제위를 넘겨주려 하자 저수량이 즉각 반대하고 나섰다.

"폐하께 감히 말할 수 없는 일이 생겨 위왕이 천하를 다스리게 될 경우 자기 자식을 죽이고 제위를 진왕에게 전하는 일이 과연 가능하다고 생각하십니까? 폐하께서 전일에 승건을 태자로 세워놓고 위왕도 총애하셔서 때로는 승건 이상으로 대우하셨기 때문에 이런 불상사가 생겨난 것입니다. 이 교훈에 비추어 이제 위왕을 태자로 세우시

려거든 먼저 진왕에 대한 조치부터 취하셔야 합니다."

저수량도 목숨 걸고 올리는 간언이었다. 위왕에게 제위를 물려주려면 먼저 진왕을 처리하라는 말이었다. 태종은 눈물을 흘렸다.

"짐은 그런 일은 할 수가 없다."

태종은 훌쩍 안으로 들어가 버렸다.

태자 책봉 문제가 예상대로 진척되지 않자 위왕도 승건처럼 무리수를 두기 시작했다. 장손무기와 저수량이 진왕을 밀고 있다는 소식을 듣고 진왕에게 이렇게 말했다.

"너는 전부터 원창과 친했으니까 머지않아 원창 사건에 연루될 것이다."

원창은 태종 암살미수 사건에 연루되어 사형당한 숙부 한왕이었다. 이 말을 들은 진왕은 공포에 질려 침통한 얼굴을 하고 있었다. 태종은 진왕의 수심에 찬 안색을 보고 까닭을 물었으나 진왕은 대답하지 않았다. 태종이 거듭 재촉하자 위왕에게 들은 협박에 대해 고백했다. 이 말을 들은 태종은 위왕의 이중적 태도에 큰 실망을 느꼈다. 평소에는 자식보다 동생을 사랑하는 것처럼 말하면서 속으로는 다른 마음을 품고 있었다니, 이는 위왕이 황제가 되면 승건은 물론 진왕 치의 목숨까지 보장하기 어렵다는 장손무기와 저수량의 우려가 맞다는 사실을 위왕 스스로가 증명해보인 셈이었다. 게다가 승건의 증언도 위왕에게는 불리하게 작용했다.

"이미 태자 자리에 앉은 제가 무엇을 바랐겠습니까? 다만 위왕이 모략을 써서 저를 제거하려들자 조신들과 자위 수단을 강구하던 중에 그만 고약한 놈들의 꾀임에 빠져 그런 잘못을 저질렀던 것입니다. 이제 위왕을 태자로 삼으신다면 결국 그의 계략에 빠지는 것이 아니고 무엇이겠습니까?"

태종은 장손무기·저수량·방현령·이세적 등 네 명의 중신들이 있는 자리에서 가슴속 깊은 괴로움을 토로했다.

"아들 셋과 동생(한왕) 하나가 모두 저 모양이니 짐은 대관절 어찌해야 좋단 말인가?"

당대에 중원을 통일한 태종도 자식 문제만큼은 어쩔 수가 없었는지 옥좌에 쓰러져 몸부림쳤다. 중신들이 달려가 끌어안자 급기야는 칼을 빼내 자결하는 시늉을 했다. 그러자 저수량이 힘껏 말렸다. 태종은 그만큼 괴로웠다. 완벽주의자로 자처했던 태종은 결점투성이인 아들들 중 하나를 선택해야 한다는 사실이 견딜 수 없었다. 흥분이 가라앉자 장손무기가 물었다.

"후사 문제를 어떻게 하시렵니까?"

태종은 선택의 여지가 없음을 알았다.

"진왕을 세우고자 한다."

태종은 진왕을 세우면 적어도 승건이나 태 모두 목숨은 부지할 수 있으리라고 판단했다. 이는 중신들도 바라던 바였다.

"신들도 삼가 폐하의 말씀을 좇고자 하옵니다. 감히 반대 의견을 내세우는 자는 단호히 처벌하겠나이다."

천하를 다스리는 제위가 어부지리로 장손황후의 막내아들 진왕 치에게 돌아갔다. 정관 17년(643) 4월의 일이다. 태종은 태극전에 육품(六品) 이상 군신들을 모아놓고 진왕의 태자 등극을 선포했다. 위왕은 백 명의 기병을 거느리고 태극전으로 달려들려 했지만 영안문(永安門)에서 저지당해 체포되었다. 결국 그 역시 어원 안에 유폐되고 말았다.

상대적으로 나약한 아들을 태자로 삼은 태종은 쟁쟁한 인물들을 주위에 포진시켜 부족함을 메우려 했다. 장손무기를 태자 태사(太師)로 삼고, 방현령을 태자 태부(太傅), 소우(蕭瑀)를 태자 태보(太保), 이세적을 태자첨사 겸 태자 좌위솔(左衞率), 이대량(李大亮)을 우위솔(右衞率)로 삼았다. 이는 태자의 지위를 굳히는 장점이 있는 반면 그만큼 황제권이 제한받는 약점도 병존했다.

태자 문제를 매듭지은 태종은 이제 마지막 과업에 착수하기로 결심했다. 그것은 바로 고구려 문제였다. 당나라에 끝까지 복종하지 않는 고구려를 정벌하는 것으로 지난한 생애의 마지막을 장식하고 싶었다. 천하에 두 천자가 있을 수 없고, 두 영웅이 있을 수 없었다.

이세민은 과거 고구려 영양왕과 수 양제가 같은 하늘 아래 살 수 없는 사이였다면, 이제는 고구려 연개소문과 자신이 같은 하늘 아래 살 수 없는 사이라고 생각했다. 그는 이 마지막 과업에 생애를 바치기로 결심했다.

12
여당대전

당의 이세적(李世勣)이 통정(通情)에서 요수(遼水)를 건너 현도성에 다다르니
우리 성읍이 크게 놀라 모두 문을 닫고 스스로 지키었다.
『삼국사기』, 「보장왕본기」, 당 태종의 고구려 공격 기사

고구려 정벌

당 태종 이세민이 즉위한 627년은 고구려 영류왕 10년이었다. 이세민의 지략과 무용에 대해서 잘 알고 있던 영류왕은 한껏 몸을 낮추는 저자세 외교로 일관했다. 이런 저자세 외교가 고구려 정벌론을 수그러들게 한 건 사실이지만 당 태종이 선뜻 고구려 정벌군을 일으키지 못한 이유는 앞 장의 내용처럼 그들의 내부 사정 때문이었다. 하지만 그는 여전히 고구려에 대한 각종 정보를 수집하며 때가 성숙되기만을 기다렸다.

그런데 느닷없이 연개소문이란 인물이 정변을 일으켜 정권을 장악했다는 소식이 들렸다. 이는 저자세 외교로 일관하는 영류왕에 대한 부정일 뿐만 아니라 이세민에 대한 부정이자 당에 대한 직접 도전이었다.

그러나 이세민은 섣불리 군사를 일으킬 수 없었다. 수 양제가 고구려 원정을 고집하다가 제 무덤을 팠던 것이 불과 20여 년 전이었다.

경솔하게 고구려 원정을 단행했다가 실패라도 하는 날이면 드넓은 중원의 동서남북 어디에서 자신과 같은 인물이 들고일어나 10~20여 년 후에는 자신의 자리를 빼앗을지도 몰랐다. 그래서 이세민은 속으로 울화가 치밀었지만 당장 군사를 동원하지 못했다. 그러나 이런 소식을 듣고도 가만히 있자니 황제의 권위가 말이 아니어서 중신들을 소집했다.

"연개소문이 임금을 죽이고 국정을 장악했다 하니 절대 좌시할 수 없는 일이오. 오늘 당의 군사로 그를 징벌하기는 어렵지 않지만 오랜 전란에 지친 백성들을 다시 괴롭히고 싶지는 않구려. 그래서 거란과 말갈을 시켜 고구려를 공격하려 하는데 경들의 생각은 어떠한가?"

그러자 장손무기가 대답했다.

"연개소문이 자신의 죄가 큼을 알고 대국의 정벌이 두려워 수비를 엄히 하고 있습니다. 그러니 폐하께서 지금은 울분을 가슴속에 감추고 계셔야 합니다. 그러면 연개소문은 마음을 놓게 될 테니 그때 치더라도 늦지 않습니다."

태종은 장손무기의 말에 고개를 끄덕였다. 그래서 보장왕 2년에 사신을 보내 보장왕을 '상주국요동군공고구려왕(上柱國遼東郡公高句麗王)'으로 봉했다. 이는 연개소문의 정변을 법적으로 추인한다는 뜻이었다. 『삼국사기』보장왕 조의 기록에 따르면 이때 태종이 보장왕에게 보낸 국서는 극진했다.

> 먼 변방을 회유하는 것은 전왕(前王)의 아름다운 전례요, 세대를 계승케 하는 것은 역대의 옛 규례이다. 고구려왕 장은 그 바탕과 마음씨가 아름답고 민첩하며 식견이 주밀하고 바르다. 또한 일찍부터 예교(禮教)를 배워 그 덕망이 내게도 들렸으며 처음으로 번업(藩業 : 번방국

의 왕위)을 계승하매 정성이 먼저 나타났다. 마땅히 작위를 더할 만하므로 상주국…….

그러면서 당 태종은 태자 교체 문제를 정리했다. 만족스럽지는 않지만 셋째 아들 치를 태자로 삼아 국내 문제는 어느 정도 수습되었다. 암투 같은 공작에 익숙하지 않았던 태종은 태자 교체 과정에서 여실히 드러난 음모와 배신으로 점철된 궁중을 떠나고 싶은 충동이 일었다. 너른 요동 벌판을 말달리며 젊은 시절의 호기를 되살리고 양제가 끝내 이루지 못한 고구려 문제를 해결하여 진정한 영웅의 자리에 오르는 것이 자신에게 어울린다고 생각했다.

그러나 고구려 정벌은 그로서도 낙승을 자신할 수 없었다. 이세민이 고구려 정벌을 확신하지 못한 이유 중에는 연개소문이 보여준 정치력이 큰 비중을 차지했다. 연개소문은 무력 일변도의 외곬수가 아니었다. 그가 보장왕 2년(643) 임금에게 당에서 도교를 수입하자고 청한 것이 이를 말해준다.

"유교와 불교와 도교는 솥[鼎]의 발과 같아서 하나라도 없어서는 안 됩니다. 지금 우리나라에 유교와 불교는 성하지만 천하의 도술이 갖추어지지 못했습니다. 이제 사신을 당에 보내 도교를 도입하여 국인(國人)을 가르치게 하소서."

이 주청에 보장왕은 어리둥절했다. 입만 열면 당과 일전을 불사하겠다고 벼르고, 때로는 중원을 정벌해야 한다고까지 주장하던 그가 당에 사신을 보내 도교를 수입하자고 하니 의외일 수밖에 없었다.

도교 수입을 요청하는 보장왕의 국서에 당 태종은 보장왕보다 더 놀랐다. 그의 눈꼬리가 살짝 치켜 올라갔다. 연개소문은 결코 얕볼 인물이 아니었다. 그저 힘밖에 모르는 인물이라는 소문과 달리 연개소문은 부드러움 속에 비수를 숨기고 있다가 허점이 보이면 바로 공격해오는 무서운 인물임을 깨달았다.

이세민은 일단 유화에는 유화로 대해주는 것이 정석이라고 생각했다. 그래서 선뜻 숙달(叔達) 등 도사 8인과 함께 노자(老子)의『도덕경(道德經)』을 보내주었다. 그러나 이는 가슴속에 비수를 품고 나눈 악수에 불과했다. 겉으로는 웃지만 속으로는 찰나의 허점만 보이면 당장 칼을 꺼내 찌를 악수였다.

당 고조 이연은 고구려 문제에 있어서 항상 소극적이었다. 변방의 고구려를 굳이 토벌할 필요성을 느끼지 못했다. 그래서『구당서』「고구려 열전」에 따르면 그는 시신(侍臣)에게 이렇게 말했다.

명분과 실제는 이치가 서로 부합해야 하는 법이다. 고려가 수나라의 신하 되기를 거부했으면 그걸로 된 것을 양제처럼 무리한 전쟁을 벌이는 것이 과연 옳은 일인가! 짐은 다만 내 영토 안에서 모든 백성들이 편안히 살 수 있도록 힘쓸 뿐이다. 무엇 때문에 꼭 칭신(稱臣)을 요구해서 존대받아야만 하는가? 즉시 짐의 이 심정을 조술(詔述)하도록 하라.

원치 않는다면 칭신하지 않아도 좋다는 뜻을 고구려에 전하라는 말이었다. 이는 고구려를 북방의 패자로 인정하는 것이자 천하에 두 천자가 있음을 의미했다. 그러자 곧 시중 배구(裵矩)와 중시시랑 온언박(溫彦博)이 이연의 말을 반박했다.

"요동은 주나라 때의 기자국(箕子國)이요, 한나라 때의 현도군입니다. 위진 이전까지 봉역(封域) 안에 가까이 있었으니, 칭신하지 않는 것을 허락해서는 안 됩니다. 또 중국과 이적은 태양과 뭇 별의 관계와 같으므로 존(尊 : 황제)을 강등시켜 번국(藩國 : 제후국)과 같게 할

고대소설 중 『당태종전』 표지 그림

수는 없습니다."

당 고조는 고구려를 당 중심의 천하에서 배제하려던 계획을 중지했다. 그렇다고 고구려를 정벌하겠다는 것이 아니라 고구려는 칭신하지 않아도 좋다는 국서를 보내지 않겠다는 뜻이었다. 하지만 고구려가 북방의 패자로 건재한 상황에서 칭신해도 '좋다', '안 된다' 싸우는 것은 그야말로 떡 줄 사람은 생각도 않는데 김칫국부터 마시는 격이었다.

그나마 고조가 즉위하던 해(618)에 때마침 고구려의 영류왕이 즉위한 것은 다행이었다. 수나라를 멸망시킨 영양왕이 계속 자리에 있었으면 칭신은커녕 중국 내부의 혼란을 틈타 중원을 정복하려고 남하했을지도 몰랐다. 영류왕이 스스로 자세를 낮춰 번방(藩邦)을 자처하는 바람에 고구려와의 갈등은 극대화되지 않았다.

그러나 연개소문이 이런 영류왕을 제거하고 정권을 장악하자 상황은 다시 역전됐다. 이때의 당나라 임금은 이세민이었다. 연개소문의 요청으로 도사와 『도덕경』을 보내준 이세민은 연개소문을 한번 자극

해보기로 했다. 이세민이 정관 18년(644) 사농승(司農丞) 상리현장(相里玄獎)을 고구려에 보낸 건 그런 이유에서였다. 여기서 『삼국사기』 보장왕 조에 실린 위협적인 문구들로 가득한 현장의 국서를 살펴보자.

신라는 우리나라에 충성을 다짐하여 조공이 끊이지 않고 있으니 너희는 백제와 더불어 신라를 공격하는 군사를 거두어야 한다. 만약 다시 신라를 공격하면 내년에는 군사를 발동해 너희 나라를 칠 것이다.

이는 고구려에 대한 노골적인 위협이었다. 연개소문은 당의 태자 문제가 일단락되었다는 소식을 듣고 이제 이세민의 관심이 고구려로 집중되리라고 짐작했다. 예상대로 고구려를 협박하는 내용의 국서를 지닌 사신이 온다는 정보가 입수되었다.

연개소문은 이세민의 강경책에 역시 강경책으로 맞서기로 결심했다. 연개소문은 이세민의 국서를 지닌 사자가 고구려 국경에 가까이 올 때까지 기다렸다. 이세민의 사자 현장은 산동반도 등주(登州)에서 배를 타고 요동반도로 향했다. 현장이 고구려 국경에 가까이 왔다는 보고를 들은 연개소문은 즉시 행동을 개시했다.

"군사들을 집합시켰는가."

"예! 분부대로 모였습니다."

"그럼 가자."

연개소문은 군사를 이끌고 남쪽으로 말을 달렸다. 연개소문이 남하한 목적은 신라의 성들을 공격하기 위해서였다. 고구려를 정벌하겠다는 국서를 지닌 사신이 고구려 영내에 진입하는 순간 연개소문은 신라 국경을 넘어 질풍노도처럼 신라 영내 깊숙이 침투해 두 성을 빼앗았다.

이에 다급해진 것은 보장왕이었다. '신라를 공격하면 내년에 반드시 응징을 하겠다'는 내용의 국서를 지닌 당의 사자가 방문하는 순간에 신라를 공격했으니 이는 당에 대한 정면도전이나 다름없었다.

보장왕은 전쟁이 일어날지 모른다는 두려움에 휩싸였다. 그래서 급히 사람을 보내 연개소문에게 돌아오라고 간청했다. 이에 연개소문은 비로소 군사를 이끌고 귀환했다. 그러나 연개소문의 귀환은 보장왕의 간청 때문이 아니었다. 자신은 결코 당 태종 이세민 따위를 두려워하지 않는다는 점을 충분히 보여주었으므로 군사를 돌린 것이었다.

고구려로 돌아온 연개소문은 일부러 당 사신 현장을 맞이하지 않고 무시해버렸다. 당의 사신이 오면 최고위급 벼슬아치가 국경까지 나와 맞이해야 했지만 연개소문은 일개 하급관리를 보내 형식적으로 응대했다. 당 사신이 지나가는 길의 지방관은 백성들을 동원해 길을 닦고 맛난 음식과 무희들이 있는 연회를 열어주지도 않았다.

이는 당 황제를 대리하는 사신이 아니라 마치 제후국의 조공 사신을 대하는 태도였다. 현장은 하급관료가 마련해준 객관으로 안내되어 겨우 잠자리를 얻었을 뿐이다. 당 사신이 이런 대접을 받았다는 소식을 들어본 적이 없는 현장은 분개했다.

'감히 천사(天使 : 천자의 사신)에게……'

그의 가슴속에 참을 수 없는 분노가 치밀어올랐다. 하지만 한 켠에서는 공포가 고개를 들고 있었다. 당에 적대적인 연개소문이 사신 하나 죽이는 것쯤은 일도 아닐지 몰랐다. 현장은 섣불리 분노할 일이 아니라고 판단했다. 더구나 신라를 공격하면 내년에 군사를 발동하겠다는 내용의 국서를 가지고 오는 그 순간에 연개소문이 신라를 공격했다는 소식이 들려왔다. 이는 국서 내용에 대한 의도적인 도발이었다.

현장은 객관에서 2, 3일을 기다리며 교섭 통보를 기다렸으나 고구려 조정에서는 아무 연락이 없었다. 그저 때가 되면 밥이나 갖다줄 뿐 어떤 공식적 접촉도 없었다. 그러자 현장은 가슴이 답답해졌다. 그렇다고 그냥 되돌아갈 수도 없는 노릇이었다. 아무 성과없이 돌아간다면 황제를 비롯한 중신들이 불같이 화를 낼 것이 뻔했다. 물론 천사를 멸시한 고구려에 대해서도 분개하겠지만 교섭 한번 변변히 못하고 돌아온 자신도 우스운 꼴이 될 것임은 틀림없었다.

현장은 결국 스스로 고구려 조정에 나가 교섭을 했다. 고구려 조정에 연통을 하자 하급관리가 알았으니 가서 기다리라고 말하는 것이었다. 현장은 분통이 터졌다. 제후국 국왕과 동격인 황제의 사신이 이런 대우를 받을 수는 없는 노릇이었다. 그는 그냥 돌아가기로 결심했다. 비록 귀국하면 우스운 꼴이 되겠지만 하급관리들에게 수모를 겪는 것보다는 낫다고 판단했다. 고구려 조정에서 연락이 온 것은 그가 돌아가려고 짐을 싸던 무렵이었다.

"조방(朝房)으로 들어오라는 분부시오."

조방에 들어간 그는 한참을 기다렸으나 고구려 조정에서는 또다시 아무런 연락도 없었다. 다시 나갈 수도 없는 노릇이어서 무작정 앉아서 기다렸다. 아무래도 잘못 온 사신길이라는 생각에 주눅들어 앉아 있으니 해질 무렵이 되어 복도에서 발짝 소리와 함께 쇠 부딪치는 소리가 났다. 발짝 소리는 문 앞에서 멈추더니 문이 덜컥 열리고 우락부락하게 생긴 사내가 쑥 들어왔다.

송충이 눈썹 아래 『삼국지』의 장비 같은 고리눈을 하고 세 갈래로 뻗은 삼각수(三角鬚)가 멋들어지게 늘어진 것이 한눈에도 보통 인물이 아니었다. 허리에는 칼을 다섯 자루나 차고 있었다. 이 사내가 바로 연개소문이라고 직감한 현장은 자신도 모르게 일어나 허리를 깊숙이 꺾어 절을 했다. 그러나 황제의 사신의 인사를 받은 연개소문은 맞절도 하지 않고 마치 수하의 절을 받듯이 고개만 까닥거렸다. 연개소문은 손으로 앉으라는 시늉을 하고 자신도 맞은편 걸상에 앉았다.

"그래, 당나라에서 온 사신이라고?"

연개소문은 마치 아랫사람 대하듯 가볍게 물었다.

"예, 황제 폐하께서 보내신 칙서를 갖고 왔습니다."

"음, 당나라 임금의 국서라, 이리 내보시오."

원래 황제의 칙서는 큰절을 하고 받는 법이었다. 그러나 연개소문은 고개를 까닥거려 칙서를 탁자 위에 내놓으라는 시늉을 했다. 이런 무례를 그냥 묵인하면 돌아가 처벌받을 우려가 있었다.

"황제 폐하의 칙서는 임금께 직접 전해 드려야 합니다."

"그런가? 나도 별로 보고 싶지 않네. 대신 무슨 내용인지나 설명하게."

현장은 당황했다. 황제의 국서를 임금 아닌 다른 신하에게 설명하는 것도 안 될 말이었다. 그러나 이마저 거부하면 혹시나 "저놈을 끌어다 목을 베어라"고 소리칠지도 몰랐다.

현장은 할 수 없이 떠듬떠듬 내용을 설명했다. 국서의 쓰인 대로 '만약 다시 신라를 공격하면 내년에는 군사를 발동'하겠다고 말하면 꼭 목이 달아날 것 같아서 부드럽게 돌려서 설명했다.

"황제 폐하께서는 고려가 신라와 사이좋게 지내기를 바라고 계십니다."

"신라가 우리 고려와 사이가 나빠진 것은 신라가 한강 유역의 우리 땅 5백여 리를 빼앗았기 때문인데 이제 와서 사이좋게 지내라면 당에서 그 땅을 찾아주기라도 하겠단 말인가?"

"그, 그렇게 따지신다면…."

"그렇게 따지면 어떻다는 말인가?"

"이미 지나간 일을 따진다면 지금 고려가 갖고 있는 요동의 여러 성도 원래는 다 중국의 군현이었습니다. 하지만 중국은 돌려달라고 말하지 않는데 어찌 고려만 옛 땅을 찾아야 한다는 말입니까?"

현장은 눈을 질끈 감고 자기 생각을 말했다. 그러자 말이 채 끝나기도 전에 연개소문이 탁자를 '탕!' 치면서 소리를 질렀다.

— 이노옴! —

연개소문의 채수염이 바르르 떨렸다.

"이놈아, 우리나라는 옛날부터 가한신(可汗神)을 섬겼다."

『구당서』는 "고구려 풍속은 음사(淫祀)가 많고, 영성신(靈星神)·일신(日神)·가한신(可汗神)·기자신(箕子神)을 섬긴다"고 기록하고 있다.

"가한신이 무엇입니까?"

"옛 조선의 시조 단군을 말하는 것이다. 원래 요동은 단군조선의 땅이었는데 네놈들이 일시 빼앗아 군현을 설치했던 것 아니냐? 너희들이 도둑질한 땅을 우리

민족의 시조 단군 초상

시조 추모성왕과 여러 열성조께서 다시 되찾으신 것일 뿐 원래 우리 땅인 것을 어찌 너희 땅이라고 말하느냐?"

연개소문이 단군과 고구려 시조 추모왕까지 들고 나오자 현장은 더 이상 할 말이 없었다. 그래도 잘못했다고 밀할 수는 없었다. 그는 다시 한 번 부드럽게 말했다.

"돌아가서 황제 폐하께 그대로 보고하면 전쟁은 불가피할 것입니다. 우리 황제 폐하는 천하의 영웅이십니다."

영웅 이세민이 군사를 일으킬 것이라는 협박이었다. 그러나 연개소문은 싸늘하게 말했다.

"가서 전하라. 얼마든지 쳐들어오라고. 수 양제처럼 말고기를 먹여주겠노라고."

우렁차던 목소리가 이 말을 할 때는 오히려 저음이 되어 더욱 현장의 오금을 저리게 했다. 현장은 한 마디 더 대꾸했다가는 자신의 목을 베어 장안으로 보낼지도 모른다는 생각에 얼른 자리를 떴다. 현장은 자신의 목이 붙어 있는 것을 다행으로 여기며 당나라 수도 장안으로 돌아갔다.

"뭐라고? 말고기를 먹여주겠노라고?"

현장에게서 연개소문의 반응을 들은 이세민은 분개했다. 평생 이런 모욕은 처음이었다. 그는 당장 군사를 대령하라고 소리쳤다. 이세민이 당장 군사를 일으켜 요동으로 쳐들어갈 듯하자 당황한 신하들이 간곡하게 말렸다. 그러자 이세민도 못 이기는 체 출병을 포기했다.

이세민은 자신에게 "말고기를 먹여주겠노라고" 떠드는 인물이 이 세상에 존재한다는 게 도저히 믿기지 않았다. 그러나 이것은 꿈이 아닌 현실이었다. 이세민은 분개 속에서 슬며시 공포가 고개를 들고 있음을 느꼈다. 그것이 그를 더욱 화나게 했다.

이세민은 다시 한 번 고구려에 사신을 보내기로 했다. 그러나 아무도 가려는 자가 없었다. 현장이 그런 대접을 받고 온 터에 사신으로 간다면 이번에는 목숨을 잃을지도 몰랐다. 더구나 당장 무릎 꿇지 않으면 군사를 일으키겠다고 협박해야 했으니 그야말로 죽여달라고 요청하는 것이나 다름없었다. 이세민은 공포에 질린 조정을 보고 혀를 끌끌 찼다. 그때 당당하게 한 사내가 나섰다. 장엄(蔣儼)이었다.

"천자께서 영웅 같은 무용으로 사방의 오랑캐를 무릎 꿇리셨는데 고구려만 다른 마음을 품고 있습니다. 소신이 비록 불민하나 죽는 한이 있더라도 명을 받들어 가기를 청합니다."

이세민은 기뻐하며 장엄을 재차 사신으로 보냈다. 죽음을 각오한 장엄인지라 연개소문을 만나서도 말을 가리지 않았다.

"신라를 공격하지 말라는 황제 폐하의 명을 어찌 따르지 않으시오?"

"나는 고구려의 태대대로이다. 우리 태왕 폐하의 말씀만 따르면 될 뿐 어찌 네 임금의 명을 따라야 한다는 말이냐?"

"천하가 모두 우리 천자께 무릎 꿇고 칭신했거늘 고구려만 하늘의 뜻을 거역하다니 될 법한 소리요."

"내가 우리 태왕 폐하의 신하지 어찌 네 임금의 신하냐. 그리고 무릎 꿇어야 할 사람은 내가 아니라 네 임금이다. 우리 태조 추모왕이야말로 천제의 아들이자 하백의 외손인 천자이시다. 우리 고구려 왕실은 추모왕의 뒤를 이은 성스런 핏줄이다."

"그런 핏줄의 후손인 영류왕을 왜 시해했소."

"이놈아, 추모왕의 핏줄을 이은 천자의 후손으로 당나라 따위에게 무릎 꿇으니 그리된 것 아니냐. 너의 임금 이세민이야말로 수 양제에 칭신하던 몸으로 반란을 일으켰으니 불충이요, 부모에 효도해야 하는 몸으로 부왕 고조를 내쫓았으니 불효요, 피붙이와 우애를 나누어야 하는 몸으로 골육을 해쳤으니 불륜이다. 이처럼 세 가지 대역죄를 저지른 중죄인이 어디 와서 시해 운운 하느냐?"

연개소문이 이렇게 나오자 장엄은 할 말을 잃었다. 연개소문이 계속 호통쳤다.

"그리고 수 양제가 우리나라를 침략하러 왔다가 무너지는 바람에 태원 촌놈인 이세민이 황제 자리에 올랐으니 우리에게 고맙다고 해야 할 것 아니냐?"

할 말을 잃은 장엄은 소리 지르는 수밖에 없다고 여겼다.

"감히 황제 폐하를 모독하다니 가만 두지 않겠소."

"이거 미친놈이구나. 여봐라, 이놈을 잡아 가두어라."

장엄은 굴실(窟室)에 갇히는 몸이 되었다.

이 소식을 들은 이세민은 도저히 참을 수가 없었다. 연개소문이 약간의 사과하는 몸짓만 보이면 이를 명분 삼아 침략을 포기하려 했건만 천자의 사자를 굴실에 가두다니. 이는 만인이 보는 앞에서 자신의 뺨을 때린 것과 다름없었다. 이세민은 생애의 마지막 힘을 모아 고구려를 멸망시키겠다고 맹세했다.

피할 길 없는 전란의 조짐이 천하를 감싸고 있었다.

이세민의 전략

장엄이 갇혔다는 소식을 들은 이세민은 시신들을 돌아보며 이렇게
말했다.

"막리지(연개소문)는 군주를 시해하고 대신을 몽땅 죽였으며, 형벌
을 사용하는 것이 함정과 같아서 백성들을 움직이는 대로 죽이므로,
백성들은 원한이 가슴에 사무쳐 길가에서도 눈짓을 한다. 무릇 군사
를 일으켜 그 죄를 정벌하고 백성을 위무하려는 명분으로 그가 임금
을 시해하고 아랫사람을 학살한 구실을 내세운다면 무너뜨리기 쉬울
것이다."

황제 이세민과 신하들 모두 진퇴양난의 어려움에 빠졌음을 깨달았
다. 연개소문이 강경하게 나오는데도 군사를 보내지 않는다면 다른
국가들을 통제할 수 없는 상황이 벌어질지도 몰랐다.

그러나 신하들은 고구려 정벌이 별로 달갑지 않았다. 어찌 보면 이
는 황제 태종과 연개소문 사이의 기싸움이라는 생각이 들었다. 고구

려는 돌궐과 다른 경우였으니 고조 이연처럼 그냥 내버려두는 것이 최선의 방법일지도 모른다고 생각했다.

그러나 이세민은 원정 입장을 분명히 밝혔다. 그는 또 다른 명분으로 신라 보호를 들었다.

"고려는 또 우리의 권고도 듣지 않고 신라를 침략하고 있으니 정토군을 보내야 하지 않겠는가?"

하지만 이도 분명한 구실이 될 수 없었다. 그래서 저수량이 조심스레 반대 의견을 제시했다.

"지금 고구려를 쳐서 계획대로 승리를 거둔다면 모르지만 실패라도 하는 날이면 폐하의 권위에 크게 흠이 갈지도 모릅니다."

그러자 곧바로 이세적이 반박했다.

"앞서 설연타가 침범해왔을 때 폐하께서 그를 철저하게 분쇄해야 한다고 말씀하셨는데 위징이 반대해서 마침내 중지하고 말았습니다. 이 때문에 설연타는 오늘날까지도 두통거리로 남게 되었소. 그때 폐하의 생각대로 군사를 일으켜 철저하게 응징했다면 오늘날 새북 지방이 이렇게 어지러워지지는 않았을 것이오."

이세적의 발언에 태종은 더 이상 논란이 필요 없다는 듯 말을 잘랐다.

"그렇다. 그건 정말이지 위징의 잘못이었다. 짐은 나중에 후회했지만 이미 지나간 일이라 어쩔 수 없었다."

이세적과 이세민이 위징을 탓하는 것을 보고 저수량은 위징의 빈자리가 크게 느껴졌다. 그러나 연개소문에게 거듭 수모를 당한 당 태종의 결심은 이미 굳어 있었다.

수나라 문제와 양제의 전철을 밟지 않기 위해 태종은 주도 면밀하게 준비했다. 정관 18년(644) 7월, 당 태종은 지금의 강서성 남창(南

昌), 파양(波陽), 구강(九江) 등지에서 대선(大船)을 건조하게 했다. 태종은 양제의 고구려 원정이 번번이 실패로 돌아간 주요한 이유가 식량을 비롯한 군수품 조달이 원활하지 못했기 때문이라고 생각했다.

그리고 태상경(太常卿) 위정과 호부시랑 최인수(崔仁師)를 군수물자 육로 운송책임자로 임명하고, 태복소경(太僕少卿) 소예(蕭銳)를 해로 운송책임자로 임명했다. 양제의 2차 고구려 침략 때 군수물자 운송 책임자였던 양현감이 반란을 일으킨 것을 거울삼아 충성심이 남다른 인물들을 선발했다. 또한 요동 지역의 이민족들과 고구려를 차단하는 것이 중요하다고 생각한 태종은 영주(營州)도독 장검솔(張儉率)에게 말갈과 거란, 해족〔奚族 : 열하(熱河)지방에 살던 종족〕들을 단속하라고 명령했다.

당나라가 대대적인 전쟁 준비를 하고 있다는 소식이 전해지자 고구려 조정은 발칵 뒤집혔다.

"당나라가 국력을 기울여 쳐들어온다니 이를 어쩌면 좋겠소?"

보장왕은 공포에 떨었다. 그러나 연개소문은 태연했다.

"쳐들어오면 맞붙어 싸울 수밖에 다른 방도가 있겠습니까?"

"당주(唐主 : 이세민)는 천하의 영웅이라던데 어찌 이길 수 있겠소?"

"양견(수 문제)과 양광(양제)도 모두 영웅이었습니다. 그런 영웅들을 꺾은 우리 고려가 이세민은 어찌 못 꺾겠습니까?"

모든 일을 연개소문의 뜻에 따르던 보장왕도 이 일만은 자기 주장을 펼쳤다. 그만큼 중대한 일이었다.

"당나라에 사신을 보내 중지를 요청해보는 것이 어떻겠소?"

"이미 늦었습니다."

"그래도 한번 보내보는 것이 좋겠소."

"폐하의 뜻이 꼭 그러시다면 신이 어찌 따르지 않겠습니까."

"그리고……."

"또 있사옵니까?"

"이번에는 사신만 보내지 말고……."

"무엇을 함께 보낼까요?"

"백금(白金)을 보내면 어떻겠소?"

"백금을요?"

백금은 황금보다 훨씬 귀한 귀금속이었다.

"그러지요."

연개소문은 선선히 승낙했다. 어차피 보장왕의 생각이 그렇다면 굳이 싸울 필요는 없다고 생각했다. 그리고 백금을 보내 이세민의 생각을 떠보는 것도 나쁠 것이 없었다.

"그리고……."

"또 있습니까?"

"숙위군(宿衛軍)을 함께 보내는 것도 생각해 보시오."

황제를 경호하는 숙위군을 보내는 것은 당나라에 대한 충성의 상징이었다.

"숙위군까지…."

숙위군까지 보내는 것은 약간 걸렸지만 이왕 주기로 한 것 속시원하게 줘 버리기로 결정했다.

"좋습니다. 숙위군도 함께 보내지요."

그래서 백금을 휴대한 사신이 숙위군을 거느리고 장안으로 떠났다. 보장왕은 이 사신 행렬에 많은 기대를 걸었다. 그러나 연개소문은 이미 전쟁은 결정난 것이고 이번 사신 행렬은 그 사실을 확인시켜 줄 뿐이라고 생각했다. 고구려 사신이 백금을 공물로 바치러 왔다는 소식을 듣고 가장 흥분한 인물은 뜻밖에도 고구려 원정을 반대하던 저수량이었다.

"막리지가 그 임금을 죽인 죄는 구이(九夷 : 동방의 이민족)가 용납하지 못하거늘 이제 그를 치려하면서 금을 받는다면 이는 고정(郜鼎)과 같은 것이니 받아서는 아니 됩니다."

고정은 중국 춘추시대에 고(郜) 지방에서 만든 솥이다. 송나라에서 태재(太宰)로 있던 독(督)이 그 임금을 시해하자 노(魯) 환공(桓公)이 다른 여러 임금들을 끌어들여 진압하려 했다. 그러자 독은 환공에게 고정을 뇌물로 보냈다. 이때부터 고정은 받아서는 안 되는 뇌물을 뜻하게 되었다.

고구려 침략에 반대하던 저수량이 고정 운운하며 수납 거부를 주장한 것은 연개소문이 겁을 먹었다고 판단했기 때문이다. 백금 수납이 거부되자 고구려 사신은 숙위군을 대동한 이유를 알렸다.

"막리지께서는 고려의 관원 50명을 선발해 폐하를 숙위하라고 명하셨습니다."

이 제안에 태종은 크게 화를 냈다.

"너희 무리는 다 고무(高武 : 영류왕)를 섬기며 관작까지 얻었으면서도 막리지가 시역(弑逆 : 신하가 임금을 죽임)하는데도 복수할 생각은 않고 이제 다시 그를 위해 유세(遊說)하며 대국을 기만하니 그 죄가 크지 않느냐?"

태종의 원정 결심은 돌이킬 수 없는 것이었다.

"이놈들을 모두 대리(大理)에게 맡겨 엄히 처벌하라."

이세민은 연개소문이 당 사신 장엄을 굴실에 가둔 것에 대해 보복을 한 셈이었다.

이세민은 이처럼 고구려 원정 결심을 굳혔지만 이는 당 내부에 엄청난 파장을 몰고 왔다. 이세적 같은 소수의 장수들을 제외하면 대부분의 군신들이 원정을 반대했다. 백성들은 말할 것도 없었다. 백성들은 이세민이 양제의 전철을 밟는 것이 아닐까 우려했으며 또다시 머나먼 원정길이 막막하기만 했다. 겨우 안정을 찾아가던 민심이 수나라 말기처럼 흉흉해졌다.

"요동에서 억울하게 죽지 말자."

수나라 말기 때 민간에서 유행했던 노래가 다시 퍼졌다. 장안의 민심이 흉흉해지고 이세민도 양제처럼 고구려 귀신이 씌었다는 소문까지 돌았다. 하도 민심이 들끓자 이세민은 장안의 나이 많은 노인들을 불러 위로했다.

"요동은 옛날 중국 땅인데 지금 막리지가 그 왕을 시해했으니 내가 친히 가서 이를 처리하려 하오. 아들, 손자들이 나를 따라 원정하더라도 잘 위무할 것이니 근심하지 마시오."

태종은 이들에게 포(布)와 곡식을 선물로 주면서 위로하였다. 그러나 민심은 변하지 않았다. 수많은 사람들이 요동 땅에 뼈를 묻은 것이 불과 30년 전의 일이었다. 그 상처가 채 아물기도 전에 또 군사를 일으켰으니 민심이 따를 리가 없었다. 민심이 돌아서자 전쟁에 반대하면서도 감히 입을 열지 못하던 여러 신하들이 앞다퉈 청원했다.

"출사하셨다가 장병과 군사들을 잃게 된다면 국가의 위신이 크게 깎일 것이옵니다."

신하들은 노골적으로 고구려 침략을 반대했다. 태종은 이들을 윽박지르지 않고 가만히 설득했다.

"본(本)을 버리고 말(末)을 택하며, 높은 데를 버리고 낮은 데로 가며, 가까운 길을 버리고 먼 길을 택하는 것은 모두 좋지 않다. 짐 역시 고구려를 치는 것이 바로 그런 것임을 알고 있다. 그러나 연개소문이 임금을 시해하고 대신들을 죽여 백성들이 모두 목을 늘이고 구원을 기다리고 있다. 짐이 생각컨대 고구려 정벌을 반대하는 자들은 이를 모르는 것 같다."

그러나 이 말을 믿는 사람은 아무도 없었다. 이는 명분 없는 이세민의 억지 주장에 불과했다. 고구려 백성들은 목을 늘이고 원정군을 기다리기는커녕 목숨 걸고 저항할 것이 분명했다.

그러나 이미 고구려 정벌을 결심한 당 태종에게는 아무 소리도 들어오지 않았다. 태종의 결심을 꺾기 위해 현무문에서 선봉에 섰던 위지경덕이 나서서 말려보았으나 소용없었다. 태종에게는 고구려를 정벌하고 말겠다는 신념뿐이었다.

태종은 원정 준비를 착실히 진행해 나갔다. 대선을 건조하게 한 데이어 북으로는 영주[營州 : 지금의 조양(朝陽)]와 동으로는 고대인성(古大人城)에 곡식을 비축했다. 그리고 행군총관 강행본(姜行本)과 소감(少監) 구행엄(丘行淹)을 보내 투석기와 사다리, 충차 등 공성 무기를 만들도록 했다.

11월에 이세민은 낙양으로 갔다. 낙양에는 직책을 사퇴하고 은거해 있는 전 의주(宜州)자사 정천숙(鄭天璹)이 있었다. 정천숙은 일찍이 수 양제와 함께 고구려 정벌에 나섰던 인물이다. 태종은 그를 행재소(行在所 : 임금이 임시로 머무는 곳)로 불러 고구려 정벌에 관해 자문을 구했다. 그의 대답도 다른 신하들과 마찬가지였다.

"요동은 길이 멀어서 군량 수송이 곤란하고 동이 사람들은 성을 잘 지키기 때문에 꺾기 어렵습니다."

이는 이세민이 듣고 싶은 대답이 아니었다.

"오늘은 수나라 때와 비교하지 못할 정도로 강하니 그대는 내 말을 좇기나 하라."

이세민은 초반 전투에서 승기를 잡는 게 중요하다고 판단했다. 양제의 백만 대군이 요동성에서 발목을 잡힌 게 결정적 패인이었다. 그래서 그는 후에 누구도 예상하지 못한, 고구려의 혼을 빼놓는 작전을 감행한다.

이세민은 태자첨사 이세적을 요동도(遼東道)행군대총관으로 삼아 기병과 보병 6만과 난주(蘭州)·하주(河州)의 항복한 이민족 부대를 거느리고 지금의 북경 부근 유주(幽州)로 모이게 했다. 또 형부상서 장량(張亮)을 평양도(平壤道)행군대총관으로 삼아서 강·회·영·협(江淮嶺硤)의 군사 4만을 역시 유주로 소집했다.

드디어 고구려 원정군이 유주로 모이기 위해 이동하면서 그 실체가 드러났다. 모습을 드러낸 고구려 원정군은 전략의 천재 태종이 심혈을 기울인 부대답게 군기가 엄정했다. 수 양제 때의 고구려 정벌군이 마지못해 끌려나온 군대였다면 지금의 고구려 정벌군은 군기가 엄정하고 사기도 드높았다.

막상 원정군의 막강한 군사력을 본 사람들은 저 정도 군대면 고구려와 맞붙어 절대 질 리 없다는 생각이 들었다. 그러자 각지에서 지원병이 몰려들었다. 또한 각지의 호족들도 각종 무기를 군사들에게 제공했다.

이세민은 직접 조서를 지어 고구려 정벌에 나서는 이유를 천하에 반포했다.

"고구려의 연개소문이 왕을 시해하고 백성을 학대하는 정상을 어찌 참을 수 있으랴? 지금 유주·계주(薊州)에 순행하여 요동과 갈석에서 그 죄상을 묻고자 한다. 짐이 지나는 군영이나 숙소에서는 접대하느라 노력과 재물을 낭비하지 말라."

이세민은 백성들의 민심을 잡기 위해 자신에 대한 접대를 중지시켰다. 그리고 이번 원정이 성공할 수밖에 없는 이유를 설명했다.

"옛날 수 양제는 아랫사람들을 잔폭하게 대한 반면 고구려왕(영양왕)은 백성들을 인자하게 대하고 사랑했다. 수 양제는 반란을 도모하는 군사를 거느린 채 안정되고 화목한 고구려를 쳤기 때문에 성공하지 못했다. 그러나 그때와 지금은 상황이 다르다. 우리에게는 반드시 승리할 수밖에 없는 다섯 가지 조건이 있다.

첫째는 우리의 큰 힘으로 작은 적을 치는 것이요, 둘째는 순리로서 반역을 치는 것이다. 셋째는 바른 정치로서 적들의 어지러움을 치는 것이요, 넷째는 새로운 군사로서 피로한 적을 치는 것이요, 다섯째는 사기가 넘치는 군사로서 원한에 싸인 군사를 당하는 것이니 어찌 이기지 못하겠느냐? 백성들에게 포고하노니 의심하거나 두려워하지 말라."

이듬해(645) 정월 이세적의 군대가 유주에 이르렀고, 2월 태종은 스스로 3군의 총수가 되어 낙양을 출발했다. 낙양에서 정주(定州)로, 정주에서 유주로 하북 평야를 가로질러 새북을 넘으면 요서 땅이었다. 정주에서 이세민은 또다시 신하들에게 다시 한 번 고구려 정벌에 나서는 이유를 설명했다.

"요동은 원래 중국 땅인데 수가 네 번 군사를 보냈으나 되찾지 못했다. 내가 지금 동방을 정벌하려는 것은 중국을 위해서는 전사자들의 원수를 갚고, 고구려를 위해서는 시해당한 임금을 위해 설치(雪恥 : 원수를 갚음)하려 함이다. 또 지금 사방이 모두 평정되었는데 오직 고구려만 평정되지 못했기 때문에 내가 채 늙기 전에 사대부의 남은 힘을 빌어 고구려를 취하는 것이다."

이중 더 늙기 전에 고구려를 평정하겠다는 것이 이세민의 진정한 원정 이유였다. 그의 나이 벌써 45세였다. 이세민은 군사들의 마음을 다잡아야 전쟁에서 이길 수 있음을 잘 아는 임금이자 장수였다.

이세민은 낙양을 떠나며 세자에게 승리하여 돌아올 때까지 외투를 새 옷으로 갈아입지 않겠다고 약속했다. 그는 활과 화살을 차고 손수 우의(雨衣)를 안장 뒤에 매달았다. 그리고 군사들과 함께 말을 타고 옷을 적시며 강을 건넜다. 군사들을 노예 부리듯 해 인심을 잃었던 수 양제와 달리 당 태종의 이런 행위는 군사들의 마음을 감동시켰다.

태종은 그간 구상했던 전략을 펼쳐놓았다. 고구려의 혼을 빼놓는 전략이었다. 현재 고구려는 이세민의 대군에 모든 신경이 쏠려 있었다. 이세민은 바로 그 점을 역이용하기로 했다. 그는 먼저 요동에 있는 영주도독 장검솔에게 명령을 내렸다. 그에게는 이미 말갈과 거란, 해족 같은 이민족을 추스르라는 명령이 내려져 있던 터였다.

"우리 당군과 거란족, 해족, 그리고 말갈족 군사들을 거느리고 요동을 공격하라."

명령을 받은 장검솔이 요하를 건너 요동으로 진격했다. 장검솔은 파죽지세로 건안성[建安城 : 지금의 개평(蓋平) 동북 석성산]을 공격했다. 고구려의 모든 신경이 이세민의 친정군에 쏠린 틈을 이용한 기습전이었다. 고구려군은 느닷없이 영주도독이 군사를 이끌고 기습하자 당황했다. 장검솔은 이 첫 전투에서 고구려 군사를 깨뜨리고 수천 명을 죽이는 전과를 올렸다.

하지만 이는 고구려의 혼을 빼놓기 위한 예고편에 불과했다. 이세민의 숨겨진 진짜 전술은 이세적과 장량에게 있었다. 진짜 선봉은 장검솔의 영주 군사가 아니라 요동도행군대총관 이세적이 이끄는 부대였다.

이세적은 이세민의 전략을 충분히 이해하고 또 실행할 수 있는 장수로 이세민 못지않은 전략가였다. 수 문제 개황 14년(594)에 조주(曹

州)에서 태어난 그는 당초 수나라 말의 혼란기에 이밀과 손잡았던 적
양(翟讓)에게 투신해 반란군 지도자로 성장했다. 그는 자신들을 토벌
하러 온 2만의 수군을 격퇴해 명성을 날렸으며, 그 후 이밀의 휘하에
들어가 왕세충을 격파하여 기세를 떨쳤다. 그 후 이밀이 패망하자 당
에 귀순했다. 이세민은 그의 탁월한 능력을 높이 사 통일 전쟁에 발
탁했다. 그는 수많은 전공을 올렸으며 이정과 함께 돌궐 임금 힐리가
한을 멸망시키고 5만의 포로를 잡아오기도 했다.

사실 장검솔의 건안성 기습은 이세적군의 진로를 감추기 위해서였
다. 이세적은 지금의 열하 능원(凌源)인 유성(柳城)을 떠나 광녕(廣寧)인
회원진(懷遠鎭)으로 향했다. 그러나 역시 고구려의 눈을 속이기 위한
가짜 행렬이었다. 실제 행렬은 담장을 쌓아 보이지 않게 만든 길을
이용해 북쪽으로 전진하고 있었다.

이렇게 고구려의 눈을 속인 이세적군은 645년 4월 통정(通定)에서
요수(遼水)를 건넜다. 요수를 건넌 이세적군이 불쑥 모습을 드러낸 곳
은 지금의 무순(撫順) 지역에 있는 현도성 앞이었다. 갑자기 당의 대
군이 성 앞에 나타나자 현도성은 놀라서 당황했다. 현도성뿐만 아니
라 요동에 있던 고구려의 여러 성읍들도 당황하기는 마찬가지였다.
전혀 예상하지 못한 곳에서 당군이 출몰하자 각 성 사이를 통괄하던
지휘 체계가 붕괴되고 연락망과 협력 체제도 무너졌다. 혼란에 빠진
고구려는 성문을 굳게 닫고 수성에 들어갔다.

혼을 빼놓는 이세민의 전략에 개전 초부터 고구려는 대혼란과 공
포에 빠져들었다.

이세민의 전략은 이것이 전부가 아니었다. 평양도행군대총관 장량
이 거느리는 강·회·영·협의 군사 4만과 장안과 낙양 출신 군사 3천
명이 더 있었다. 이들은 전함 5백 척에 나누어 타고 내주(萊州 : 오늘의

산동 방면)에서 발해만을 건넜다. 수군까지 가세한 입체 작전에 고구
려는 과거와는 전혀 다른 전쟁을 겪게 되었다.

13
소아가를 말살하라

중대형황자는 자마려(子麻呂)들이 소아입록의 위세에 눌려 주저하는
것을 보고 "야아-!" 하고 고함을 질렀다. … 중대형은 자마려들과 같이
입록의 머리, 어깨를 베었다.

『일본서기』, 「황극천황」 중에서

가죽신이 맺어준 인연

백제에서 왜국을 가려면 한강이나 금강, 또는 영산강에서 출발해 서해 연안을 끼고 내려가다가 반도의 끝자락에서 동쪽으로 방향을 틀어야 한다. 지금의 대한해협과 현해탄의 험한 뱃길을 헤치면 북구주(北九州 : 기타큐슈)와 하관(下關 : 시모노세키) 사이의 좁은 관문(關門 : 간몬)해협을 지나는데, 이때부터는 비교적 잔잔한 뢰호(瀨戶 : 세토)내해에 접어들게 된다.

먼 길을 항해한 배는 일본열도의 중추인 본주(本州 : 혼슈)와 사국(四國 : 시코쿠) 사이의 수많은 섬들을 뒤로 하고 대판만(大阪灣 : 오사카만)에 이르러 닻을 내린다. 이곳에서 육로로 동쪽으로 달리면 커다란 언덕 위에 자리잡은 도시가 나오는데 이곳이 바로 아스카[飛鳥 : 나라]이다.

아스카의 평성경 서남쪽에 황궁보다도 화려한 법흥사에는 물푸레나무들이 우거져 있었다. 그 나무 그늘 아래서 축구[打鞠]에 여념이 없는 사내들이 있었으니, 바로 황족과 호족의 자제들이었다.

때는 이세민이 한창 고구려 정벌 준비에 바쁘던 황극 3년(644).

이제 열아홉의 건장한 중대형황자는 무리의 한가운데에서 가장 열심히 공을 쫓아다녔다. 쉬지 않고 뛰어다닌 그의 온몸은 땀에 젖어 있었다. 하지만 그의 머릿속에는 일년 내내 지워지지 않는 한 사내의 기억으로 가득 차 있었다.

중대형은 전 임금 서명과 현 임금 황극여제 사이에서 태어난 장남이었지만 열아홉 살이 된 지금까지도 태자로 책봉되지 못했다. 명민한 머리와 뛰어난 정치력, 그리고 과감한 결단력으로 주위에 그를 따르는 인물이 들끓어 소아입록이 그를 꺼렸기 때문이다.

그의 머릿속에 가득 찬 사내는 작년(643) 소아입록에게 억울하게 죽은 산배대형이었다. 산배대형은 바로 이 법흥사를 지은 성덕태자의 아들이었다. 그런 산배대형의 가족 23명이 소아입록에 의해 몰살당한 후 이 불행한 황족에 대한 생각이 그를 계속 따라다녔다. 그래서 그는 산배대형의 부친이 지은 법흥사에서 열심히 공을 차는 것인지도 몰랐다.

'백제의 후원만 없다면……'

중대형은 한편으론 이렇게 생각했다. 백제만 중립을 지킨다면 한판 승부를 벌여볼 수도 있겠지만 백제가 소아가의 몰락을 그냥 지켜보고 있을 리 만무했다.

소아입록에 대한 분노는 중대형 혼자뿐이 아니었다. 산배대형을 죽음으로 몰고간 사건 이후 민심이 완전히 등을 돌렸다.

중신겸족(中臣鎌足 : 나가토미노가다마리)도 그중 한 명이었다. 하지만 이를 겉으로 표출하지는 못했다. 천황가보다 강력하고 배후에 백제를 가진 소아가와 맞서는 것은 곧 멸족임을 아스카에서 모르는 사람은 없었다. 이를 잘 알면서도 중신겸족의 가슴속에는 더 이상 참을 수 없다는 생각이 일었다.

게다가 소아가는 요즘 나라의 모든 이익을 독점하려 들었다. 소아 입록은 부친이나 조부와 달리 다른 호족들의 영역을 조금도 인정하지 않고 모조리 빼앗으려 했다.

호족들도 나름대로의 영토를 가지고 영토 내의 백성과 토지에 대해서는 어느 정도 독자적인 권력을 인정받고 있었다. 소아입록의 선조들은 이런 호족들의 영역을 직접 건드리지 않았다. 그러나 입록은 자신과 부친의 무덤을 지으면서 전국의 부곡민들을 동원하고 심지어 상궁 유부의 백성들까지 징발했다. 이에 대해 불안감을 느낀 호족들의 불만은 커져만 갔다.

그 불만의 중심에서 중대형황자가 구심점 역할을 했다. 중대형 자신이 소아가 타도에 앞장서겠다는 의중을 내비친 적은 한 번도 없었지만 황족들과 호족들은 이심전심으로 중대형을 바라보았다. 중신겸족은 보다 적극적이어서 언제고 기회가 있으면 중대형의 의중을 떠볼 마음을 먹었다.

그러나 좀체 기회가 오지 않았다. 산배대형이 격살된 후로 황족과 호족들은 서로 만나는 것을 꺼려했다. 잘못 어울려 다니다 입록의 의심을 살까 두려웠기 때문이다. 그런데 중대형황자가 가끔 황족들과 법흥사로 공을 차러온다는 소식을 듣고 중신겸족이 달려왔다.

중심겸족은 열심히 공을 차는 중대형의 모습을 보자 자신도 모르게 미소가 떠올랐다. 공 하나에 그렇게 열성을 다하는 중대형이 어딘지 모르게 미더워 보였다. 이때 중대형이 헛발질을 하는 바람에 신고 있던 가죽신이 하늘로 날아갔다. 가죽신은 공교롭게도 중신겸족 쪽으로 날아왔다. 중신겸족은 재빨리 손을 뻗어 가죽신을 받았다. 그리고 두

손으로 공손히 받들고 중대형에게 나아가 무릎을 꿇고 가죽신을 올렸다. 이에 중대형 역시 무릎을 꿇고 신을 받았다. 순간 서로의 가슴 속에 말로 형언할 수 없는 뜨거운 감정이 흘렀다. 그 틈을 놓치지 않고 중신겸족이 말했다.

"언제 조용히 뵙고 싶습니다."

"언제라도 좋습니다."

중신겸족은 중대형이 선뜻 대답하는 것을 보고 무언가 통한다고 느꼈다. 후에 중신겸족은 따로 자리를 만들어 중대형의 의중을 떠보았다.

"산배대형왕께서 무슨 죄가 있습니까?"

"부민(部民)들의 신망이 높았던 것이 죄지요. 이 나라에는 황족이 부민들의 높은 신망을 받는 것을 시기하는 세력이 있지 않습니까."

중대형은 거침없이 불만을 털어놓았다.

"우리 호족들도 마찬가지지요. 이젠 우리 호족들의 백성들도 소아가에서 마음대로 사역하지 않습니까?"

중신은 이런 말까지 했다.

"이런 말씀드리기 곤란하지만 황자께서는 소아입록이 항상 주의하고 있다는 걸 아시겠지요."

"내가 산배대형왕 꼴이 될지 모른다고 수군거리는 걸 알고 있습니다. 그러나 나는 앉아서 죽기를 기다리지는 않을 것이오."

"마땅히 그리 하셔야지요."

소아입록을 제거하지 않으면 자신들의 목숨이 위태로운 상황에서 그들은 쉽게 의기가 투합했다. 하지만 문제는 백제였다.

"배후에 백제가 있으니 문제입니다."

중대형은 더 큰 정세를 설명했다.

"지금 반도의 정세가 급변하고 있어요."

"그렇다는 말을 저도 들었습니다."

"고구려 연개소문이 왕을 시해하고 권력을 잡았다고 합니다."

"그 왕이 선왕과는 달리 당나라의 속국을 자처했답니다. 그래서 연개소문이 큰 불만을 가졌다지요."

이들은 백제의 번국(藩國)의 지배층답게 반도의 정세에 대단히 민감했다.

"연개소문은 우리를 이곳으로 쫓겨오게 만든 호태왕(광개토대왕) 같은 인물이라 합니다. 그가 모든 국정을 쥐어 위엄이 하늘까지 떨친답니다. 당주 이세민과 한판 붙겠다고 벼른다지요."

"휴우—."

중대형이 한숨을 쉬었다. 자신들의 처지를 한탄하는 한숨이었다. 중신이 말을 이었다.

"신라도 우리처럼 여왕이 등극하지 않았습니까?"

"그러나 그 밑에 훌륭한 신하들이 많다고 합니다."

"김춘추와 김유신이라는 인물인데 신라 개국 이래 최대의 영웅들이라고 칭송이 자자합니다."

"모든 파벌을 하나로 뭉치고 있다지요."

이들은 은근히 소아입록을 비방했다. 선덕여왕이 다스리는 신라는 김춘추, 김유신 같은 인물들이 모든 파벌을 하나로 모아 국가 발전에 매진하고 있는데 황극여제가 다스리는 왜국의 소아입록은 정적 참살에 여념이 없으니 나라가 되겠느냐는 비유였다.

"신라는 진흥왕이 한강 유역을 차지하는 등 백여 년 사이에 국력이 급격히 강해졌습니다."

"그만큼 백제의 국력이 약해진 것이지요."

이들의 말 속에는 소아가를 지원하는 백제에 대한 비난이 담겨 있었다.

"백제도 왜국 일에 쏟을 신경을 신라와 싸우는 데 써야 할 텐데…."

"그렇지요. 소아입록이 죄 없는 산배대형왕 일족을 몰살시켜도 백제 때문에 손을 못 대고 있으니…."

중대형과 중신겸족은 같이 한숨을 쉬었다.

"신라가 강력해지는 것이 우리에게는 크게 나쁠 것이 없지 않습니까?"

중신겸족이 과거에는 상상도 할 수 없었던 말을 내뱉었다.

"그렇지요. 백제가 좀 약해져야 소아가가 함부로 전횡을 못하겠지요."

둘은 고개를 끄덕였다. 거사 명분을 한반도의 정세라는 보다 큰 곳에서 얻고 보니 더욱 힘이 솟았다.

"그런데 현왕(의자왕)이 즉위한 후 많이 강해졌다고 하지 않습니까?"

"그렇다고 들었습니다."

둘은 다시 한숨을 쉬었다. 그렇다고 그만둘 수는 없었다. 둘은 끝까지 함께하기로 다시 다짐했다.

"우리 만남을 입록이 눈치채면 곤란하지 않겠습니까?"

"당연하지요."

둘은 잠시 침묵했다. 자주 만남을 가지면 소아입록의 의심을 살 게 분명했다. 둘은 입록에게 요주의 대상이었다.

"무슨 수가 없을까요?"

생각하던 중신이 무릎을 쳤다.

"좋은 수가 있습니다. 우리가 함께 남연(南淵) 선생에게 가서 주공

(周孔 : 공자)을 배운다고 합시다. 그러면 남들이 볼 때 우리가 자주 만나도 자연스럽게 보이지 않겠습니까?"

"좋은 생각이군요. 그렇게 합시다."

둘은 남연청안(南淵請安 : 미나부찌쇼오안)을 찾아갔다. 남연청안은 당시 유학자로 꽤 이름이 높았다. 남연을 스승으로 삼은 것은 입록의 의심을 피하기 위함이었으나 그에게 유학을 배우고 나니 자신들의 거사가 올바른 것이라는 명분까지 얻을 수 있었다.

공자는 호족이 임금을 능멸하는 것을 격한 어조로 비난했는데 이를 소아입록에게 적용할 경우 자신들의 거사는 임금에 대한 충(忠)이 될 수 있었다.

중대형과 중신이 남연에게 유학을 배우러 함께 다닌다는 소문이 퍼졌으나 입록은 별로 주의하지 않았다. 그래서 이들은 남연에게 오가는 동안 입록의 의심에서 벗어나 많은 대화를 나누었다.

"황자님, 입록의 세력이 워낙 크다 보니 지지자를 찾기가 쉽지 않습니다. 그래서 말씀인데……."

"말씀해 보세요."

"소아창산전만려(蘇我倉山田萬呂 : 소가노쿠라노야마다노마로)를 알지 않습니까?"

"알지요. 입록의 종형제 아닙니까?"

"그를 우리편으로 끌어들이면 어떻겠습니까?"

"끌어들일 수만 있으면 좋지요. 그러나 방법이 있겠습니까?"

"황자님께서 아직 혼자 몸이시니……."

중신겸족은 어렵게 말을 꺼냈다. 소아창산전만려의 사위가 되라는 말이었다.

"그에게 딸이 있다는 말은 들었습니다."

"큰딸이 꽤 미인이라고 합니다."

소아가가 오늘날 이런 권력을 누리게 된 데는 황실과 이리저리 얽힌 혼인 관계도 큰 역할을 한 것이 사실이다. 황실 내부에는 소아가의 핏줄이 아닌 사람을 찾기 어려울 정도였다. 소아가 타도의 선봉에 선 중대형황자에게 소아가 여인을 부인으로 맞기란 쉽지 않았다. 지금이야 황자 부인이겠지만 소아입록을 제거한다면 황후가 될 수도 있다. 이는 자기모순이나 다름없었다.

그러나 중대형의 대답은 시원시원했다.

"소아가의 세력을 분산시키는 것이야말로 성패의 갈림길인데 무엇을 꺼리겠습니까?"

중대형이 쉽게 응낙하자 중신은 신이 나서 중매를 서기 위해 소아창산전에게 달려갔다. 소아창산전은 대찬성이었다. 그도 황족 중에 가장 명망이 있는 중대형을 사위로 삼는 데 거부할 이유가 없었다. 모두가 찬성하는 결혼식을 미룰 이유가 없었다. 전광석화처럼 혼인날이 잡혔다. 중대형은 쉽게 찬성했지만 사실상 정략결혼이나 다름없었으니 착잡하지 않을 수가 없었다. 그런 속에서 다가온 혼인날, 상상치도 못한 사건이 발생했다.

소아창산전의 아우 신협신(身狹臣 : 무사노오미)이 평소 아름다운 조카딸을 흠모하고 있었는데 중대형에게 시집간다는 말을 듣고 납치해버린 것이었다. 사랑에 눈이 어두운 때문이었으나 이는 당시 소아가가 황실을 그만큼 우습게 보고 있었음을 뜻했다.

소아창산전도 물론 처벌을 두려워하지는 않았지만 최고 명문가의 위신이 땅에 떨어지는 망신살이 뻗치게 생겼다.

소아창산전은 그날로 병상에 드러누웠다. 둘째 딸이 언니의 혼인날 아버지가 드러눕자 그 까닭을 물었다. 아버지는 삼촌이 언니를 탈

취해간 사실을 실토했다. 그러자 둘째 딸은 대담하게 말했다.

"걱정하실 일이 아니네요. 제가 대신 그분에게 시집가면 되지 않습니까?"

첫딸만큼은 아니지만 그녀도 남에게 빠지지 않는 미모를 지니고 있었다. 그리고 그냥 딸을 혼인시키자고 했지 첫딸이라고 못박은 것도 아니었다. 시집 안 간 첫딸이 있는데 둘째 딸을 먼저 보내는 것은 법도에 어긋나므로 서로 말은 안 했어도 자연히 첫딸을 시집보내는 줄 알겠지만 첫딸을 도둑맞은 지금 법도를 따질 때는 아니었다. 이렇게 해서 혼례식에는 첫딸이 아닌 둘째 딸이 나타났다.

주위가 술렁이는 것은 당연했다. 속사정을 모르는 사람들은 둘째 딸이 나타난 이유를 알 수 없었지만 말이다. 하기야 그 속사정을 알면 더 큰 술렁거림이 일겠지만.

중신겸족도 혼례식에 나타난 처녀가 둘째 딸이란 사실을 알았다. 중신은 중대형이 화를 내며 돌아가지 않을까 걱정했다. 중대형도 이 사실을 알게 되었으나 굳이 문제 삼지 않았다. 어차피 소아가를 분열시키기 위한 정략결혼이니 누구와 결혼하든 중요한 문제는 아니었다.

결혼을 절반의 성공으로 끝낸 중대형과 중신겸족은 다시 거사 준비에 박차를 가했다. 중신겸족은 거사를 성공시키기 위해 필요한 무사 두 명을 중대형에게 추천했다. 좌백자만려(佐伯子萬呂 : 사에키노코마로)와 갈성치견양망전(葛城稚犬養網田 : 카쯔라기노와카이누카이아미타)이란 인물이었다.

"무술이 뛰어난 인물들입니다."

둘은 기골이 장대했지만 중대형은 왠지 미덥지 않았다. 그들의 눈매가 날카롭지 못했기 때문이다. 거사에는 기회를 포착했을 때 주저하지 않고 실행하는 판단력과 용기가 더욱 중요한데 이를 갖춘 인물들이 아니었다. 그래서 그는 치사 대신 이렇게 말했다.

"목숨을 보장할 수 없는 일이네."

"무사가 어찌 목숨을 아끼면서 일을 이루겠습니까?"

무사들의 대답은 시원시원했다.

결혼을 통해 소아가를 분열시키는 데 성공했고 무사들을 모으는 것도 성공했지만 그들에겐 중요한 문제가 남아 있었다. 지금까지의 준비는 예비 단계에 지나지 않았다.

바로 백제 문제였다. 거사에 대해 백제의 반응을 예측하는 것이 성패를 가르는 결정적 열쇠였다. 백제가 어떻게 나오느냐에 따라 상황이 완전히 달라질 수 있었다. 만약 소아입록을 제거하는 데 성공하더라도 백제가 군사 개입을 하거나 거사에 반대한다면 실패로 돌아갈 가능성이 높았다.

둘은 마지막까지 이 문제를 모른 체했으나 막상 결행할 때가 가까워지자 이에 대해 논의하지 않을 수 없었다. 중신겸족이 드디어 이 문제에 대해 입을 열었다.

"우리가 거사한다면 백제가 어떻게 나올까요?"

"……."

중대형은 말이 없었다. 참으로 어려운 문제였다. 소아가는 어떤 측면에서 백제를 대신해 왜국을 다스리고 있는 것이었다. 자신들의 수족이 잘려나가는데 가만히 있을 백제가 아니었다. 말없이 한참을 걷던 중대형이 걸음을 멈추었다.

"내가 풍장(豊璋)을 직접 만나보면 어떻겠소?"

"예에? 풍장을요?"

중신겸족은 몹시 놀랐다. 감히 풍장을 직접 만날 생각을 하다니……. 그로서는 꿈도 꾸기 어려운 일이었다.

풍장은 서명천황 3년(631) 3월에 왜국에 온 이래 계속 머물고 있던 백제 의자왕의 아들 풍(豊)을 가리켰다. 그가 왜국에 올 때만 해도 부친이 왕이 아니었으나 의자가 서명 13년(641) 세상을 떠난 무왕의 뒤를 이어 즉위함으로써 풍장도 명실상부한 왕자가 되었다. 그전에는 일본에 와 있는 백제 왕자 중 의자의 동생 색상이 실력자였으나 의자왕이 즉위해 색상과 연결된 국내 왕족과 호족들을 대숙청하면서 일본 내에서도 풍장이 실력자로 부각했다.

중대형이 풍을 직접 만나는 것은 지극히 민감한 문제였다. 백제 내부의 정세와 왜국 내 백제계의 동향에 민감하게 반응하는 소아가의 정보망에 포착될 게 분명했다.

『일본서기』에 따르면 의자왕은 즉위한 이듬해 사신 교기(翹岐)를 보내는데 소아하이는 이들을 무방(畝傍)의 집으로 초빙해 큰 잔치를 베풀고 양마 1필과 철 20정을 선물로 주었다. 이는 뇌물 성격의 선물이었다. 그런데 『일본서기』는 "다만 색상만은 부르지 않았다"고 기록하고 있다. 의자왕이 즉위하자 그의 자리를 빼앗으려던 색상의 왜국 내 영향력이 급속히 떨어졌던 것이다.

사실 소아하이는 풍장과 그리 친하지 않았다. 이는 의자와도 친하지 않았음을 뜻했다. 왜국을 대리 통치하는 그로서는 백제계 중에 가장 강한 세력과 손을 잡아야만 했다. 왕자 시절 의자는 그리 강력한 세력이 아니었다. 그런 의자가 즉위하자 소아하이는 사신에게 뇌물을 바침치며 그간 소원했던 의자왕과의 관계를 강화하려 노력했다. 하지만 의자왕은 그에게 그다지 관심을 두고 있지 않았다. 의자왕에게 급선무는 신라를 멸망시키는 일이지 왜국 문제가 아니었다. 그래서인지 의자왕은 왜국 문제에 깊숙이 개입하지는 않았다. 또한 그럴 여력도 부족했다.

소아하이는 이런 상황들을 직감하고 있었다. 그래서 그는 서서히 백제로부터 벗어나 독자적인 권력의 길로 나아갔다. 소아하이가 자신의 조묘(祖廟)를 갈성의 고궁(高宮)에 세우고 팔일무를 추며 온 나라의 백성들을 동원해 쌍묘를 만들 수 있었던 건 이런 백제 내부의 상황에 기인했다.

여기에서 소아입록은 한 걸음 더 나아가 더 이상 백제의 그늘을 거부했다. 적당한 기회에 스스로 임금의 자리에 오를 생각까지 하고 있었다. 제 코가 석자인 의자왕이 설마 군대를 파견하지 못하리라는 판단에서였다.

중대형은 백제 왕자 풍에게 비밀리에 만나고 싶다는 청을 넣었다. 풍은 선뜻 만남에 응했다. 풍은 위풍당당하게 중대형을 맞았다. 하지만 거만하지는 않았다. 반면 여유가 있었다. 그러나 그 여유 뒤에 무언가 공허함이 묻어나옴을 중대형은 직감했다. 풍이 먼저 입을 뗐다.

"요즘 주공을 열심히 공부하신다는 말을 들었소이다."

"저 따위에게도 관심을 갖고 계십니까?"

"나라 제일의 인재에게 관심을 안 가지면 누구에게 갖겠습니까?"

중대형은 감읍했다. 잘하면 풍을 자신의 후원자로 만들 수도 있으리란 계산이 섰다.

"영광일 따름입니다."

"주공을 공부하니까 어떠합디까?"

"『논어』 제3편 「팔일」이 기억에 남습니다."

이 말에 풍은 중대형을 다시 바라보았다.

"팔일이라면 계씨가 집 뜰에서 팔일무를 추는 이야기를 말합니까?"

"역시 상국(上國)은 유학에 정통하군요. 맞습니다."

그러자 풍은 다시 물었다.

"계씨가 집 뜰에서 팔일무를 추자 공자가 무엇이라고 말했지요?"

"'이러한 짓을 참을 수 있다면 무엇을 참지 못하겠는가'라고 말했지요."

"주나라만 그런 것일까요?"

"『논어』「팔일」편에는 '이적(夷狄 : 오랑캐)의 나라에 임금이 있는 것이 하(夏 : 중국)의 여러 나라에 임금이 없는 것보다 낫다'라고 되어 있지요."

"역시 공자님은 훌륭한 분이시군요."

중대형의 가슴 깊은 곳에서 벅찬 기쁨이 밀고 올라왔다. 소아입록을 제거해도 좋다는 뜻으로 들렸다. 소아하이와 입록은 천자만이 출수 있는 팔일무를 추고, 모든 백성들을 동원해 쌍릉을 조성했다. 이는 상국 백제의 임금을 무시하는 행위였다. '공자님이 훌륭한 분'이라는 말 속에는 이런 불충을 참아서는 안 된다는 뜻이 담겨 있다고 중대형은 해석했다.

풍의 말이 진심이라면 소아를 제거해도 백제가 개입하지 않겠다는 뜻일까. 그러나 비유로 나눈 이 대화가 백제의 뜻인지 풍 개인의 뜻인지는 알 수 없었다. 중대형을 움직여 소아입록을 제거한 다음 백제가 그 책임을 물어 중대형을 제거하면 왜국 내의 골치 아픈 세력을 모두 정리하는 결과를 얻는 것이 아닐까. 그 경우 중대형은 목숨 걸고 거사를 성사시킨 후 팽(烹)당하는 신세가 되는 것이다.

중대형은 고민에 빠졌다. 중신도 마찬가지였다. 백제가 둘을 제거하고 제3의 호족을 세워 왜국의 통치자로 삼을 수 있었기 때문이다. 풍과 중대형의 만남은 역시 문제는 백제라는 사실을 재삼 확인시켜 주었다.

태극전을 적신 핏물

중대형은 중신을 보다 빨리 만나기 위해 평소보다 일찍 집을 나섰다. 중신은 남연 선생을 찾아갈 때 만나는 지점에 벌써 나와 있었다. 그의 표정도 흥분되어 있었다.

"소식 들었구려."

"그럼요."

둘은 손을 맞잡았다. 드디어 기회가 온 것이다.

고구려와 당나라 사이에 전쟁이 벌어졌다는 소식이 들렸다. 그것도 고구려가 고전하고 있다는 소식이었다. 고구려와 국경을 맞대고 있는 백제에게 여당전쟁은 남의 일이 아니었다. 중대형과 중신은 백제의 모든 신경이 여당전쟁에 쏠려 왜국에 어떤 일이 벌어져도 백제가 개입을 하지 못할 것으로 판단했다. 이 절호의 기회를 놓칠 수 없었다.

"이 기회를 놓치면 안 되겠습니다."

"그렇지요."

"그러려면 우선 황자님의 장인을 끌어들여야 합니다."

중대형은 고개를 끄덕였다. 조정 내에 중신 이외의 동조자가 필요했다. 중대형은 장인에게 속마음을 털어놓기로 결심했다. 황극 4년 (645) 6월 8일, 고구려와 당나라가 한창 공방전에 여념이 없던 때 중대형은 장인 소아창산전만려를 찾아갔다. 그는 말을 돌리지 않고 장인에게 가슴속의 계획을 털어놓았다.

"소아입록을 제거하려 합니다."

중대형은 소아창산전이 깜짝 놀라리라고 예상했다. 그러나 소아창산전은 눈 하나 꿈쩍하지 않았다. 미리부터 알고 있었다는 태도였다.

"황자의 흉중에 큰 포부가 있는 줄은 알고 있었소. 그런데 어떻게 하려고 하시오. 쉽지 않은 일인데."

"계획이 다 되어 있습니다."

"어디 들어봅시다."

"백제에서 보낸 국서를 낭독하는 날 거사를 치르려 합니다."

"백제에서 보낸 국서를 낭독하는 날이라고요?"

소아창산전은 그제야 깜짝 놀랐다. 불과 4일밖에 남지 않았기 때문이다.

"백제에서 가만히 있을까요?"

"백제는 지금 고구려와 당의 전쟁 경과를 지켜보느라 여념이 없습니다. 설혹 소아입록을 벤다고 해도 군사를 보내지는 못할 것입니다."

"풍장이 가만히 있지 않을 텐데요."

"풍장과 얘기를 나누었는데 그는 방관할 듯하더이다."

"그렇다면 다행이지만……."

소아창산전은 고개를 주억거렸지만 미더운 표정은 아니었다. 거대한 입록을 제거하는 계획치고는 가담자가 너무 소수였다. 소아입록에게 단 한 번의 반격 기회만 있어도 계획은 실패로 돌아갈 것이었다. 그러나 중대형은 자신감에 차 있었다.

"그날 장인께서 환영사를 읽어주시오. 환영사가 채 끝나기 전에 입록을 벨 생각이오."

"입록은 의심이 많아서 호위병도 많고 항상 칼을 차고 다니는데 성공할 수 있겠소?"

"하늘의 도움만 바랄 뿐이오."

그랬다. 비록 백제의 개입이 없다 해도 입록을 베는 것은 어려운 일이었다. 그는 최강의 무사들로 구성된, 황제의 경호를 담당하는 위문부(衛門府) 병사들을 사실상 경호원으로 두었다. 입록은 많은 사람들을 죽였기 때문에 언제 보복당할지 몰라 항상 주위를 삼엄하게 경계했다.

그러나 중대형 역시 이 모든 걸 각오하고 시작한 일이었다. 중대형은 살고 죽는 것은 하늘에 맡겼다. 이제 돌이킬 수는 없었다. 백제에서 보낸 국서를 읽는 날 운명을 걸어야 했다. 이런저런 준비로 바쁜 와중에 나흘은 순식간에 지나갔다.

드디어 6월 12일, 운명의 날이 밝았다. 밖에는 그날의 비극을 예고하듯 주룩주룩 비가 내리고 있었다. 중대형은 몇 시간 후면 결정날 비극의 주인공이 누가 될지를 생각하며 내리는 비를 바라보았다.

'누군가의 피가 이 빗물에 씻겨 내려갈 것이다.'

그는 새삼 비장한 마음이 들었다. 스무 살의 젊은 청춘으로 생을 마칠지도 모르는 날이었다. 늘상 보던 집과 나무였지만 다시 못 볼지도 모른다고 생각하니 새삼 새로워 보였다. 그러나 그는 곧 가슴속의 감상을 털어버렸다. 그리고 다시는 못 볼지도 모를 집을 뒤로하고 길을 나섰다.

백제 사신 영접 장소는 태극전(太極殿)이었다. 빗속에서 중대형과 중신겸족은 미리 세웠던 계획을 점검했다. 가장 중요한 것은 소아입록을 단칼에 해치우는 것이었다. 단칼에 해치우지 못하면 거사는 수포로 돌아가고 만다. 황궁의 모든 위병들은 소아입록이 장악하고 있었다. 또한 그의 경호병들이 두 겹, 세 겹으로 진을 치고 있었다. 그러므로 이날 소아입록이 칼을 갖고 있어서는 안 되었다. 그가 칼을 들고 저항하면 불리했다. 안에서 칼 부딪치는 소리가 들리면 밖에서 당장 소아입록의 경호병들이 대거 달려들 것이기 때문이었다.

중신겸족은 소아입록의 무장을 해제시킬 방법을 곰곰이 연구했다. 그러나 방법이 떠오르지 않았다. 의심 많은 입록의 허리에서 칼을 풀게 하는 것은 농부에게 볍씨를 버리도록 하는 것만큼 어려운 일이었다.

이 문제를 고심하던 중신의 앞에 연회의 홍을 돋우기 위해 대기하고 있는 배우(俳優)들이 분주히 오갔다. 그러자 배우들이라면 무슨 수가 있을지도 모른다는 생각이 퍼뜩 떠올랐다. 소아입록은 유난히 배우들의 연회를 좋아하는 인물이었다. 그렇다면 배우들이 입록의 긴장을 이완시켜 무장을 해제시킬 수 있을지도 몰랐다. 중신겸족은 배우를 불러 귀한 보석을 주며 말했다.

"너 이게 뭔 줄 아느냐?"

"눈부셔 바라보지를 못하겠습니다. 보석 아닙니까?"

"이것이 네 것이 될 수도 있느니라."

배우는 이게 무슨 흰소리인가 하는 표정이었다.

"네가 소아대신의 칼을 풀게 할 수 있다면 이 보석은 네 것이다."

그러자 배우는 선뜻 대답했다.

"식은 죽 먹기입니다. 걱정 마십시오."

배우가 너무 쉽게 자신하는 것이 오히려 미덥지 않았다. 그러나 배우는 입록이 들어서자 서슴없이 그에게 다가갔다.

"대신마님 안녕하십니까?"

"무슨 일이냐?"

배우임을 알아본 입록은 웃음을 지었다. 평소 배꼽 잡는 역할을 많이 하던 배우였다.

"제가 오늘 맡은 배역은 희대의 겁쟁이옵니다."

"네게 꼭 맞는 역이로구나."

"그런데 그게 칼만 보면 발작을 하는 배역이라서……."

"그래서?"

"대신님의 칼을 보고 발작하면 어쩌시겠습니까?"

입록은 무슨 소리인가 하는 표정이다가 이내 웃음을 머금었다.

"알았다. 내가 칼을 풀겠다."

입록이 웃으며 칼을 풀어 배우에게 건네고 자리에 앉았다. 소아입록의 착석은 식의 시작을 알리는 신호였다. 중대형이 미리 짠 계획대로 소아창산전이 황극여제 앞으로 나갔다. 그가 백제에서 보낸 국서를 낭독하기로 되어 있었다. 중대형과 중신겸족은 호흡을 가다듬었다.

'이제 주사위는 던져졌다. 돌이킬 수 없다.'

중대형의 장인 소아창산전이 국서를 다 읽기 전에 거사를 완수해야 했다.

소아창산전의 국서 낭독을 신호로 중대형은 신속하게 움직였다. 가장 중요한 것은 위문부 소속의 병사들을 소아입록으로부터 격리시키는 것이었다. 이것이 성패의 주요한 갈림길이었다. 이들이 개입하면 사태는 끝장이었다.

중대형은 12개의 통문을 일시에 폐쇄해 위문부 병사들의 왕래를 막았다. 그리고 위문부 병사들을 한곳으로 모았다. 중대형은 위문부 병사들의 의심을 풀게 하기 위해 녹물(祿物)을 주셨다고 말했다. 그러자 병사들은 '이게 웬 떡인가' 하는 생각에 별다른 의심 없이 한곳에 모였다. 첫번째 계획이 성공했다.

위문부 병사들의 발목을 묶는 데 성공한 중대형은 스스로 긴 창을 들고 태극전 옆에 숨었다. 칼을 차고 활을 잰 중신겸족의 수하들이 황자를 보호했다.

중대형은 미리 계획한 대로 해견양연승마려(海犬養連勝麻呂 : 아마노이누가이노무라지가쓰마로)에게 상자를 건넸다. 상자 속에는 두 자루의 칼이 들어 있었다. 중신겸족이 무술이 뛰어나다며 추천한 좌백련자마려와 갈성치견양연망전에게 전할 칼이었다.

"반드시, 반드시 한순간에 베라고 전하라."

중대형은 '반드시' 란 말을 두 번이나 반복했다. 그의 말대로 '반드시, 반드시 한순간' 에 베어야 했다. 조금이라도 주저하면 입록의 피가 아니라 자신들의 피가 뿌려질 것이다. 그러나 무술에 능하다고 추천된 이들은 잔뜩 겁에 질려 있었다. 뱃속을 든든히 하기 위해 밥을 물에 말아 먹으려 했으나 공포 때문에 밥이 목구멍을 넘어가지 않았다.

— 웩! 웩! —

이들은 밥알을 넘기는 족족 구토했다. 그러자 중신겸족은 당황했다.

"무사들이 이렇게 나약해서야 어찌 큰일을 도모하겠는가? 우리 뒤에는 중대형황자도 계시고 백제도 있으니 아무 걱정하지 말고 단숨에 베어라. 그러면 끝난다."

중신겸족은 입에서 나오는 대로 백제까지 언급하며 무사들을 독려했다. 이들은 주저주저하며 태극전에 뛰어들지 못했다. 막상 와서 본 소아입록의 위세에 눌려 다리를 후들후들 떨었다.

이렇게 두 무사가 주저하는 사이 창산전만려는 국서 읽기를 거의 끝마치고 있었다. 이미 무사들이 난입해 중대형의 지시대로 '반드시 한순간에 벨' 시간이 지났다. 창산전만려의 머릿속에도 온갖 불길한 생각이 다 떠올랐다. 일이 틀어진 게 아닌가 하는 불길한 예감이 들었다.

이에 땀이 흘러 창산전만려의 온몸을 적셨다. 목소리는 가늘게 떨리다가 점점 크게 떨리고 손도 마찬가지로 부들부들 떨렸다. 소아입록은 창산전만려의 이런 모습을 괴이하게 여겼다. 무언가 이상하다고 여긴 입록은 창산전만려에게 다가갔다.

"왜 그렇게 떠시오?"

"천황의 곁이므로 황공하여 저도 모르게 땀이 나옵니다."

일은 실패로 돌아가고 있었다. 이런 일은 그 자리에서 해치우지 못하면 반드시 밀고자가 나오게 되어 있다. 그때 가서 후회하거나 서로를 탓해봐야 아무 소용이 없다. 그저 형장의 이슬로 사라질 뿐. 중신겸족은 일이 잘못 돌아가고 있음을 직감했다. 소아창산전만려도 마찬가지였다. 이제 끝장이라는 생각이 들었다. 중신겸족과 소아창산전은 절망과 두려움에 떨고 있었다. 중신은 자기 자신을 수없이 원망했다. 저런 겁쟁이들을 무사라고 믿은 자신에 대한 원망이었다.

그때였다.

— 야아 — ! —

누군가가 크고 긴 고함을 지르며 태극전으로 뛰어들었다. 바로 중대형황자였다. 황자의 느닷없는 출현에 엄숙한 태극전의 행사장은 아

중대형황자가 백제계 호족 소아입록을 주살하는 장면 일본에서는 이를 '대화개신' 이라고 부른다.

수라장으로 변했다. 의식에 참석한 백관들이 고함과 함께 뛰어든 인물이 중대형황자임을 확인하고 경악하는 동안 뒤이어 무사 두 명이 태극전으로 뛰어들었다.

중대형은 단 일순의 망설임도 없이 소아입록에게 다가갔다. 그리고는 번개같이 칼을 휘둘러 소아입록의 머리와 어깨를 베었다. 자신의 말대로 '한순간에 베'었다. 소아입록은 워낙 찰나에 발생한 일이라 경황이 없었다. 순식간에 칼을 맞은 입록이 일어서려고 안간힘을 다했다. 그 사이 무사가 입록의 다리 하나를 베었다. 그러면서 무사들은 소리를 질렀다.

— 우리는 백제의 명령을 받고 있다! —

입록은 뒹굴듯이 황극의 어좌로 굴러갔다. 이것이 자신을 노린 정변임을 깨달은 것이었다. 그는 사방을 둘러보았으나 자신을 도울 만한 인물이 하나도 없었다. 그는 여제만이 자신을 살릴 수 있다고 여기고 그녀에게 굴러서 기어갔다. 중대형은 여제의 아들이었다. 입록은 여제의 어좌를 붙들고 애원했다.

"제가 무슨 죄를 지었는지 모릅니다. 제 죄가 무엇인지 분명히 해주십시오."

입록은 여제가 시킨 것이라 생각했다. 그러나 놀라기는 여제도 마찬가지였다.

"나도 모르겠소."

그녀는 아들 중대형에게 물었다.

"무슨 일이 있었느냐?"

중대형은 여제 앞에 엎드려 상주했다.

"안작(鞍作 : 소아입록)은 왕자들을 모두 죽이고 왕위에 오르려 하고 있습니다. 아무 죄도 없는 산배대형왕 일가를 이미 죽이지 않았습니까? 안작을 그냥 둔다면 남은 왕자들을 모두 죽이고 끝내 왕위를 빼앗고 말 것입니다."

아들의 설명을 들은 황극여제는 아무 말 없이 건물 안으로 들어갔다. 입록을 베어도 좋다는 뜻이었다. 입록의 목숨을 구해줄 마지막 손길은 사라져버렸다.

"위문부 병사들을 불러라."

소아입록은 마지막 안간힘을 쓰고 있었다. 중대형은 싸늘하게 답변했다.

"위문부 병사들은 천황 폐하를 호위해야지 어찌 너를 호위하겠느냐?"

이제 성공을 확신한 두 무사가 버둥거리는 소아입록을 마지막으로 베었다. 그러고는 시신을 거적에 싸서 밖에다 내버렸다. 핏자국이 빗물에 씻겨 흘러갔다. 절망의 순간에 태극전으로 뛰어든 중대형의 결단이 패배를 승리로 전환한 순간이었다.

그러나 아직 승부가 끝나지 않았다. 소아입록의 아버지 소아하이가 여전히 건재했다. 비록 와병 중이란 소문이 있지만 결코 만만히 볼 상대가 아니었다. 아들이 죽었다는 소식을 들은 그가 가만히 있을 리 만무했다. 하지만 중대형과 중신은 미리 이런 경우를 대비하고 있었다.

중대형은 재빨리 2단계 작전에 돌입했다. 중대형과 중신은 자신을 따르는 사병들을 이끌고 법흥사에 들어갔다. 이렇게 되자 현장을 목격한 여러 황족과 호족들은 물론 그렇지 못한 인물들도 중대형 아니면 소아하이의 편을 들어야 했다. 황족과 호족들이 누구의 편에 서느냐에 따라 성패가 갈릴 수 있었다.

잘못 선택하면 곧 죽음으로 이어질 것이었다. 현재로서는 누가 이길지 아무도 알 수 없었다. 소아입록은 죽었다 하나 그 아버지 소아하이는 살아 있었다. 황족과 호족들은 고민했다. 선택의 기로였다.

그런데 태극전 참살 현장을 목격한 고인대형(古人大兄 : 후루히토오오에)의 목격담이 이들의 결심에 결정적 영향을 미쳤다. 고인대형은 상황을 보고 사택으로 뛰어들어 이렇게 외쳤다.

"한인(韓人)들이 안작신을 죽였다. 내 마음도 아프다."

한인들, 즉 백제인들이 소아입록을 죽였다는 말이다. 이 말은 각 왕족들과 호족들이 누구 편에 서야 유리할지를 분명하게 가르쳐주었다. 그들이 대거 법흥사로 몰려들자 상황은 중대형에게 유리하게 돌아갔다.

그러나 소아하이도 만만치 않았다. 소아하이는 동원할 수 있는 자파 세력을 모두 끌어 모았다. 소아하이는 그들에게 갑옷을 입히고 칼을 들게 했다. 그리고 자신의 궁궐 같은 집을 중심으로 진을 펼치고 결전에 대비했다.

중대형은 당초에 법흥사에 진영을 차리고 소아하이의 공격을 막아낼 요량이었다. 그러나 황족과 호족들이 대거 중대형 쪽에 가담하면서 공격과 수비가 서로 뒤바뀌었다.

중대형은 공격에 앞서 소아하이에게 사람을 보냈다. 소아입록의 시신을 전하기 위해서였다. 이는 그만큼 상대방에게 여유를 보인 것이다. 또한 더 이상 무의미한 저항을 그만두라는 권유이기도 했다. 아니나다를까 위세당당하던 입록의 처참한 시신은 아버지의 분노를 유발하기보다 사기를 꺾어버렸다. 입록의 시신을 목격한 소아가의 장군들도 전의를 상실했다. 황실 제일의 인물 중대형을 상대하기에 소아하이는 이미 늙고 병들었다. 누가 보더라도 대세는 기울어 있었다.

중대형은 이때를 놓치지 않고 장군 거세덕타신(巨勢德陀臣)을 보내 항복을 권유했다. 입록의 시신을 보낸 후에 바로 항복을 권유하자 소아가 장군들의 항전 의지는 결정적으로 약화되었다.

소아가 측의 고향신국압(高向臣國押)은 패배를 예감하고 이렇게 말했다.

"우리들은 살해될 것이다. 우리들의 주인이 이미 살해되었고, 대신(소아하이)도 곧 살해될 것이 틀림없다. 그러면 우리는 누구를 위해 공연히 싸우고 형벌을 받을 것인가."

말을 마친 그는 칼과 활을 벗어던지고 도망갔다. 그것이 신호가 되어 다른 무리들이 뒤따랐다. 소아하이는 대세가 완전히 기울었음을 알아차렸다. 그는 더 이상 싸울 여력을 상실했다. 그는 싸우는 대신 『국기(國記)』와 보물들을 불태운 후 자결로 생을 마감했다.

이렇게 해서 도저히 성공할 것 같지 않았던 소수의 정변은 완벽하게 성공을 거두었다. 중대형은 소아하이와 입록의 시신을 묘에 묻도록 허락했다. 이는 둘의 영혼만큼은 지옥에 떨어지지 않길 바라는, 고인에게 베푸는 마지막 호의였다. 이리하여 한 나라를 움켜쥐고 멋대로 권력을 휘두르던 소아가는 영원히 무덤 속에 묻히고 말았다.

일본에서는 이 사건을 대화개신(大化改新)이라 부르는데 근대의 명치유신 이후 상당히 높이 평가되었다. 일본은 1868년에 명치유신을 단행했는데, 그 핵심은 막부를 타도하고 왕정을 복고시킨 것이다. 근대 일본의 주도세력들은 명치유신으로 천황을 업신여기던 도쿠가와(德川) 막부를 타도하고 천황의 직접 지배를 실현한 것처럼, 대화개신도 천황가를 업신여기던 소아가를 타도하고 천황의 직접 통치를 실현한 쾌거라며 적극적으로 해석했다. 대화개신이 근대에 갑자기 찬사를 받게 된 이면에는 이런 정치적 배경이 있었다.

이 정변으로 이후 왜국의 정치 상황은 근본적인 변화를 겪었다. 왜국을 지배하던 소아가가 역사 무대에서 영원히 사라진 이 사건은 그만큼 중요한 영향을 미칠 수밖에 없었다. 중대형은 이제 자신의 시대가 열릴 것이라고 확신했다.

그렇게 비 내리던 그날은 수많은 사건을 담은 채 저물어갔다. 이제 내일은 새로운 해가 뜰 것이다. 중대형은 새로 뜨는 해가 바로 자기 자신일 것임을 믿어 의심치 않았다.

14
다시 실패로 돌아간 원정

안시성주 양만춘(楊萬春)이 당 태종의 눈을 쏘아 맞히매,
태종이 성 아래서 군사를 집합시켜 시위(示威)하고, 양만춘에게 비단 백 필을 하사(下賜)하여,
그가 제 임금을 위하여 성을 굳게 지킴을 가상(嘉賞)하였다.
박지원(朴趾源)의 『열하일기』 중에서

요동성 함락

이세적이 이끄는 당나라 대군이 갑자기 현도성 앞에 불쑥 나타나자 고구려는 대혼란에 빠졌다. 고구려군은 적군의 예상 진로를 파악한 다음 가장 적절한 방어선에 병력을 집중해 방어하는 전략을 써왔다. 이 방어선이 무너지면 가장 적당한 성을 농성 장소로 삼아 전력을 모은 다음 다시 방어에 나섰다. 그러다가 적이 조금의 허점이라도 보이면 유격대가 기습해 교란하거나 섬멸하는 방식이었다.

그러나 이번 전쟁은 달랐다. 갑자기 당나라 대군이 성 앞에 나타나는 바람에 고구려는 체계적인 작전 계획을 수립할 수 없었다. 당군의 규모가 얼마인지, 어디로 진격할 예정인지 전혀 알 수 없었다. 그래서 『삼국사기』의 "우리 성들이 크게 놀라 모두 문을 닫고 스스로 지켰다"는 기록대로 당황한 고구려 각 성은 스스로 살 길을 모색했다. 각 성 사이의 지휘 체계와 긴밀한 협조 체제가 갑작스런 적군의 출현으로 일시에 붕괴되어 버렸다.

이전과는 전혀 다른 성격의 전쟁이었다. 당군은 일단 전체 규모를 파악하기가 불가능했다. 요동도행군대총관 이세적이 거느린 부대는 6만이었으나 여기에 숫자를 알 수 없는 이민족 군대가 포함되어 있었고, 평양도행군대총관 장량이 거느린 부대는 4만이었는데 여기에 장안과 낙양에서 모집한 3천 군사가 더 있었다. 게다가 태종이 직접 이끄는 친정군이 있었고, 여기에 영주도독 장검솔이 이끄는 군사가 따로 있었다. 사정이 이렇다보니 고구려는 당나라 군사의 숫자가 어느 정도인지 짐작할 수 없었다.

이세적은 전 병력을 현도성에 투입하지 않았다. 그는 꼭 필요한 숫자 이외의 병력은 다른 전선에 투입했다. 이세적은 현도성을, 장검솔은 건안성을, 또 다른 군사들은 다른 성을 공격해왔다. 고구려 군사들이 우왕좌왕하는 사이, 당나라 군사들의 기세는 더욱 높아져 갔다.

한번 밀리기 시작하자 걷잡을 수 없었다. 이세적은 현도성을 무력화시킨 후 부(副)대총관이기도 한 태종의 조카 강하왕(江夏王) 도종(道宗)과 공동으로 개모성〔蓋牟城 : 현 심양시 소가둔구(蘇家屯區) 탑산산성(塔山山城)〕을 공략했다. 이 합동 작전으로 개모성을 함락한 그들은 병사 1만 명(『구당서』·『자치통감』에는 2만으로 되어 있음)과 양곡 10만 석을 노획했다. 이세민은 빼앗은 개모성 지역을 개주(蓋州)라고 개칭하여 당나라 행정구역으로 편입시켰다. 이세민은 이참에 고구려를 멸망시키고 당나라 영토로 삼으려 했다.

개모성을 함락시킨 이세적은 지금의 요양(遼陽) 지역인 요동성으로 진격했다. 요충지인 요동성을 점령할 생각이었다.

고구려가 당나라 육군의 공세에 당황하는 동안 평양도행군대총관 장량이 이끄는 수군은 산동 동쪽의 내주를 출발해 발해를 건넜다. 장량이 이끄는 대군 역시 육군이 공세를 펼치던 그해 4월 갑자기 요동반도 끝 비사성 앞에 나타났다.

비사성은 지금의 대련만 북안(北岸)의 대화상산(大和尙山)으로 천리장성의 가장 남쪽 성이었다. 절벽 위에 우뚝 서면 북으로는 발해의 푸른 물결과 아래로는 서해 물결을 굽어볼 수 있었다. 이곳은 지금까지 여러 차례 수군의 기습을 받았기 때문에 확실한 방어선이 구축되어 있었다.

사면이 모두 절벽으로 둘러싸인 비사성은 오직 서문(西門)만이 공격 루트였다. 고구려군은 당연히 사력을 다해 서문을 막고 성 아래를 새까맣게 덮은 당의 주력군에도 굴하지 않고 꿋꿋하게 맞아 싸웠다. 장량은 며칠 밤낮을 쉬지 않고 공격했으나 번번이 실패로 돌아갔다. 수성에 강한 고구려성의 면모가 비사성에서 발휘된 것이었다.

이에 장량은 정명진(程名振)이 합류하는 틈을 타 양동작전을 펼치기로 전략을 수정했다. 정명진이 이끄는 군사가 도착한 것은 한밤중이었다. 새까만 밤중에 정명진이 이끄는 군사가 횃불을 환히 드리우고 장량군에게 합류하자 고구려군은 당나라 구원군이 온 것으로 생각했다. 당연히 비사성의 모든 촉각은 정명진군의 행보에 맞추어졌다.

그 틈을 타 부총관(副摠管) 왕대도(王大度)가 이끄는 당나라 군사들이 성을 기어올랐다. 정명진이 이끄는 구원군의 동태 파악에 여념이 없던 고구려군은 느닷없이 당군이 성안에 나타나자 크게 놀랐다.

그러나 비사성의 군사들과 백성들은 좌절하지 않았다. 성안으로 밀려들어오는 당나라 유격군을 맞아 치열한 전투를 전개했다. 그러나 방어막이 뚫린 이상 대세는 결정난 것이었다. 결국 같은 해 5월, 당의 주력 수군의 발목을 요동반도 끝자락에 한 달 이상 묶어 놓았던 비사성은 무참히 무너지고 남녀 8천 명이 함몰되고 말았다.

그 사이 당 태종은 지금의 발착수(渤錯水)인 요택(遼澤)에 도달했는데, 이곳은 진흙창이 2백여 리나 뻗어 있어 전진하기가 여간 어렵지 않았다. 장작대장(將作大匠) 염립덕(閻立德)은 흙을 펴고 목석을 운반해 길을 만들었다. 땅을 파자 여수대전 때 죽은 병사들의 유골이 곳곳에서 나왔다. 당 태종은 이 시신들이 장병들의 사기를 꺾을 수도 있지만 잘만 활용하면 오히려 군사들의 사기를 높일 수도 있다고 판단했다. 그래서 그는 이 시신들을 제사 지내고 제문을 지어 애곡(哀哭)했다. 그리고 병사들을 돌아보며 이렇게 말했다.

"금일 중국 자제들이 거의 이 유골들의 자손이니 어찌 복수하지 않겠는가?"

황제가 직접 제문을 지어 군사들의 죽음을 애곡하고 복수를 다짐하니 병사들도 공포감이 사라지고 복수의 감정이 살아났다. 이렇게 요택을 빠져나온 태종은 장수들에게 말했다.

"누가 연개소문이 병법을 안다 하였는가? 어찌 이 요택을 지키지 않았는가?"

요수를 건넌 당 태종은 다리를 치워버렸다. 퇴로를 차단하여 군사들에게 승리 아니면 죽음이란 불퇴전의 각오를 심어주었다.

당 태종의 말대로 요택을 지키지 않은 것은 연개소문의 실책이었지만 이세적의 기습 공격에 통일적 지휘 체계가 무너진 연개소문으로서는 후방의 요택에 신경쓸 겨를이 없었다. 적군의 공격을 받고 있는 성들을 구원하는 것이 급선무였다. 더욱이 당나라 군사는 요동성으로 향하고 있었다. 요동성은 고구려로서는 사활을 다해 막아야 하는 길목이었다.

연개소문은 요동성을 1차 저지선으로 삼아 전열을 정비하기로 결정했다. 그는 국내성과 신성(新城 : 지금의 무순 북쪽 고이산산성)의 보병과 기병 4만을 요동성으로 보냈다. 이 전쟁의 승패를 가늠할 구원군이었다.

그러나 당군은 이 구원군 파견을 역이용했다. 신성 병사들이 구원군으로 빠져나간 틈을 노려 강하왕 도종이 4천 군사를 거느리고 신성에 나타났다. 대부분의 군사를 구원군으로 파견한 신성은 일절 대응하지 않고 쥐 죽은 듯 사태의 추이를 지켜보고 있었다.

그러자 도종이 싸움을 걸어왔다. 조삼랑(曹三郞)이란 절충도위(折衝都尉)가 불과 10여 기를 이끌고 성문 앞까지 와서 싸우자고 고래고래 소리 질렀다. 하지만 성안에서는 아무런 반응이 없었다. 도종은 4천 병력으로 신성을 함락시키기는 어렵다고 판단했다. 대신 고구려 4만 구원군을 섬멸할 계획을 세웠다. 막상 와서 본 고구려군은 소문과 달리 별 것 아니었다.

그러자 나이 많은 장수들이 어린 도종을 말렸다.

"적은 수의 군사로 많은 수의 고구려군과 싸워 이기기는 어렵습니다. 폐하의 어가가 도착하기를 기다려 싸우는 것이 좋겠습니다."

그러나 패기만만한 도종의 귀에는 이런 소리가 싸움이 두려운 늙은 장수들의 변명으로만 들렸다.

"적이 군사의 많음만 믿고 우리를 가벼이 여기고 있는 데다 멀리서 와서 피곤할 것이오. 이때를 이용해 공격하면 반드시 이길 수 있습니다. 신자(臣子)는 마땅히 길을 깨끗이 하고 승여(乘輿 : 임금이 탄 수레)를 기다릴 것이지 어찌 적을 군부(君父)에게 맡길 것이오?"

장수들은 도종의 이런 호응을 세상 모르는 어린 장수의 패기로 생각하고 동조하지 않았다. 그때 도종에게 호응하는 장수가 나타났다. 도위(都尉) 마문거(馬文擧)였다.

"사나운 적을 맞아 싸우지 않으면 무엇으로 장사임을 나타낼 수 있으리오."

그는 창의 명수였다. 마문거는 창을 꼬나잡고 말을 채찍질하여 고구려 진영으로 달려갔다. 마문거의 창이 허공을 가를 때마다 고구려 군사들이 쓰러졌다.

— 와아 —

고구려 군사들이 쓰러지는 것을 본 당군의 사기가 하늘로 치솟았다. 당의 총관 장군예(張君乂)가 군사들을 이끌고 달려나왔다. 마문거와 합세한 장군예는 고구려군을 향해 질풍같이 내달렸다. 그러나 이는 당군을 끌어들이려는 고구려의 전술이었다. 뒤쫓기던 고구려군은 바로 주력군을 파견했다. 갑자기 고구려군이 공세로 나오자 장군예는 그만 버티지 못하고 패주했다.

— 와아 —

전세는 금방 역전되어 고구려군의 승리로 돌아갔다. 당군은 이리저리 흩어져 어쩔 줄을 몰랐다. 도종은 흩어진 군사들을 수습하여 고지로 올라갔다. 고지에서 도종은 전투의 형세를 관찰했다. 고구려군은 도망가는 당군을 쫓느라 대열이 흩어져 있었다. 도종은 흩어진 고구려 군사를 공격하기 위해 남은 병력을 모두 거느리고 고구려군에게 돌진했다. 그러나 승기를 잡은 고구려군은 도종의 당군을 맞아 당황하지 않고 맞서 싸웠다. 오히려 도종이 다시 수세에 몰렸다. 자칫하면 전군이 몰살할 판이었다.

이 위기를 구한 인물이 이세적이었다. 이세적은 도종이 위기에 빠진 것을 알고 황급히 구원군을 보냈다. 도종을 공격하던 고구려군은 또다시 구원군이 나타나자 결국 1천여 명의 전사자를 남기고 퇴각했다. 4만 군사가 변변한 저항 한 번 못 하고 무너졌다.

요택을 지난 당 태종이 전선에 도착한 것은 이 무렵이었다. 이세민은 지금의 요양 서쪽인 마수산(馬首山)에 행재소를 세운 다음 지금까지의 전쟁 상황을 보고 받고 그 내용을 검토했다. 그는 유일한 패전인 도종의 전과에 대해 심의했다. 강하왕 도종을 위로해 물품을 내렸으며, 마문거를 포상해 중랑장(中郎將)을 제수했다. 대신 패주한 장군 예를 목베었다.

이런 상벌을 시행한 태종은 수백 기만을 거느리고 요동성으로 향했다. 요동성 앞에서는 참호를 메우기 위한 공사가 한창이었다. 사졸들이 땀을 뻘뻘 흘리며 무거운 흙을 지고 참호를 메우고 있었다. 군사들의 마음을 잡는 것이 승리의 요체임을 잘 아는 태종은 자신이 직접 가장 무거운 것을 나누어 말 위에 싣고 날랐다. 황제가 직접 노동하는 것을 본 시종들이 가만히 있을 리 없었다. 종관(從官)들이 앞다투어 흙을 져다가 성 밑에 부렸다.

이세민이 요동성에 도착한 것은 이세적이 요동성 공격을 시작한 지 12일 만이었다. 이세적은 태종이 도착하기 전에 요동성을 떨어뜨리고 싶었으나 고구려군이 완강하게 저항하는 바람에 고전하고 있었다. 이런 와중에 당 태종의 최정예군이 합세하자 요동성은 풍전등화의 위기에 놓였다. 『삼국사기』에서 "당주가 정예병력을 이끌고 합세하여 성을 수백 겹으로 둘러싸니 북과 고함소리가 천지를 흔들었다"고 기록한 대로 온 들판이 당군 천지였다.

이세민은 이때 백제에서 헌상한 금휴개(金髹鎧 : 금빛 칠한 갑옷)를 입었는데 황금 갑옷이 햇빛에 반사되어 반짝반짝 빛났다. 태종이 직접 거느리는 친위군은 검은 갑옷을 입고 있어서 남다르게 보였다. 요동성주는 금빛 갑옷을 보고 드디어 황제까지 전선에 도착한 사실을 알게 되었다.

황금 갑옷을 입은 이세민과 검은 갑옷을 입은 친위군의 모습, 그리고 들판을 가득 메운 당군의 위용은 고구려 장병들의 간담을 빼놓기에 충분했다. 이 모습을 요동성주는 묵묵히 바라보고 있었다. 그러던 요동성주는 휘하 장수들에게 명령을 내렸다.

"사당으로 집결하라."

사당에는 고구려의 시조 추모왕이 모셔져 있었다. 이 사당에는 또 쇠사슬 갑옷과 날카로운 창도 모셔져 있었는데 전연(前燕) 때 하늘에서 내려보낸 것이란 유래가 전해지는 무구(武具)들이었다. 요동성주는 사당에 향을 올리고 제문을 읽었다.

"시조 추모성왕이시여! 시조께서 하늘의 명을 받아 여신 성스런 이 땅을 서남쪽 오랑캐들이 더럽히려 하고 있습니다. 우리에게 힘을 주셔서 이 성스런 터전을 지키게 하여 주소서."

요동성주의 제문 낭독이 끝나자 아리따운 무녀(巫女)가 황룡을 타고 올라간 추모성왕이 감응하기를 바라는 신들린 춤을 추었다. 한참 춤추고 난 무녀는 이마에 난 땀을 닦으며 이렇게 말했다.

"추모성왕께서 기뻐하시니 성은 반드시 온전할 것입니다."

— 와아! —

지푸라기라도 잡고 싶은 심정이었던 장병들과 성민들은 이 말에 안도했다.

드디어 이세적이 이끄는 당나라 군사들의 대공세가 다시 시작되었다. 이세적은 견고한 성의 방어 시설들을 파괴하는 것이 성 함락의 중요한 열쇠라고 판단했다. 요동성 공략의 시작은 투석기가 열었다.

투석기는 당 태종이 고구려 성들을 무력화시키기 위해 특별히 제작한 것이다. 그는 미리 행군총관 강행본과 소감 구행엄에게 투석기를 비롯한 공성 무기의 제작을 명했다.

투석기는 무려 300보(步 : 약 450미터)까지 거대한 바위를 날릴 수 있는 최신 병기였다. 거대한 바위가 허공을 날아 때리는 곳마다 허물어졌다. 누각 같은 것은 한 방에 박살났다. 고구려군은 나무를 쌓아 장애물을 만들고 그물을 쳐 막았으나 계속 날아드는 바위 앞에서는 아무 소용이 없었다. 성벽이 허물어지기 시작하자 당군은 충차로 성문을 공격했다. 그리고 운제를 성벽에 대고 돌격대까지 투입했나.

이런 무기들을 이용한 입체적 공격에 요동성은 혼란에 빠졌다. 그때 설상가상으로 남풍이 세게 불었다. 이세민은 날랜 병사들을 뽑아 충차의 장대 끝에 올라가 성안에 불을 지르게 했다. 특공대원들은 날렵하게 장대 끝에 올라가 성의 서남쪽 다락에 불을 지르는 데 성공했다.

불은 강풍을 타고 급속도로 번져 성안을 잿더미로 만들었다. 이 혼란을 틈타 당군들은 성안으로 물밀듯이 진입했다.

고구려 군사들은 불타는 건물을 뒤로한 채 돌격대와 사력을 다해 싸웠으나 대세는 이미 기울었다.

여당전쟁의 1차 승부처인 요동성 전투는 요동성이 함락되며 당군의 승리로 돌아갔다. 고구려는 1만여 명의 전사자를 냈다. 포로가 된 군사들이 또한 1만여 명이었다. 그리고 백성 4만여 명이 체포되고 양곡 50만 석을 빼앗겼다. 이세민은 요동성을 요주(遼州)라고 이름 붙여 당의 행정구역으로 삼았다. 고구려의 영토들이 점차 당나라 행정구역으로 변해가고 있었다.

구원군의 참패

요동성이 무너지자 고구려 조정은 충격에 휩싸였다. 연개소문이 4만 구원군을 보내 승부처로 삼은 요동성이 무너졌다는 것은 더 이상 당군의 공격을 막아낼 성이 없음을 뜻했다. 상황이 이렇게 되자 고구려에서는 항복을 생각하는 장수들이 나타났다.

원래 정복왕조로 시작한 고구려에서 항복이란 있을 수 없는 단어였다. 싸우다 힘이 다하면 전사하는 것이지 항복이란 생각할 수 없었다. 그러나 당나라 대군에게 연전연패한 고구려군의 사기는 땅에 떨어져 항복을 생각하는 장수가 나왔다. 백암성주 손대음(孫代音)이 그런 인물이었다.

요동성을 무너뜨린 이세민은 백암성(白巖城)으로 진격했다. 이세민이 백암성 서북쪽에 진을 치고 이세적이 서남쪽을 공격했다. 이세적의 공격을 받은 백암성주 손대음은 두려움에 휩싸였다. 요동성을 함락시킨 이세민의 친정군과 도저히 싸워 이길 자신이 없었다. 더군다나 백암성은 함락될 경우 당군의 대대적인 노략질에 노출될 성이었다.

이에 손대음은 심복을 보내 항복 의사를 피력했다. 당 태종은 항복하는 성에는 후한 상을 내려 다른 성의 항복을 유도하는 전략을 즐겨 사용했다. 백암성주 손대음이 스스로 항복 의사를 밝히사 이세민은 크게 기뻐했다. 그리고 이 전쟁의 승리를 확신했다. 그러나 그도 잠시뿐 얼마 후 손대음은 항복 의사를 철회했다. 손대음이 항복할지도 모른다는 소문이 돌자 백암성의 다른 무장들과 군사들이 내부 정변이라도 일으켜 성주를 살해할 기세였다. 결국 성주 손대음은 항복 의사를 철회할 수밖에 없었다.

이를 안 당 태종은 불같이 화를 냈다.

"천자에게 이랬다저랬다 두 말하는 자는 결코 용서할 수 없다. 백암성을 빼앗으면 성의 모든 백성들과 물자들을 전사들에게 상으로 주겠노라."

― 와아! ―

당군은 환호성을 질렀다. 개모성과 요동성을 함락시켜 사기가 오른 당군이었다. 여기에 사람과 재물의 노략질까지 약속하니 벌써부터 온몸이 근질근질했다. 고향을 떠나 오랫동안 풀지 못했던 객기를 따스한 여인의 품 속에서 풀 기대로 가득 찼다.

군사들이 목을 빼고 공격 명령을 기다리고 있을 즈음, 백암성주 손대음의 심복이 다시 찾아왔다. 이세민은 그를 만날까 말까 잠시 고민했다. 다시 심복을 보낸 건 항복하기 위한 것임이 분명했지만 이번에 한번 본때를 보여주는 것이 필요하다는 생각도 들었다. 노략질을 허용해 군사들의 사기를 높여주고도 싶었다. 그러나 일단 만나보기로 결정했다.

"항복하겠다는 약속을 어기고 다시 싸우기로 했으면 싸움터에서 만나야지 여기는 무슨 일로 왔느냐?"

"황제 폐하께서는 노여움을 푸시기 바랍니다. 우리 성주께서는 항복하려는 마음을 줄곧 갖고 계셨지만 성중에 이를 따르지 않는 군사들이 많아서 이렇게 되었습니다. 항복 기미를 눈치 챈 군사들은 심지어 성주님을 살해하려 했습니다. 그러니 어쩌겠습니까?"

"그래서 어떻게 할 작정이냐?"

"황제 폐하께서 성 아래 임하시면 칼과 도끼를 던지는 것을 신호로 삼아 항복하겠습니다."

이세민은 손대음이 제시한 항복 방식을 거절했다.

"그 방식은 별로 좋은 것 같지 않고, 내게 생각이 있다."

백암성 당 태종은 백암성을 점령한 후 암주를 설치해 당나라 행정구역으로 편입시켰다. 현재는 연주성이라고 부른다. 고구려연구소 사진.

이세민은 당기(唐旗)를 가져오게 해 손대음의 심복에게 주었다.

"항복하려거든 이 깃발을 성 위에 세워라."

심복은 당기를 몰래 성안으로 갖고 들어가 손대음에게 전했다. 손대음에게는 다른 선택이 없었다. 드디어 이세민이 거느리는 당의 대군이 백암성에 도착했다. 아직 백암성의 성문은 굳게 닫혀 있었다. 이세민은 공격을 명령했다. 곧 전투가 시작되었다.

그러나 전투는 오래가지 않았다. 전투 와중에 느닷없이 당나라 깃발이 성 위에 나부꼈던 것이다. 갑자기 성 위에 당기가 펄럭이자 성안은 크게 혼란스러워졌다. 백암성의 군사와 백성들은 당나라 돌격대가 성안에 침투했다고 생각하고 두려움에 떨었다.

그때 성주 손대음이 장병들을 달랬다.

"모두 죽고 노략질당하느니 항복해서 살 길을 찾는 것이 낫지 아니한가."

희망을 잃은 고구려 백성들은 성주가 권하자 순순히 따랐다. 백암성은 정식으로 항복을 요청했다. 이세민이 백암성의 항복을 받아들이려 하자 당의 장수들이 반발했다. 요동도행군대총관 이세적까지 항복 수락을 반대했다. 이세적은 갑사 수십 인을 거느리고 당 태종에게 나아가 절한 후 주청했다.

"사졸들이 화살과 돌을 무릅쓰면서 죽음을 생각하지 않고 싸운 것은 노략질을 탐냈기 때문입니다. 지금 성이 거의 함락되어 가는데 왜 새삼스레 항복을 받아 싸우는 전사들의 마음을 외롭게 하십니까?"

약속대로 노략질하게 해달라는 주청이었다. 이 말을 들은 이세민은 말에서 내려 이세적과 갑사들에게 사과했다.

"장군의 말이 옳다. 그러나 군사를 놓아 사람을 죽이고 그들의 처자를 사로잡는 것은 내가 차마 못할 일이다. 장군의 부하 중에 공이 있는 자는 내 창고를 열어 상을 내릴 것이니 장군은 이 성을 속죄해 주기 바란다."

황제가 이렇게 나오자 황공해진 이세적은 항복을 받아들였다. 이세민은 물가에 장막을 치고 항복을 받았다. 백암성의 남녀 1만여 명이 나와 항복했다. 그러자 음식을 주어 위로하고 80세 이상의 노인에게는 비단을 차등 있게 분배했다.

이세민은 백암성을 암주(巖州)로 개칭하고 역시 당의 행정구역에 편입시켰다. 그리고 항복한 손대음을 암주자사(刺史)로 삼아 다른 성의 성주들도 항복하면 후히 등용될 것임을 보여 주었다.

당군의 승승장구는 계속되었다. 당군이 전진하는 만큼 고구려 영토는 줄어들고 당나라 행정구역은 늘어갔다. 백암성까지 함락한 이세민은 기수를 아래로 돌려 안시성으로 향했다. 안시성만 점령하면 압록강까지는 파죽지세로 남하할 수 있었다.

연개소문은 안시성을 제2차 승부처로 삼았다. 여기에서마저 패전하면 끝장이었다. 연개소문은 온 힘을 기울여 구원군을 조직했다. 그리고 북부욕살 고연수(高延壽)와 남부욕살 고혜진(高惠眞)에게 구원군을 맡겼다. 고구려 군사는 물론 말갈군을 합쳐 15만의 대군이 조직되었다.

요동성에 4만 군사를 보냈다가 패배한 고구려로서는 거의 모든 전력을 기울인 마지막 구원군이었다. 이들이 패배하면 안시성 혼자 버티기는 어려웠다. 안시성이 무너지면 곧바로 평양성 결전으로 이어질 터였다. 아래에서는 백제, 신라가 호시탐탐 노리고 있는 상황에서 북부의 광대한 영토를 다 빼앗기고 도읍 평양에서 결전을 해야 한다면 이는 곧 고구려의 멸망을 뜻했다.

연개소문은 도읍 결전에 대비해 중앙과 동부·서부의 병력을 제외한 나머지 군사를 모두 보냈다. 고연수와 고혜진이 이끄는 군사들이 안시성 남쪽에 모습을 드러냈다. 당의 대군이 안시성을 목표로 남하한다는 소식을 듣고 초조해진 안시성 군민들은 성 남쪽에 고구려 구원군이 나타났다는 소식을 듣고 환호했다.

"구원군이다!"

"대막리지께서 우리를 잊지 않으셨다!"

안시성의 사기는 금방 올라갔다. 구원군과 함께라면 한번 붙어볼 만하다는 생각이 일었다. 요동성 전투에 이어 고구려의 운명을 건 전투가 다시 시작되려는 참이었다.

당 태종은 요동도행군대총관 이세적을 비롯한 수하 장수들과 작전회의를 열었다.

"지금 구원군을 이끌고 온 고연수에게 방책이 있다면 세 가지다. 곧바로 전진해 안시성과 연결한 다음 고산의 험한 지형에 의지해 진지를 구축하는 것이 하나이다. 이 경우 구원군은 성안에 있는 양식을 먹으며 말갈병을 풀어 우리의 우마를 노략할 수 있다. 이렇게 된다면 우리는 이들을 쳐도 단숨에 이길 수 없고 돌아가려 해도 요하의 진흙창이 장애가 되니 이것이 고연수가 택할 수 있는 상책이다."

안시성과 연결해 견고한 공동 방어망을 구축한 후 유목민족인 말갈병을 풀어 유격전을 전개하는 것이 상책이란 말이다. 말갈병은 여기저기 운동하며 기회를 보아 타격을 가하는 동시에 유목민족답게 우마를 빼앗는 데 특별한 재주가 있었다. 당 태종의 분석은 계속되었다.

"성안의 병사를 빼어 밤에 도망가는 것은 중책이다. 재주를 헤아리지 못하고 우리와 싸우는 것은 하책이다. 경들은 보라. 저들은 반드시 하책으로 나올 것이다. 내 눈에는 저들이 포로가 되는 모습이 훤히 보인다."

그러나 그가 말하는 상책대로 안시성과 연결해 방어하려면 그가 비웃은 하책대로 당 진영을 돌파해야만 했다. 그러면 이세민이 막을 것은 당연한 이치. 이는 상책과 하책이 연결된 논리적 모순이었다.

이때 고구려 구원군 중에는 대로(對盧) 고정의(高正義)가 있었다. 나이가 많고 경험이 풍부했던 그는 고연수에게 이렇게 말했다.

"진왕(秦王 : 이세민)은 나라 안에서는 여러 영웅들과 싸워 이기고, 나라 밖에서는 여러 이민족을 정복하고 황제가 되었으니 뛰어난 인물인 것은 틀림없소. 지금 당나라 대군을 이끌고 왔으니 우리가 대적하기는 쉽지 않소. 우리가 취할 계략은 군사를 정돈해 방비를 엄중히 하면서 시간을 끌다가 기회가 생기면 기습병을 파견해서 저들의 식량 보급로를 끊는 것이오. 이역만리 타향에서 막상 양식이 떨어지면 저들은 싸우려 해도 싸울 수 없고, 돌아가려 해도 돌아갈 길이 없을 것이오."

지구전으로 적의 힘을 빼는 것이 좋겠다고 고정의가 계책을 올렸다. 그러나 북부의 정예병력을 이끌고 온 고연수는 당나라 군사와 싸워 이길 자신이 있었다. 그는 고정의의 의견을 묵살하고 안시성 바깥 40리 지점까지 전진해 진영을 베풀었다.

이세민은 대장군 아사나(阿史那) 두이(杜爾)에게 돌궐병 1천 기를 거느리고 나가 고구려군을 유인하라고 명령했다. 불과 1천 기에 불과한 돌궐병이 싸움을 걸자 고구려 기병은 즉각 나가 응전했다. 몇 차례 접전 끝에 돌궐병은 도망가기 시작했다. 그러자 고연수는 자신감을 얻었다.

"하잘 것 없는 군대로구나."

고연수의 고구려군은 돌궐병을 쫓아 바람처럼 진격했다. 계획대로

라면 당군이 중간에 나타나 양동작전을 써야 했으나 고구려군의 추격이 하도 빨라 그만 기회를 놓치고 말았다. 고구려군은 내친 김에 안시성 동남쪽 8리 되는 곳까지 전진해서 산을 의지해 진을 쳤다.

이세민은 다급해졌다. 자칫하면 이세민이 말한 상책, 즉 안시성과 연결해 장기전을 펼치는 상황이 연출될 수 있었다. 당 태종은 황급히 여러 장수들을 불러 다시 전략회의를 열었다.

"어떻게 하는 것이 좋겠는가?"

장손무기가 대답했다.

"신은 적과 싸우려 할 때는 먼저 사졸들의 사기를 살핀다고 들었습니다. 신이 마침 여러 병영을 지날 때 고구려 군사들이 온다는 소식이 들리자 병사들이 모두 칼을 뽑아 들고 깃발을 매면서 얼굴에 희색을 드러냈습니다. 이는 반드시 승전할 군사들의 모습입니다."

"우리 군의 사기가 그렇게 높은가?"

이세민의 얼굴에도 희색이 흘렀다. 장손무기의 말은 계속되었다.

"폐하께서는 20세 이전에 친히 싸움터에 나가신 이래 지금까지 기묘한 전술로 승리를 거두셨습니다. 오늘의 승리도 위로는 폐하의 책략을 여러 장수들이 받들어 싸웠기 때문입니다. 오늘 일도 폐하의 지시를 바랄 뿐입니다."

역전의 용사 장손무기가 이렇게 추켜세우자 흡족해진 태종은 웃으며 말했다.

"여러 장수들이 사양하니 내가 제공(諸公)들을 위해 전략을 구상해 보겠노라."

태종은 먼저 장손무기와 기병 수백을 거느리고 높은 곳에 올라가 고구려군의 형세와 주변의 지형을 살폈다. 산천 중에 군사들이 매복할 만한 곳은 어디이며 군사들이 드나들 수 있는 곳은 어디인지를 살

피기 위함이었다.

고구려군은 말갈병과 연합해 진을 쳤는데 그 길이가 40리나 되었다. 군사의 수가 예상보다 많을 뿐만 아니라 바람에 펄럭이는 오색 깃발이나 기병과 보병들의 배치는 고구려군이 정예군임을 말해주고 있었다.

이세민은 고구려군의 정연한 대오를 보고 저절로 두려움이 느껴졌다. 우물쭈물하다가 고구려 구원군이 안시성과 연결된다면 당군은 최악의 상황이 연출될지도 몰랐다. 그러나 쉽사리 방책이 떠오르지 않았다.

태종이 주저하자 강하왕 도종이 고구려의 허를 찌르는 전략을 내놓았다.

"고구려가 저처럼 온 국력을 기울여 왕사(王師)를 막고 있다는 것은 역으로 말해 평양의 수비가 허술함을 뜻합니다. 원컨대 신에게 정예 군사 5천만 주시면 평양을 점령해 고구려군의 근본을 뒤엎겠습니다. 평양을 점령한다면 싸우지 않고도 수십 만의 고구려 군사들이 앞다퉈 항복할 것입니다."

그러나 이세민은 도종의 의견을 묵살했다. 연개소문이 불과 5천의 군사에게 점령당할 정도로 평양의 방비를 허술히 할 인물이 아님을 알았기 때문이다. 이세민은 먼저 고연수를 교란시키는 것이 가장 효과적이라고 판단했다. 그래서 고연수에게 편지를 보냈다.

"나는 그대 나라의 강신(强臣 : 연개소문)이 왕을 시해한 죄를 문죄하려는 것이지 교전이 목적은 아니다. 그대 나라 경내에 들어오니 식량과 말먹이가 없어 몇 개 성을 빼앗았으나 그대 나라가 신례(臣禮)를 다한다면 잃은 것을 돌려주리라."

고연수는 태종의 친서를 받고 약간 방심했다. 태종이 자신들을 두려워하여 철군할 명분을 찾는 것으로 생각했다. 이세민은 고연수가 방심한 틈을 타 기습전을 전개했다. 한밤중에 병력을 이동시켜 이세적에게 보병과 기병 1만 5천을 이끌고 산 서쪽 고개로 올라가 기다리라고 명령했다. 이 부대는 고구려 눈에 잘 띄었다. 그리고 장손무기와 우진달(牛進達)에게 정병 1만 1천을 주어 산 북쪽에 숨어서 대기하도록 했다.

그런 다음 당 태종은 보병과 기병 4천에 북과 나팔, 깃발을 가지고 산으로 올라갔다. 북과 나팔 소리가 울리는 것을 군호로 전군이 맹렬하게 공격하라고 명령을 내려놓았다. 이세민은 고구려 진영을 한눈에

중국 요서 난하

파악할 수 있는 높이까지 올라갔다. 이날 밤에 유성이 고연수의 군영에 떨어졌다.

어둠이 걷히자 고연수는 산 서쪽에 배치된 당군을 발견했다. 고연수는 그 수가 적음을 보고 공격을 명했다. 고구려군은 이세적군과 싸우려 산으로 올라갔다. 두 군사가 맞붙으려 할 때 산 북쪽에 매복해 있던 장손무기의 군사 쪽에서 먼지가 일어났다. 조금 더 기다려야 했으나 이왕 이렇게 된 것 어쩔 수 없다고 판단한 이세민은 북과 나팔을 일제히 울리고 깃발을 펄럭였다. 이를 군호로 당나라의 전군이 고함을 지르며 고구려군을 향해 일제히 공격을 개시했다.

계략에 빠졌음을 깨달은 고연수는 군사를 나누어 이세적군과 장손무기군, 그리고 이세민의 친정군을 막았다. 그러나 적군이 고함을 지르며 달려드는 마당에 갑자기 병력을 재배치하기가 쉽지 않았다. 때마침 천둥과 번개가 쳐서 혼란을 더했다. 당나라 군사와 고구려 군사는 뒤엉켜 싸웠다. 워낙 대군이 맞붙었기 때문에 승부가 쉽게 나지 않았지만 계략에 빠진 고구려군이 불리했다.

그 혼란한 와중에 신출귀몰하는 당나라 군사가 있었다. 장손무기군에 속해 있던 기습병 복장의 병사였다. 그는 소리를 크게 지르며 고구려 군영 깊숙이 들어가 고구려 군사들을 눈부신 무용으로 계속 쓰러뜨렸다. 이 한 명의 기습병 때문에 그나마 근근이 버티던 고구려군의 대오가 흩어질 조짐을 보였다. 이세민은 그 틈을 놓치지 않고 전군을 독려해 대대적인 공격을 감행했다. 고구려군은 이 공격을 이기지 못하고 무너지기 시작했다. 결국 1만여 명의 전사자를 낳고 퇴각했다.

그러나 퇴각도 쉽지 않았다. 남·서·북 3곳에서 당군이 쫓아오는 바람에 퇴각할 곳은 동쪽밖에 없었다. 동쪽은 하천이 흐르고 있어서 교량을 장악해야 안전하게 건널 수 있었다. 그러나 교량은 장손무기가 재빨리 거두어 버린 후였다. 그 바람에 고구려군은 갈 곳이 없어졌다. 결국 고구려군은 산으로 피신할 수밖에 없었다. 이세민은 기회를 놓칠세라 재빨리 포위망을 구축했다.

당군에게 겹겹이 포위된 고구려군에게 선택의 길은 결사전이냐 항복이냐 두 가지였다. 물론 끝까지 농성하다 굶어죽는 길도 있었지만 1만의 전사자를 낸 고구려군은 죽은 전우에 대한 복수심보다 두려움이 더 컸다. 결국 고연수와 고혜진은 남은 병력 3만 6천8백여 명을 거느리고 항복을 청했다. 고구려의 전 국력을 기울인 구원군은 이렇게 완패로 돌아갔다.

이 패전이 고구려에 준 타격은 실로 엄청났다. 포로가 된 3만 6천여 명 중에는 고구려의 주요 장수와 장교들이 대거 들어 있었다. 이세민은 이들 중 욕살 이하 각급 지휘관을 역임한 3천5백여 명을 당나라로 끌고 갔다. 장교는 쉽사리 육성하기 어렵다는 점을 감안해볼 때이는 고구려 전투력의 근간을 무너뜨려 고구려의 재기를 철저하게막겠다는 의도였다.

이 조치와 함께 이세민은 함께 투항한 말갈병사 3천3백여 명을 모두 구덩이에 묻어 생매장시켰다. 이는 고구려를 돕는 이민족들에 대한 강력한 경고였다.

전투가 끝난 후 논공행상 자리에 단신으로 고구려 진영 깊숙이 돌진했던 기습병이 포함되어 있었다.

"네 이름이 무엇이냐?"

"강주(降州 : 산서성 직산현) 용문(龍門) 출신의 설인귀(薛仁貴)라 하옵니다."

"나의 옛 장수들은 역전의 용사들이지만 이제 모두 늙어서 그대같이 젊은 용사가 필요하다. 짐은 요동을 얻은 것이 기쁜 것이 아니라그대같이 용맹한 장수를 얻은 것이 기쁘다."

"황공하옵니다."

"그대를 유격장군으로 임명하노라."

일개 병사를 일약 장군에 임명한 파격적 조치였으나 아무도 이의를 제기하지 않았다. 신상필벌이 명확한 당 태종인 데다 이런 파격적 조치는 다른 병사들에게 목숨 걸고 싸우도록 독려하는 효과가 있었다. 이 전쟁에는 전공을 세워 출세하려는 야심만만한 이른바 유협(遊俠)들이 여럿 종군했다. 이들에게 설인귀는 거울이요 타산지석이

고대소설 『설인귀전』의 표지 그림

었다.

설인귀는 원래 고향에서도 활 솜씨가 뛰어났으나 집안이 가난한 평민이어서 농사를 지으며 살았다. 당 태종이 고구려 원정군을 모으고 있을 때 그는 부모의 상중이었다. 그의 무용을 잘 알고 있던 부인은 이것이 어쩌면 가난에서 벗어나는 기회가 될지 모른다는 생각에 남편의 등을 떼밀었다.

"기회는 자주 오는 것이 아니니 이 기회에 당신의 재주를 펼쳐보세요. 우리도 죽을 때까지 이렇게 살 수는 없잖아요."

등을 떼미는 부인 때문에 참전한 전쟁이 그의 인생을 180도로 바꿔놓았다.

설인귀 외에도 사졸들이 이구동성으로 추천한 인물이 있었다. 그역시 설인귀처럼 고구려 원정에 참전해 인생 역전을 이루고 싶어했는데 특이한 것은 신라인이라는 점이었다. 설계두(薛罽頭)란 이름의 그는 신라 사대부집 자손으로 신라에 있을 때 친구 네 명과 함께 모여 술 마시며 이렇게 한탄했다.

"우리 신라에서는 사람을 쓸 때 먼저 골품을 따지므로 비록 큰 재주와 뛰어난 공이 있더라도 높은 자리에 올라갈 수 없다. 그래서 나는 바다 건너 당나라에 가서 지략과 무용을 다해 내 스스로 출세의 길을 열어 고위관복에 패검을 차고 천자 곁에 출입하려 한다."

『삼국사기』에 따르면 설계두는 실제로 진평왕 43년(622)에 몰래 배를 타고 입당하는 데 성공했다. 그리고 당 태종의 고구려 정벌 때 자원해 좌무위과의(左武衛果毅)가 되어 요동으로 출정했다.

그 또한 설인귀처럼 이 전투에서 혁혁한 공을 세웠지만 도중에 전사하고 말았다. 이세민은 큰 공을 세우고 전사한 그가 신라인 설계두라는 말을 듣고 눈물을 흘리며 이렇게 말했다.

"우리나라 사람들도 오히려 죽기를 두려워하여 뒤를 돌아보며 나아가지 못하는데, 외국인으로 우리나라를 위해 국사(國事)에 죽었으니 무엇으로 그 공을 갚으랴?"

이세민은 그의 살아 생전 소원이 고위관복을 입고 천자 곁에 출입하는 것이었다는 말을 듣고 자신의 어의를 벗어서 덮어주고 천자의 군대를 지휘하는 육장군(六將軍)이란 관직을 추증했다.

이세민은 자신이 군사를 지휘한 산을 주필산(駐蹕山 : 임금이 일시 머물렀던 산)이라고 개명했는데 이후 중국에서는 이 전투를 주필산 전투라고 불렀다. 주필산 전투에서 당나라가 노획한 말이 5만 필, 소가 5만 두, 명광(明光) 갑옷이 1만 벌이었고, 그 외에도 여러 무구를 노획했다. 이세민은 항복한 고연수를 홍려경(鴻臚卿)에 삼고 고혜진을 사농경(司農卿)으로 삼았다.

평양에서 온 대규모 구원군이 궤멸되자 고구려는 벌벌 떨었다. 석황성(石黃城)과 은성(銀城) 등의 장수와 군사들은 모두 성을 비운 채 도망갔다. 수백 리 사이의 인적이 다 끊길 정도로 고구려는 큰 충격을

안시성 공성전

받았다.

이세민은 이제 승리를 목전에 두었다고 생각했다. 파죽지세로 밀고 내려가 평양을 점령해 버리면 비로소 역사상 최초로 장성 넘어 천하를 모두 점령한 황제가 될 것이었다.

사기가 오른 당군은 주둔할 때 참호나 망대조차 세우지 않았다. 군사가 홀로 식량을 운반해도 주변의 고구려군들은 공포에 질려 바라만 볼 뿐 감히 공격하지 못했다. 고구려의 운명은 풍전등화였다.

그러나 연개소문은 두려워하지 않았다. 구원군의 궤멸이 무엇을 뜻하는지 잘 알고 있었지만 절대 끝난 싸움이 아니라고 스스로의 마음을 다잡았다. 아직 안시성이 남아 있고 평양성이 남아 있었다.

'오라! 이세민이여! 내 그대를 맞아 천하의 자웅을 겨루리라! 추모성왕이 세우신 나라가 결코 호락호락하지 않음을 보여주리라.'

연개소문은 허리춤에 찬 칼을 힘껏 쥐었다.

안시성 전투

이세민은 자신만만했다. 당군들도 장수에서 일반 병사에 이르기까지 모두 기세가 하늘을 찌를 듯했다. 수 양제가 그토록 차지하려고 애썼던 요동의 태반을 단 한 번의 출정으로 얻었을 뿐만 아니라 내친 김에 평양성까지 달려가 고구려를 멸망시킬 태세였다.

최종 목표는 평양성이었지만 그 방법은 둘이 있었다. 하나는 요동의 마지막 요새 안시성을 함락시킨 후 평양으로 남하하는 길이고, 다른 하나는 안시성을 우회해 평양으로 직공하는 길이었다. 당 태종 이세민은 이 문제를 놓고 수하 장수들과 전략회의를 열었다.

이세민은 자신의 의견을 이세적에게 말했다.

"안시성은 성이 험하고 군사가 용맹스러울 뿐만 아니라 그 성주 또한 재능과 용맹이 있어 함락시키기 쉽지 않다. 반면 건안성은 군사도 약하고 식량도 적으므로 불의에 습격한다면 손쉽게 이길 것이다. 그러므로 그대는 먼저 건안성을 공격하는 것이 좋겠다. 건안성이 함락

운제, 충차 모형

되면 안시성은 내 뱃속에 있는 것이나 마찬가지니 이는 병법에서 말하는 '치지 않는 성이 있다'는 것이다."

그러나 이세적의 의견은 달랐다.

"건안성은 남쪽에 있고 안시성은 북쪽에 있는데 우리의 군량은 모두 안시성 북쪽의 요동에 있습니다. 지금 우리가 안시성을 그냥 지나쳐 건안성을 칠 때 고구려 군사들이 군량 보급로를 끊으면 장차 어떻게 하겠습니까? 따라서 안시성을 먼저 치는 게 상책입니다. 안시성을 함락시킨다면 건안성을 취하는 것은 식은 죽 먹기입니다."

"내가 그대를 장수로 삼았으니 어찌 그대의 계책을 좇지 않겠는가? 그대 뜻대로 하되 다만 나의 일을 그르치지는 말라."

젊은 시절의 이세민 같으면 자신의 견해를 굽히지 않았을 것이다.

그러나 그도 이제는 장수들의 의사를 무시하고 독단으로 일을 처리하는 나이는 지났다. 그리고 고구려의 구원군을 모두 궤멸시킨 마당에 안시성이 어찌 홀로 버티겠는가라는 자신감이 있었기에 생각을 바꿨다. 안시성은 10만의 군사와 백성들이 있는 대성이기는 하지만 현재 당군의 사기로 충분히 함락시킬 수 있다고 믿었다.

요동성을 함락시키고 평양에서 보낸 고연수의 15만 대군을 궤멸시킨 당군은 안시성을 향해 거침없이 남하했다. 이세민과 이세적

투석기 모형

이 이끄는 당군은 드디어 안시성에 다다랐다. 이세민은 초반에 기선을 제압하기 위해 온갖 공성 장비를 총동원해 성을 공략했다. 이전의 성을 공격할 때처럼 안시성 역시 쉽게 무너질 것이라 자신했다.

그러나 안시성은 달랐다. 투석기가 거대한 바위를 날려 성벽을 파괴하면 성안에서는 이내 목책(木柵)으로 이를 메꾸었다. 충차로 성문을 일부 파괴해도 마찬가지로 목책을 덧대어 금방 메꾸었다.

무엇보다 안시성은 군민이 함께 거주하는 성이었다. 군민은 혈연으로 연결되어 있었고, 위기가 닥치면 전 군민이 함께 나와서 싸웠다.

운제가 다가오면 웬만한 군사들은 겁을 집어먹고 후퇴하기 마련이었다. 그러나 안시성에서는 심지어 어린아이까지 나와 운제의 사수나 돌격대를 향해 돌을 던져댔다. 그리고 긴 장대로 운제나 충차를

밀어냈다. 그 사이 고구려의 정예 사수는 운제나 충차에 탄 병사들을 상대로 화살을 날렸다. 물론 고구려군의 피해도 있었지만 당군의 피해가 훨씬 더 컸다.

당군은 하루에도 여러 차례 총공격을 시도했으나 한 번도 성공하지 못하고 정예병사들만 잃고 말았다. 고구려 군사들은 당나라군이 공격을 포기하고 물러가면 고함을 질러댔다.

그때였다. 당군 진지 멀리서 황금색 황제 깃발을 날리는 부대가 보였다. 검은 갑옷을 입은 부대원들 가운데 황금 갑옷을 입은 사내가 있었다. 그를 본 안시성의 군민들은 일제히 고함을 지르며 야유했다. 이들의 야유는 당 태종 이세민에게 집중되었다.

— 아버지를 내쫓은 불효막심한 놈아! —

— 형제를 죽인 패륜아야! —

— 양제처럼 당나귀 고기를 먹여주겠다! —

— 네 나라로 돌아가라! —

자신을 욕하는 소리에 이세민은 화가 머리끝까지 치밀었다. 이세적 등 장수들은 주군을 욕하는 소리를 듣고 얼굴이 화끈거렸다. 이세적은 이세민을 위로하기 위해 이렇게 말했다.

"성을 함락하는 날에는 한 놈도 남김없이 구덩이에 넣어 죽이기를 청합니다."

"오냐! 한 놈도 남김없이 죽여버리리라."

이세민에게 야유를 퍼부은 것은 안시성 성주 양만춘(楊萬春)의 계략이었다. 군민들과 함께 돌아오지 못할 강을 건너기 위해서였다. 양만춘은 선정의 가면을 쓴 이세민의 관대한 전략이 고구려군을 약화시킨 주요 요인이라고 보았다. 적에게 항복하면 살 수 있다는 생각만큼 위험한 것은 없었다. 당 태종은 이런 전략으로 고구려 군사들의 전투심을 약화시켰다.

당 태종은 백암성이 항복하자 이곳을 암주라 명명하고 항복한 성주 손대음을 암주자사로 임명했다. 이는 당 태종이 주변 민족들을 정복할 때 즐겨 쓰는 방법이다. 태종은 정복한 민족의 영토를 크기에 따라 도독부(都督府)·주(州)·현(縣) 등의 행정조직으로 개편하고 항복한 장수들을 각각 도관(都官)·자사(刺史)·현령(縣令) 등으로 임명해 계속 그 지역을 다스리게 했다.

이들은 아무런 규제도 없이 독자적인 자율권이 보장된 것처럼 보이지만 실상은 각지에 설치된 도호부(都護府)에 소속되어 당 조정의 엄격한 통제를 받았다. 이를 '기미정책(羈縻政策)'이라고 한다. 굴레 '기(羈)'자와 고삐 '미(縻)'자를 쓴 이름 그대로 이민족의 고삐를 잡아 굴레 삼는 정책이었다.

그러나 막상 죽음을 눈앞에 둔 지휘관들에게 목숨도 부지하고 지배자의 위치도 계속 누릴 수 있는 기미정책은 거부하기 힘든 유혹이었다. 그래서 양만춘은 자신은 물론 모든 성민들에게 승리 아니면 죽음이라는 인식을 심어주기 위해 당 태종을 직접 욕하게 한 것이었다.

효과는 기대 이상이었다. 당주에게 욕을 하고 나니 이제는 돌아올 수 없는 강을 건넜다는 긴장감이 더해졌다. 그리고 당군이 더 이상 무섭지도 않았다. 죽기밖에 더하랴 하는 투지가 솟아올랐다.

당 태종의 분노를 읽은 당의 장수와 병사들은 있는 힘을 다해 안시성을 공격했으나 안시성민이 사력을 다해 지키는 바람에 번번이 실패하고 말았다. 그도 그럴 것이 모든 병사들의 부인과 자식들의 생명이 걸려 있는 싸움이었다. '한 명도 남김없이 죽여버리겠다'는 태종의 선언은 안시성 군민들을 이 싸움에 목숨 걸게 했다. 한 달 이상 계속된 당군의 총공세는 실패로 돌아갔고 전세는 소강 상태로 접어들었다. 이세민은 다시 전략회의를 열었다.

한 달 이상 계속된 공격의 실패로 모두 침통한 분위기였다.

당제 이세민은 포로로 잡힌 고연수와 고혜진에게 먼저 물었다.

"그대들은 고구려 장수였으니 고구려 성과 군사에 대해서 누구보다 잘 알 것이다. 어떻게 했으면 좋겠는지 한번 말해보라."

"저희는 이미 몸을 대국에 맡겼으니 감히 정성을 바치지 않을 수 없습니다. 천자께서 빨리 큰 공을 이루시어 저희도 처자와 상면하게 되기를 바랍니다."

고연수와 고혜진은 먼저 당나라가 승리해야 자신들도 처자를 만날 수 있다는 점을 강조했다.

"안시성 사람들은 병사 한 명 한 명이 그 가족들을 생각하면서 싸우기 때문에 빠른 시일 내에 함락시키기는 어렵습니다. 반면 오골성의 욕살은 이미 늙어 성을 지켜내지 못할 것입니다. 군사를 오골성으로 옮긴다면 아침에 공격을 시작하여 저녁에는 이길 수 있습니다. 그나머지 통로에 있는 작은 성들은 당의 군세를 바라보기만 해도 도망가고 허물어질 것입니다. 오골성을 비롯한 여러 성의 무기와 군량을 거두어 평양으로 진공하는 게 어떨런지요."

그런데 안시성주와 연개소문의 관계에 대해서 『삼국사기』는 당나라 측 기록을 인용해 "그 성주는 재능과 용맹이 있어 막리지의 난에도 성을 지키고 불복하므로 이를 쳤으나 함락시키지 못하고 그대로 맡겼다"라고 둘 사이가 정적 관계인 것처럼 묘사했다. 그리고 이 전쟁에서 연개소문의 역할에 대해서 거의 적지 않았다. 그러나 단재 신채호는 『조선상고사』에서 이 전쟁에서의 연개소문의 역할에 대해 기술하고 있다.

당나라가 침략하려 하자 연개소문이 여러 장수들을 모아 대책을 강

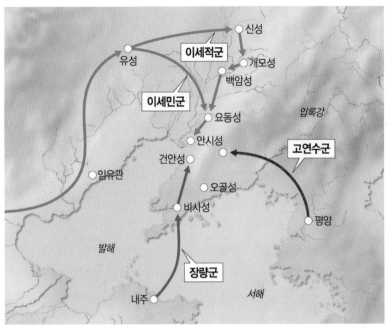

당의 고구려 **침략**

구하는데 의견이 둘로 갈라진다. 하나는 영원왕 때 온달이´주(周)와 싸우듯이 요동평야에서 맞붙어 승부를 가르자는 의견이었고, 다른 하나는 영양왕 때 을지문덕처럼 모든 백성을 성으로 소개한 후 당군을 평양으로 유인해 식량 보급길을 끊어 기아에 빠지게 한 다음 그 틈을 타서 공격하자는 의견이었다. 신채호는 장수들의 의견을 들은 연개소문이 이렇게 정리한다고 기술했다.

연개소문이 가로되,

"전략은 형세에 따라 정하는 것인데, 오늘 형세가 평원왕 때와 다르고 영양왕 때와도 다르거늘, 어찌 그때의 형세와 같이 여겨 전략을 정하리오. 금일에는 지리를 택하여 방어하고, 때를 타서 진공하리니, 고인의 성규(成規)를 무조건 따를 것이 아니다."

하고, 이에 명령을 내려, 건안성·안시성·가시성(加尸城)·횡악성(橫岳城) 등 수 개의 성만을 고수케 하고, 그 나머지는 곡식과 초료(草料)를 운반하거나 혹 불태워 적으로 하여금 노략할 것이 없도록 오골성으로 방어선을 삼아 용장과 군병을 조치하고, 따로 안시성주 양만춘과 오골성주 추정국에게 밀고(密告)하여 가로되,

"지금 당인(唐人)이 수의 패전을 징계로 삼아, 양식에 특별히 주의하여, 장래 군량의 결핍을 보충할까 하여 군중(軍中)에 우마와 양떼들을 무수히 가져왔으나 추동이 되어 모든 풀들이 다 마르고 강물도 또한 얼면, 그 우마와 양떼들을 무엇으로 먹이리요. 저들도 이를 알기 때문에 속전을 구할 것이다. 그러나 저들이 수나라의 패전을 징계로 삼아 평양으로 직진치 못하고 안시성을 선공하리니 양공(楊公 : 양만춘)이 출전치 말고 성을 고수하다가, 저들이 굶주릴 때를 기다려 양공은 안에서 출격하고 추공(鄒公 : 추정국)은 밖에서 진격함이 가하다. 나는 뒤에서 당군의 뒤를 습격하여 아주 그 귀로(歸路)가 없게 하고 이세민을 생포하려 하노라."

하더라.

사실 이 전쟁에 대한 대부분의 기록이 당나라 측에 의존하고 있어서 연개소문의 역할에 대해서는 거의 언급하지 않고 있다. 그러나 연개소문이 이 전쟁을 총괄 지휘했음은 여러 곳에서 확인할 수 있다. 요동성을 구원하기 위해 4만 병력을 보낸 것과 안시성을 구원하기 위해 15만의 대군을 보낸 것은 모두 연개소문이 한 일이다. 그리고 『자치통감(資治通鑑)』 197권 당기(唐記) 14편에는 안시성 싸움 도중 막리지 연개소문이 보낸 첩자 고죽리(高竹離)를 체포한 기록이 나온다.

당 태종은 첩자 고죽리가 잡혀오자 결박을 풀어준 후 왜 그리 수척하냐고 묻는다. 고죽리가 수일 동안 아무것도 먹지 못해서 그렇다고 답하자 밥을 갖다 주라고 말한다. 당 태종은 자신이 어찌 막리지의 말에 의지해 군중 소식을 알려 하겠느냐며 풀어준다. 고죽리가 맨발로 도망가자 이세민이 신발을 보내주는 호의를 보여준다는 내용이다.

안시성민을 모두 죽여버리겠다고 호언한 당 태종이 첩자에게 이런 호의를 베풀 리가 없다는 점에서 대화 내용은 각색된 것이지만 중요한 것은 연개소문이 안시성을 구하기 위해 모든 노력을 다했다는 점이다. 중국 측의 기록처럼 정변 때 양만춘이 불복하자 연개소문이 군대를 동원해 이를 정복하려 했으나 실패하여 그대로 안시성을 맡긴 것이라면 연개소문은 평양성을 지켜야 할 15만 대군을 보내 구원하려 하거나 첩자를 보내 정보를 전달하려 하지 않았을 것이다.

고연수가 안시성을 포기하고 오골성을 거쳐 평양을 직공하자는 안을 내놓자 대부분의 장수들이 이를 지지하고 나섰다.

"장량의 군사가 비사성에 있으니 이틀이면 올 것입니다. 고구려의 민심이 흉흉한 틈을 타 장량의 군사와 힘을 합해 오골성을 함락시키고 압록강을 건너 곧바로 평양을 빼앗는 것이 상책입니다."

대부분의 장수들이 이렇게 말하자 이세민도 이 의견을 좇아 오골성을 거쳐 평양을 치려 했다. 그러나 이에 반대하고 나선 인물이 있었다. 장손무기였다.

"천자의 친정(親征)은 다른 장수들과 달라서 위험을 무릅쓰면서 요행을 바랄 수는 없습니다. 지금 건안성과 신성의 적들이 아직 10만이나 되는데 우리가 만일 오골성으로 향한다면 모두 우리 뒤를 밟을 것입니다. 그러므로 먼저 안시성을 깨뜨리고 건안성을 빼앗는 것만 같지 못합니다. 이렇게 한 뒤에 군사를 멀리 평양으로 몰고 나가는 것이 만전의 계책입니다."

이 말도 일리는 있었다. 안시성을 그냥 두고 남하했다가 배후에서 공격을 당하면 양쪽에서 협공받는 격이 되므로 자칫 큰 위험에 처할 수도 있었다. 안시성 하나 함락시키지 못해 도망갔다는 소문이 돌면 다른 성들은 더욱 완강히 저항할 것이다. 그래서 이세민을 비롯한 당의 장수들은 다시 안시성을 공격하는 것으로 의견을 모았다. 안시성 공략이 재개되었으나 여전히 안시성은 굳건히 버텨나갔다. 이렇게 오랫동안 안시성을 둘러싼 효과 없는 공격을 계속하던 도중 성안에서 닭과 돼지의 울음소리가 들렸다. 이 소리를 들은 이세민은 이렇게 말했다.

"성을 포위한 지 오래되어 성안에 밥짓는 연기가 날마다 줄어드는데, 지금 닭, 돼지들이 시끄럽게 울부짖으니 이는 분명 군사들을 잘 먹여서 밤에 우리를 습격하려는 것이다. 이에 철저히 대비하라."

이날 밤 과연 수백 명의 고구려 군사들이 밧줄을 타고 성을 내려왔다. 이세민이 이 소식을 듣고 스스로 성 아래 이르러 군사를 모아 급히 치니 고구려 특공대 수십 명이 죽고 나머지는 도망갔다. 『삼국사기』와 중국 각종 사서(史書)에 모두 실려 있는 이 기사는 '성을 포위한 지 오랫동안' 처음으로 당군이 승리를 거둔 유일한 기록이다. 즉 성을 포위한 뒤로 당군은 한 번도 승리를 거두지 못했음을 말해준다.

안시성을 공략한 지도 벌써 3개월이 흘렀다. 요동성이 12일 만에 떨어진 공격을 안시성은 3개월 동안 끄떡도 없이 잘 막아내고 있었다.

이세민과 장수들은 연일 전략회의를 열어 어떻게 하면 안시성을 함락시킬 수 있을지를 논의했으나 별다른 묘안이 떠오르지 않았다. 그러다 떠오른 방안이 성 근처에 토산(土山)을 쌓는 방법이었다. 안시성보다 높은 토산을 쌓아 높은 곳에서 성을 공격하면 아무리 견고한 안시성이라도 꼼짝 못할 것이란 전략이었다.

듣고 보니 기막힌 방안이었다. 안시성 근처에 안시성보다 높은 토산을 구축해 투석기 등을 이용해 성의 시설물을 초토화시키고 불화살 등을 쏟아 부으면 제아무리 백전불패의 안시성이라 한들 무너지지 않을 도리가 없었다. 그리고 토산과 안시성을 잇는 다리를 놓아 돌격대를 침투시키면 철저히 분쇄할 수 있었다.

"참으로 좋은 방안이다. 강하왕 도종이 책임지고 토산을 쌓으라."

이세민의 명을 받은 도종은 연인원 50만의 군사를 동원해 안시성의 동남쪽에 토산을 쌓았다. 처음 안시성은 당나라 군사들이 참호를 파는 것으로 생각했다가 토산을 쌓는 것으로 드러나자 잠시 당황했다. 양만춘은 성을 더 높이 쌓게 명령하는 한편 공사를 방해하기 위해 화살을 쏘아댔다.

수적으로 우세한 당나라 군사들이 당하고만 있을 리 없었다. 당군은 토산을 쌓는 한편 투석기와 충차를 동원한 대대적인 공세에 나섰다. 당군은 고구려군이 토산에 신경을 쓸 겨를이 없도록 하기 위해 하루에도 무려 6, 7차례씩 공격했다. 투석기에서 거대한 돌이 날아오고 충차가 다가와 성벽을 파괴했다. 양만춘은 일단 토산 공격에서 병사들을 거두어 당군의 공격을 막는 데 집중했다.

50만 명을 동원해 주야로 60일간을 쌓자 토산은 거의 완공되었다. 『책부원귀(册府元龜)』 369편 장수부(將帥部)에서는 이때 쌓은 '토산에 다섯 길이 있었다'라고 기록하고 있다. 토산 자체가 하나의 성과 다름없었다. 토산의 정상은 안시성보다 수 장(丈) 높아서 성을 내려다볼 수 있었다. 1장(丈)이 대략 3미터 정도니까 안시성보다 10여 미터 이상 높았다. 이제 높은 토산에서 안시성을 공격할 수 있었다. 안시성 곳곳을 향해 대대적인 공격을 함과 동시에 토산에서 다리를 놓아 특공대를 진입시키면 끝나는 것이었다.

총공격을 앞두고 도종은 과의(果毅) 부복애(傅伏愛)에게 토산의 수비를 맡기고 잠시 자리를 비웠다. 그런데 그 틈에 예기치 못한 사건이 발생했다. 비가 내렸는지 토산이 무너지면서 안시성벽을 눌러 성벽 일부가 무너진 것이었다. 그러자 토산과 안시성이 맞닿아 두 곳 사이에 저절로 길이 생겼다. 당군으로서는 바라마지 않던 절호의 기회였다. 이 길을 통해 병력을 들여보내면 안시성을 정복할 수 있었다.

그러나 하늘은 고구려 편이었다. 아니 고구려 군사들의 준비된 민첩함이 하늘을 자신의 편으로 만들었다. 때마침 도종뿐만 아니라 부복애까지 개인적인 일로 지휘부를 이탈해 있었다. 이틈에 고구려군 결사대 수백 명이 새로 생겨난 길을 이용해 토산을 점령해버렸다. 또 한 다른 고구려 군민들이 토산으로 몰려들어 토산의 정상부 주위를 깎아 내리고 참호를 만들어 당군의 공격에 대비했다.

토산을 빼앗겼다는 보고를 들은 이세민은 거의 미칠 지경이었다. 모든 공세가 실패로 끝나고 오직 토산에 기대를 걸고 있던 참이었다. 그 토산이 오히려 고구려군의 수중에 들어갔으니 점령해야 할 성만 하나 더 늘어난 셈이었다.

분개한 이세민은 부복애의 목을 베고 전군에 토산 탈환 명령을 내렸다. 모든 장수들은 휘하의 모든 병력을 동원해 토산을 공격했다. 당군은 3일 동안 밤낮을 가리지 않고 공격했으나 토산을 빼앗을 수 없었다. 연인원 50만이 60일 동안 밤낮을 다해 쌓은 토산을 고스란히 고구려에 헌납한 꼴이었다. 토산 탈환에 실패한 도종은 맨발로 이세민 앞에 나가 죄를 청했다. 이세민은 분노를 삭이며 입을 열었다.

"네 죄는 죽어 마땅하지만 나는 한(漢) 무제(武帝)가 왕회(王恢)를 죽인 것은 진(秦) 목공(穆公)이 맹명(孟明)을 쓴 것보다 못하다고 생각

安市古城
文△△△

안시성도(18세기, 개인소장)

해왔다. 또 개모성과 요동성을 깨뜨린 공로가 있기 때문에 특별히 용서하는 것이다."

한의 왕회는 무제의 반대에도 불구하고 흉노를 치러 갔다가 실패해 죽음을 당했고, 전국시대 때 진(秦)의 맹명은 진(晉)과 싸워 패하였으나 목공이 다시 등용해 훗날 큰 공을 세운 일화를 들어 조카 도종을 용서한 것이다.

그러나 중요한 것은 계절이 벌써 가을로 접어들고 있다는 것이었다. 뼛속까지 시린 요동의 겨울이 오기 전에 승리하지 못하면 요동벌판에서 얼어죽을 형편이었다. 반드시 승리하리라고 다짐했던 전투가답보 상태에 머물며 시간은 겨울을 재촉했다.

이세민은 주위를 돌아보았다. 먼저 하루하루 다가오는 겨울을 느낄 수 있었다. 풀이 마르고 물이 얼어 더 이상 군사들이 한데서 유숙하지 못했다. 또한 식량도 바닥을 드러내고 있었다. 본격적인 겨울이 다가오기 전에 획기적 조치를 취하지 않으면 모두 얼어죽거나 굶어 죽을 처지였다. 이세민은 죽기보다 싫은 일이었지만 완패를 인정하는 수밖에 없었다. 수 양제처럼 고구려군에 패하고 계절에 패했다. 이세민은 생애 처음으로 완패를 자인하는 명령을 내렸다.

"회군하라."

마침내 고구려 원정이 실패로 돌아가는 순간이었다.

명령을 받은 당군은 즉각 철군 준비에 착수했다. 먼저 당군이 점령해 당의 행정구역으로 삼은 요주와 개주, 즉 이전의 요동성과 개모성의 백성들을 당나라로 끌고 갔다. 항상 선정을 강조하는 이세민의 평소 행보대로라면 고향으로 돌려보내야 했지만 그럴 경우 언젠가 다시 요동을 공략할 때 적군이 될 수 있었다. 그래서 고구려 백성들은 강제로 요수를 건너 당나라로 끌려갔다. 그 수가 7만여 명에 달했다.

당 태종은 전군을 안시성 아래로 모았다. 거기에서 마지막으로 군사 시위를 벌였다. 물론 대군이 모여 하는 군사 시위이니 모습이야 장관이었지만 내용은 패배한 군사들의 허세에 불과했다. 양만춘은 이세민이 퇴각하는 시위임을 알아차렸다. 그는 전 성민들에게 일체 동요하지 말고 야유도 하지 말라고 명령했다. 패장을 자극할 필요는 없었다.

양만춘은 홀로 성 위에 올라 깃발을 흔들며 송별의 예를 갖추었다. 이세민은 패장을 야유하지 않는 양만춘에게 비단 백 필을 보냈다. 안시성 전역(戰役)은 이렇게 고구려의 완승으로 끝을 맺었다.

연개소문의 비도술

이세민은 비통한 마음으로 돌아섰다. 그러나 퇴각도 쉽지 않았다. 언제 고구려군이 후면이나 측면을 기습할지 몰랐기 때문이다. 이세민은 이세적과 도종에게 4만 병사를 주어 후군(後軍)으로 삼아 고구려 군사들의 추격을 막게 했다. 가장 강력했던 선봉대를 후군으로 삼은 것이다.

그만큼 이세민은 고구려군을 두려워했다. 당군은 요동성을 지나 요수를 건너야 했다. 요동 진흙뻘이 기다리고 있었다. 진흙 수렁에 말과 수레가 빠져 움직이지 않았다. 장손무기는 1만 명의 군사를 거느리고 사력을 다해 풀을 베어 길을 메웠다. 그나마 물이 얕은 곳에서는 이렇게 건널 수 있었으나 깊은 곳에서는 수레를 다리 삼아 건너야 했다.

도망가는 길이니 신이 날 리 없었다. 당 태종이 손수 말채찍 끈으로 장작을 매어 일을 도왔다. 황제의 솔선수범으로 작업을 독려하려

했으나 패전한 황제의 솔선수범은 별 소용이 없었다. 자칫하면 퇴각 대오마저 무너져 전멸당할 우려가 있었다.

악전고투 끝에 이세민이 발착수(渤錯水)에 이른 때는 음력 10월, 요동은 이미 겨울이었다. 이세민은 말을 멈추고 길을 만드는 역사를 독려했다. 발착수를 건너는데 눈보라가 몰아쳤다. 군사들의 옷이 젖어 얼어 죽는 자가 속출했다. 이세민은 길가에 불을 피워 군사들의 몸을 녹이게 했으나 그때뿐, 이미 꽁꽁 언 몸을 녹일 재간은 없었다.

이 광경을 지켜보던 고연수는 고구려로 돌아가지 못하고 당으로 끌려가는 자신의 신세를 한탄하다 중도에 화병으로 죽고 말았다. 반면 고혜진은 당의 수도 장안까지 끌려갔다.

단재 신채호는 『조선상고사』의 고구려 대당전역편에서 연개소문이 이때 패주하는 당군을 쫓아 북경까지 진출했다고 적고 있다.

연개소문이 지나(支那 : 중국)에 침입한 것도 기록에는 보이지 아니하였으나, 오늘 북경 조양문(朝陽門) 외 7리지(里地)의 황량대(謊糧臺)로 비롯하여, 산해관까지 이르는 동안에 황량대라 이름하는 지명이 10여 처인데, 전설에 '황량대'는 당 태종이 모래를 쌓아 양저(糧儲 : 양식 쌓은 곳)라고 속이여, 고구려인이 내습하면 복병으로 요격하였다 한 곳이라 하니, 이는 연개소문이 당 태종을 북경까지 추격한 유적이며, 산동(山東) · 직예(直隸) 등지에 띄엄띄엄 '고려(高麗)' 2자로 관(冠)한 지명이 있고, 전설에는 이것이 다 연개소문이 점령하였던 고지(故地)라 하며 가장 최저(最著)한 자는 북경 정안문(定安門) 외 60리 허(許)의 고려진(高麗鎭)과 하간현(河間縣) 서북 12리 허(許)의 고려성(高麗城)인 바······.

연개소문은 과연 당 태종을 북경까지 추격한 것일까? 여기에 대한 단서가 중국의 경극(京劇)에 남아 있다. 경극은 청나라 건륭(乾隆) 55년(1790) 9월 25일, 건륭제의 80세 생일을 맞아 수많은 극단이 북경에 와 공연한 데서 그 유래를 찾는다. 대사와 노래, 춤과 무술이 골고루 어우러진 종합예술로 청나라 궁정에서 많이 애호했다. 영어로 '베이징 오페라(BeiJing Opera)'라 불리는 경극은 광서제(光緖帝 : 재위 1875~1908) 때 북경의 극단이 상해에 가서 공연했을 때 이 극단의 공연을 북경의 극이라는 뜻에서 경극(京劇)이라 칭했다.

가장 잘 알려진 경극은 첸카이거(陳凱歌) 감독의 영화로도 유명한 「패왕별희(霸王別姬)」인데, 이는 '역발산기개세(力拔山氣蓋世)'로 유명한 초패왕 항우(項羽)와 그 애첩 우희(虞姬) 사이의 애절한 사랑을 그린 내용이다. '초패왕과 우희의 이별'이란 뜻의 제목처럼 경극은 주로 역사성 짙은 소재의 작품이 대다수를 차지한다.

그런데 이런 경극의 주인공에 연개소문이 등장한다. 연개소문이 등장하는 경극은 「독목관(獨木關)」, 「분하만(汾河灣)」, 「살사문(殺四門)」, 「어니하(淤泥河)」 등 네 종이나 된다.

연개소문이 등장하는 경극은 베일에 쌓인 연개소문의 실체에 대해 몇 가지 중요한 점들을 시사한다.

첫째는 연개소문이 등장하는 경극의 모티브가 청나라 때 이야기에서 따온 것이 아니라 송(宋)나라 때 유행했던 평화(平話)라는 구어 형식의 민간문학에서 비롯되었다는 점이다. 송나라는 당나라를 계승한 나라이므로 이는 당나라 민간에서 전승되던 것이 송나라 때 평화라는 문학 형식으로 정착했음을 의미하며, 당나라 백성들이 연개소문과 고구려 군사를 목격했음을 뜻한다. 당나라 백성들이 고구려까지 와서 연개소문을 목도했을 리 없으므로 이는 연개소문이 고구려 군사를 이끌고 당나라 내륙으로 진입했다는 증거가 아닐까.

둘째는 연개소문이 등장하는 경극의 '봉황산(鳳凰山)'이라는 지명이다. 조선 시대에는 압록강 북쪽으로 수백 킬로미터 떨어진 지점에 봉황성이 있었다. 이 때문에 현재의 지명도 봉성(鳳城)이다. 당 태종은 안시성에서 막혀 이곳까지 진출하지 못했으므로 경극의 봉황산이 이곳을 가리킨다면 당 태종이 여기까지 진출하기를 바라는 마음에 지은 것일 수도 있다.

한편 『중국역사지도』에 따르면, 당나라 수도였던 장안(현 서안) 북쪽에 '봉황곡'이라는 계곡이 있었다. 봉황산이 이곳을 뜻한다면 연개소문은 패주하는 당군을 쫓아 장안 북부까지 진출했다는 뜻이다.

경극 「분하만」의 배경인 분하는 오늘날 산서성 태원(太原)을 가로지르는 강으로, 당 태종 이세민의 부친이 중원을 장악하기 전 태원유수로 있으며 당 제국 건국의 바탕이 되었던 고향이기도 하다.

분하가 산서성 태원의 강이라면 단재 신채호가 『조선상고사』에서 인용한 당나라 때 소설 「규염객전(虯髥客傳)」이 주목된다. 『조선상고사』에서 그 내용을 요약하면 다음과 같다.

규염객은 부여국 사람〔夫餘國人〕인데, 중국에 와서 태원에 이르러, 장수 이정(李靖)과 교결(交結)하고, 이정의 처(妻) 홍불지(紅拂枝)와는 남매의 의를 맺었는데, 그 목적은 중국의 제왕(帝王)이 되려는 것이었다. 그러나 당공(唐公: 당 고조) 이연(李淵)의 아들 이세민을 만나보고는 그 영기(英氣)에 눌리어, 이정에게 중국의 제왕되려는 계획을 단념했음을 고하고 귀국해서 난을 일으켜 부여국왕이 되었다.

신채호는 "선배들이 '부여국'은 곧 고구려요, '규염객'은 곧 연개소문이라 한다…… 연개소문이 지나(중국)를 침략하려 하여 그 국정을 탐지하기 위하여 일차 서유(西遊)한 것은 사실인가 한다"라면서 연개소문이 당 태종을 만났다고 유추하고 있다. 앞서 인용한 「갓쉰동전」도 마찬가지 내용으로 적국에 잠입한 연국혜의 아들 갓쉰동이 왕자 이세민을 만난다는 내용이다.

'어니하'는 글자 그대로 황토강, 즉 황하를 뜻하는 것으로 추측된다. 이는 연개소문이 패주하는 당 태종을 북경 부근까지 추격했다는 사실을 말해준다.

하지만 무엇보다 중요한 것은 연개소문이 경극에 남아 있는 이유가 바로 비도술(飛刀術) 때문이라는 점이다. 경극에 등장하는 연개소문은 다섯 자루의 칼을 차고 있다. 이는 『구당서』·『신당서』 등의 중국 기록은 물론, 『삼국사기』를 비롯해 연개소문에 대해 전하고 있는 모든 사료에 기록되어 있다.

『구당서』는 연개소문에 대해 "수염 난 얼굴이 아주 위엄이 있었으며, 신체가 괴걸(魁傑)스러웠다. 몸에 칼 다섯 자루를 차고 있었는데 좌우의 사람들이 감히 처다보지 못했다"라고 전하고 있으며, 다른 기록도 어김없이 연개소문이 다섯 자루의 칼을 차고 다녔다고 전하고 있다.

왜 연개소문은 다섯 자루의 칼을 차고 다녔을까? 경극에서 연개소문의 상대 역으로 등장하는 인물이 설인귀(薛仁貴)이다. 송원(宋元) 때에는 '설인귀가 요(遼)나라를 정벌하다'라는 뜻의 「설인귀정료사략(薛仁貴征遼事略)」이란 평화가 만들어졌는데, 여기에도 연개소문이 "등에 다섯 자루의 비도를 둘러맸다身背五口飛刀"라고 기록되어 있다. 연개소문이 맨 다섯 자루의 칼은 그냥 칼이 아니라 '비도(飛刀)', 즉 나르는 칼이었다. 바로 이 때문에 연개소문은 다섯 자루의 칼을 차고 다닌 것이다.(『우리 역사의 수수께끼 3권』, '연개소문은 왜 칼을 다섯 자루

씩 차고 다녔을까?' 참조)

경극에서는 칼 자체가 신비한 것이어서 스스로 날아다니는 것처럼 묘사되지만 현실에서는 그런 일이 벌어질 수 없다. 그런데 전설로만 내려오던 고구려 전통무예인 비도술, 또는 비검술(飛劍術)에서는 이것이 가능했다. 「설인귀정료사략」은 연개소문에 대해 "키는 열척인데, 진홍색 사복(獅服)을 입고 적규마(赤虯馬)를 타고, 허리에는 두 개의 활집을 매고, 등에 다섯 자루의 비도를 둘러맸으니, 바로 고려 장군 갈소문(葛蘇文)이다"라고 전하고 있다.

당나라 사람들은 연개소문의 비도술을 목도하고 경악했다. 전쟁터에서 연개소문은 다섯 자루의 칼을 자유자재로 날리며 당나라 장수들을 제압하고 당 태종을 압박했던 것이다. 당 태종은 연개소문에 쫓겨 겨우 목숨을 부지하고 도망갈 수 있었다.

경극에서 연개소문의 맞수로 그가 등장하는 이유는 설인귀가 강주(絳州) 용문(龍門) 출생의 빈천(貧賤)

연개소문 분장을 한 경극 배우 등에 찬 다섯 자루의 비도가 눈에 띈다.

한 신분이었기 때문이다. 고향에서 농사를 짓던 설인귀는 부인의 권유로 고구려 침략전에 자원해 장군이 된 인물로 당나라 농민들에게는 입지전적인 인물이었다. 경극에서는 연개소문에게 쫓겨 위기에 처한 당 태종을 구해주는 인물로 나오며, 그의 무기는 신통스런 화살, 즉 '신전(神箭)'이다. 경극 「독목관」에서 연개소문의 '날아다니는 칼'에 설인귀가 '신통스런 화살'로 맞서는 것은 이런 대결 구도를 상징적으로 보여준다.

설인귀의 활솜씨는 『신당서』에 구체적으로 묘사되어 있다. 태종 앞에서 설인귀는 한 방에 목표물을 관통해 태종을 크게 놀라게 했으며, 실제 전투에서도 화살 세 대로 고구려군을 제압하기도 했다. 그러자 3인의 군사가 군중에 돌아와 "장군이 화살 세 대로 천산을 평정하니, 장사들이 노래 부르며 한관에 들어간다將軍三箭定天山, 壯士長歌入漢關"라고 노래할 정도로 설인귀는 활의 명수였다.

이는 역으로 연개소문의 '비도' 또한 실전용이었음을 말해준다. 1967년 상해의 명(明)나라 선성왕(宣成王) 묘에서 출토된 『설인귀가 바다를 건너 요나라를 정벌하는 고

중국의 경극(京劇)에 등장하는 연개소문(왼쪽)과 설인귀 연개소문의 칼을 비도(飛刀), 즉 '나는 칼'로 묘사할 정도로 연개소문을 뛰어난 장군으로 그리고 있다.

사(新刊全相唐薛仁貴跨海征遼故事)』란 사화에는 '막리지 비도대전(莫利支飛刀對箭)'이란 그림이 실려 있는데, 이 그림은 연개소문의 비도술을 잘 보여주고 있다. 우측 위쪽에 '천자'라고 쓴 당 태종이 위험에 처하자 아래 측 좌측에 신전을 든 설인귀가 막아선다. 우측의 막리지 연개소문은 막 비도를 던지려 하고 있다. 네 자루의 칼을 이미 던졌고 마지막 한 자루의 칼을 던지려고 하고 있는 그림은 연개소문의 비도술이 실전 무술이었음을 잘 보여준다.

고구려를 침략했던 당나라 군사들은 연개소문의 '비도술'·'비검술'에 혼이 빠졌을 것이다. 당 태종 역시 연개소문의 비도술에 혼쭐이 났다. 어느 장수도 연개소문의 비도술에 맞설 수 없었다. 비도술은 비단 연개소문만의 것이 아니라 고구려 장수나 전사들의 검술이었고, 연개소문은 이에 가장 정통한 무장이었다.

연개소문과 고구려 전사들의 비도술·비검술에 연전연패한 중국인들이 나중에 생각해낸 것이 신전(神箭)이었다. 그래서 화살의 명수인 설인귀가 연개소문과 싸워 이긴다는 허구를 창작해낸 것이다. 그러나 나는 화살이 나는 칼과 싸워 이길 수는 없었다. 고구려 장수의 갑옷은 화살 따위로 뚫리지 않았기 때문이다. 황해도 안악군의 안악 3호 무덤의 고구려 벽화는 투구와 갑옷으로 완전무장한 고구려 전사뿐만 아니라 고구려 말까지도 갑옷으로 무장하고 있음을 보여주고 있다. 완전무장한 고구려 전사들이 던지는 칼은 중국 장수들의 갑옷을 관통해 목숨을 앗아갔다. 당나라 군사들은 고구려 대륙에 뼈를 묻을 수밖에 없었다.

앞의 『설인귀가 바다를 건너 요나라를 정벌하는 고사』에는 이런 구절이 있다.

"온 군영에서 두 장군을 환호하니, 온 세상이 두 사람을 강하게 하네/ 당조(唐朝)가 이 두 장군을 얻는다면 천하가 태평치 않은들 무슨 근심이 있겠는가?"

연개소문의 비도술에 경악한 나머지 그를 중국 장수로 회유하고 싶었던 것이다. 그렇지 않으면 당나라는 결코 고구려를 이길 수 없음을 잘 알기 때문이었다. 그리고 실제로 여당대전은 고구려의 승리로 돌아갔다.

여당대전이 고구려의 승리로 돌아간 것은 비단 고구려와 당뿐만 아니라 동아시아 정세에도 중대한 영향을 미쳤다. 우선 한반도를 점령하여 동아시아 전체를 하나의 문화권으로 묶으려던 당나라의 계획이 좌절됐다. 함락시킨 고구려성을 당의 행정구역으로 편재해 이 지역을 직접 지배하고, 또한 동아시아의 모든 나라를 수직적인 조공 관계로 재편하여 자신들의 천하관을 관철시키려던 의도가 고구려에 패전함으로써 실패로 돌아갔다. 이제 고구려는 예전처럼 독자적인 천하관을 가진 북방의 패자임을 실력으로 입증한 셈이 되었다.

또한 여당대전은 백제와 왜, 신라를 둘러싼 국제 관계에도 큰 영향을 미쳤다.

이 전쟁 와중에 왜국 내에서는 반소아가 정변이 일어나 중대형황자와 중신겸족이 정권을 장악했다. 한편, 연개소문에게 군사를 요청했다가 거절당한 신라의 선덕여왕은 3만 명의 군사를 보내 당나라를 지원했다. 이는 신라와 당나라가 군사적인 동맹 관계로 발전했음을 뜻한다. 그러나 백제가 이 틈을 타서 신라의 서쪽 일곱 성을 가로채자 선덕여왕은 김유신을 보내 백제를 막았다.

고구려와 백제, 두 이웃 나라를 모두 적국으로 삼은 신라는 먼 당나라에 기댈 수밖에 없었다. 신라는 당나라의 지원을 얻기 위해 모든 노력을 아끼지 않았다. 이세민은 비록 패배했으나 당나라가 한반도 삼국의 정세에 끊임없이 영향을 끼치는 시대가 도래한 것이었다. 이는 과거와는 전혀 다른 정세의 시작이었다.

15
서라벌 신주류

법흥대왕이 위화랑(魏花郎 : 1세 풍월주)을 사랑하여
이름을 '화랑' 이라고 불렀는데,
화랑이라는 이름은 여기에서 비롯하였다.
『화랑세기』 서문 중

한반도 최초의 여제, 선덕

신라의 진평대왕은 적자가 없었다. 그와 마야황후 사이에는 장녀 천
명공주와 차녀 선덕공주가 있을 뿐이었다. 진평대왕은 아들이 없자
후사가 걱정되었다. 성골이어야 왕이 될 수 있는 신라에서 더 이상
성골 남자가 없으니 진평대왕이 고민하는 것은 당연했다.

그런데 진평의 큰딸 천명공주는 마음속에 사랑하는 사람이 있었
다. 진지왕의 아들 용춘이었는데 그에게는 형 용수가 있었다. 용수는
진지왕의 큰아들이었다. 이런 화려한 혈통을 가진 용수·용춘 형제였
으나 둘에게는 아버지 진지왕이 폐위되었다는 약점이 있었다.

진지왕은 동륜태자가 부왕 진흥제의 여인을 탐하다가 개에 물려
죽는 바람에 미실의 지지를 받아 왕위에 올랐다. 그러나 즉위 후 다
른 여자를 가까이하다 폐위되고 말았다. 그리고 그 자리는 진지왕의
형인 동륜태자의 아들 진평대왕이 차지했다. 용수와 용춘의 어머니
인 지도태후는 태상태후의 명령으로 진평왕을 남편으로 섬겼다. 따

라서 진평왕은 그들의 양부(養父)가 되는 셈이었다.

진지왕은 유궁(幽宮)에 유폐된 지 3년 만에 죽었는데, 용수와 용춘은 그 사실을 모르고 있었다. 그들은 생모 지도태후가 남편으로 섬기는 진평왕을 아버지라고 부르며 자랐다. 물론 진평왕은 따로 왕비가 있었다. 그녀가 바로 정비(正妃) 마야황후였는데 천명과 선덕은 마야황후 소생이었다.

신라 사회는 친족간의 사랑이 금기시되는 것이 아니라 장려되는 사회였다. 친족간의 결혼은 골품의 정통성과 순수성을 지킬 수 있는 유력한 방법이었다. 진평왕의 큰딸 천명공주의 용춘에 대한 사랑은 가슴속에서 점점 크게 자랐지만 금지된 사랑이기 때문에 고민한 것은 아니었다. 다만 그녀의 성격이 가슴속의 사랑을 터놓을 만큼 적극적이지 못했을 뿐이다. 그런데 그런 소극적 성격이 그녀의 사랑을 불행으로 몰고 갔다.

더 이상 견딜 수 없어진 천명공주는 어느 날 어머니 마야황후에게 가슴속에 담아두었던 사랑을 털어놓았다.

"남자 중에는 용숙(龍叔)과 같은 사람이 없습니다."

용숙이라고 말한 것은 용춘이 그 형 용수에 비해 어리기에 '젊은 숙(叔)'자를 붙인 것이다. 그런데 마야황후가 이 말뜻을 잘못 알아듣는 바람에 일이 꼬였다. 마야황후는 공주의 말을 이렇게 알아들었다.

"남자 중에는 용수와 같은 사람이 없습니다."

천명공주의 사랑이 용수라는 사실이 나쁠 이유가 없었다. 부친이 비록 폐위당했지만 한때 이 나라의 임금이었고 모친은 지도태후로서 골품으로 따져도 빠지지 않는 혈통이었다. 진평왕과 마야황후는 맏딸 천명공주의 사랑을 통해 후사 문제까지 해결할 수 있다고 생각했다. 천명공주가 용수를 남편으로 맞고 싶어한다는 말을 마야황후에게 전해들은 진평왕은 용수를 불렀다. 마야황후와 함께 있는 자리였다.

"내 그대를 사위로 삼아 왕위를 물려주려 한다."

뜻밖의 말에 용수는 깜짝 놀랐다. 공주가 자신을 사랑한다는 말을 들은 적도 없거니와 왕위 이야기는 꿈에도 생각하지 못했다. 당황한 용수는 대답할 말을 찾지 못했다. 용수는 물러 나와 동생 용춘에게 이 사실을 알리고 의견을 물었다. 용춘은 아버지의 일을 거울삼아 함부로 후사를 자처할 일이 아니라고 판단하여 이렇게 대답했다.

"대왕의 춘추가 한창 강성하실 때인데 혹시 후사가 생기면 불행하게 될까 염려됩니다."

용수는 이 말을 옳다 여기고 천명공주의 사위가 되는 것을 사양했다. 그러나 진평왕과 마야황후는 용수의 사양을 허락하지 않았다. 용수는 맏딸 천명공주의 짝사랑이었다. 둘을 결합시켜 주는 것이 천명공주에게 좋을 뿐만 아니라 후사 문제도 해결할 수 있는 방도라고 생각했다. 그래서 진평왕과 마야황후는 용수와 천명공주를 결혼시키기로 했다.

사태가 이렇게 돌아가자 다급해진 건 천명공주였다. 그녀가 사랑하는 남자는 용수가 아니라 용춘이었다. 그녀는 자신이 사랑하는 남자가 용수가 아니라 용춘이라고 정정해야 했으나 그만 말할 기회를 놓쳐버렸다. 아니 정정하기에는 너무 늦은 상황이었다. 마음 약한 그녀로서는 큰 결심을 하고 마야황후에게 고백했던 것인데, 이제 와서 어머니가 용숙을 용수로 잘못 들은 것이니 혼인을 물리자고 할 수도 없었다. 천명공주는 그만 사랑하는 남자 용춘의 아내가 아니라 그 형 용수의 아내가 되어버렸다.

그러나 용춘에 대한 그녀의 사랑은 식을 줄 몰랐다. 식기는커녕 더

욱 활활 타올랐다. 그녀는 어느 날 기회를 엿보아 견딜 수 없는 사랑
을 용춘에게 은밀히 고백했다.

"첩이 본래 그리워한 사람은 당신입니다."

용춘은 아차 했으나 이미 때는 늦었다. ′

"가정의 법도는 장자가 귀한 것인데, 신이 어찌 감히 형과 같겠습
니까?"

용춘은 형을 위해 사랑을 단호하게 거절했다. 천명은 이런 용춘이
더욱 사내다워 보여서 사랑이 더해갔다.

그러나 형제를 모두 소유할 수 없었던 천명공주는 자신이 처한 현
실을 받아들였다. 그리고 용춘에 대한 자신의 마음을 한없이 퍼주는
조건 없는 사랑으로 승화시키기로 결심했다. 그 첫번째가 용춘을 출
세시키는 것이었다. 그녀는 부왕 진평제에게 용춘의 지위를 올려주
도록 요청했다. 천명공주의 지원을 받은 용춘의 관계(官階)는 어느덧
용수와 같아졌다.

용수도 용춘의 빠른 승진의 배후가 아내 천명공주라는 사실을 알
게 되었다. 그리고 그 원동력이 용춘에 대한 사랑이라는 점도 알아차
렸다. 용춘이 형을 위해 욕망을 자제한 것처럼 용수도 동생을 위해 자
신을 희생하려 했다. 자신이 동생과 천명공주의 사랑에 장애물이 되
어서는 안 된다고 생각한 용수는 공주를 동생에게 양보했다. 용수가
이렇게 양보했지만 용춘이 이를 받아 형수를 취할 인물이 아니었다.
용춘은 형의 강권을 굳세게 사양했다.

이러는 사이 마야황후는 천명의 진정한 사랑은 남편 용수가 아니
라 그 동생 용춘이라는 것과 용수가 부인과 동생을 위해 둘을 맺어
주려 애쓴다는 사실을 알게 되었다. 그래서 마야황후는 공주의 사랑
을 맺어주기로 결심했다.

화랑들이 수련하던 계곡(울산시 천전리) 오른쪽에 유명한 천전리 암각화가 있다.

마야황후는 밤에 궁중에서 잔치를 베풀고 공주는 물론 용춘까지 초대했다. 밤이 깊어지자 마야황후는 용춘에게 공주와 함께 묵도록 권했다. 신하로서 황후의 권유까지 거절할 수 없었던 용춘은 드디어 천명공주를 품에 안았다. 천명공주로서는 실로 오랜 세월을 거쳐 기나긴 길을 돌아 꿈에도 그리던 사랑의 품에 안겼다.

용수는 한없는 도량으로 둘의 슬픈 사랑을 맺어주기 위해 애썼다. 그리고 둘의 사랑을 위로해 주었다. 용수는 늘 병을 칭하며 동생에게 공주를 모시고 그 마음을 위로하라고 권했다. 용춘도 이왕 이렇게 된 것 더 사양할 수도 없어서 기회 있을 때마다 공주와 사랑을 나누었다.

천명공주가 용수와 용춘 사이에서 삼각관계를 맺는 동안 천명의 동생 선덕은 무럭무럭 자라나고 있었다.

선덕이 자랐을 때 마야황후는 두 딸만을 남기고 결국 아들 없이 세상을 떠난 후였다. 이때 진평제는 자신의 후사로 용수보다 용춘을 더 적격이라고 여겼다. 당초 용수를 후사로 여겼던 진평왕이 이런 평가를 하게 된 데는 용춘이 화랑의 풍월도로서 보인 역량이 결정적 역할을 했다. 13세 풍월주가 된 용춘은 낭도의 구습을 과감하게 혁파해 화랑의 역량을 강화했다. 낭도의 구습이란 화랑마저도 골품에 좌우되는 것을 뜻한다.

『화랑세기』의 서문은 화랑에 대해 이렇게 설명하고 있다.

화랑은 선도(仙徒)이다. 우리나라(신라)에서 신궁(神宮)을 받들고 하늘에 대제(大祭)를 드리는 것은 마치 연(燕)의 동산(桐山), 노(魯)의 태산(泰山)과 같다……. 앞서 법흥대왕이 위화랑(魏花郎 : 1세 풍월주)을 사랑하여 이름을 '화랑'이라고 불렀는데, 화랑이라는 이름은 여기에서 비롯하였다. 옛날 선도는 단지 신을 받드는 일을 주로 했는데, 국공(國公)

들이 신을 받드는 일을 한 후에 선도들은 도의(道義)를 서로 권했다. 이에 어진 재상과 충성스러운 신하가 여기에서 나와 뛰어났고, 훌륭한 장수와 용감한 병졸이 여기에서 생겨났으니 화랑의 역사는 불가불 알지 않으면 안 된다.

이처럼 화랑은 신라를 강하게 만든 원동력이자 신라의 젊은이들을 하나로 용해시키는 용광로 같은 역할을 했다. 화랑이 있었기에 신라는 고구려, 백제와 어깨를 나란히 하며 통일 과업에 나설 수 있었다.

그러나 화랑이 처음부터 이렇게 강했던 것은 아니다. 엄격한 신분제 사회이다 보니 화랑이나 낭도 중에서도 실력보다는 골품을 우선시했다. 화랑 내에서만큼은 골품의 구분 없이 오직 국가 발전을 위해 매진해야 하는데 골품을 구분함으로써 낮은 골품의 젊은이들이 불만을 갖게 되었다.

13세 풍월주가 된 용춘은 인재를 뽑는 데 이런 구습을 혁파하고 골품에 구애받지 않았다. 그는 풍월주 시절 이렇게 말했다.

"골품이란 것은 임금의 지위와 신하의 지위를 구별하는 것뿐이다. 낭도에게 골품이 무슨 소용이 있겠는가? 공이 있는 자는 상을 주는 것이 법의 원칙이다. 어찌 파(派)로 다스리겠는가?"

풍월주 시절 그의 수하였던 대남보(大男甫)에 관한 일화가 이를 말해준다. 대남보는 용감하고 일을 잘 처리하며 의협심도 있어서 무리들이 많이 따랐다. 그런데 그에게는 선골(善骨)의 골품이 없었고, 3파 균등의 힘이 부족했다. 어떤 사람이 대남보에게 이렇게 물었다.

"그대의 여자가 아름다운데 어찌 신주(新主 : 풍월주)에게 바치고 골품을 얻지 않는가?"

그의 대답은 간단했다.

"우리 무리는 천인인데 어찌 감히 여색으로 신주를 미혹할 수 있는가?"

이 말을 들은 용춘은 기특하게 여기고 낭두별장을 불러 물었다.

"대남보의 재능이 낭두가 될 만한가?"

"될 만합니다. 하지만 골품이 없습니다."

"그의 공은 어떠한가?"

"윗사람을 모신 같은 낭도로서 출정한 바 있는데, 대상(對上)이 아직 승진을 못했으니 어쩔 수가 없습니다."

용춘이 다시 물었다.

"대상이 누구인가?"

"조심보(曹心甫)입니다."

"조심보가 대남보보다 공이 큰가?"

"조심보는 비록 공은 없지만 대남보의 대상입니다. 만약 대남보를 승진시키시려면 반드시 먼저 조심보를 승진시켜야 합니다. 이것이 3파 균등의 법칙(화랑의 3파를 순서대로 승진시키는 제도)입니다."

용춘이 웃으며 말했다.

"재능이 없는 자를 재능이 있는 자의 대상으로 삼아 승진시키지 않는 것은 재능을 썩이는 것이다. 골(骨)과 파(派)가 무슨 상관이 있는가."

그러면서 용춘은 대남보를 세 번 승진시켜 낭두로 임명했다. 용춘의 이런 처사는 골품 때문에 승진하지 못한다고 불만이던 젊은이들의 환영을 받았다. 물론 불만을 품은 세력도 있었지만 이는 골품과 파를 우선하는 구세력이었고, 실력으로 평가받기를 원하는 낭도들은 크게 환영했다.

골품이 아니라 실력으로 낭도를 상주고 승진시키자 화랑에는 실질과 실력을 숭상하는 숭실(崇實)의 기풍이 크게 일어났다. 화랑이 강화되자 이는 신라 군사력의 강화이자 국력의 강화로 나타났다. 신라는 이처럼 화랑이 강화됨에 따라 고구려, 백제와 경쟁을 할 수 있게 되었다.

진평제는 이처럼 과감한 개혁을 통해 화랑을 강하게 만든 용춘의 능력을 높이 사 그에게 왕위를 잇게 하려 했다. 진평왕이 천명공주에게 자신의 이런 뜻을 전했다.

"용춘에게 왕위를 잇게 하는 것이 어떻겠는가?"

이는 천명공주에게 왕위를 양보하라는 뜻이었다. 신라는 성별보다 골품을 우선했기 때문에 진평왕의 후사는 천명공주가 잇게 되어 있었다. 따라서 부왕의 권유를 거절하면 천명공주가 뒤를 이어 여왕이 되는 것이다.

천명공주는 서슴없이 이를 받아들였다. 그녀는 아버지의 뜻을 받드는 효심과 용춘을 사랑하는 애심으로 자신의 지위를 미련 없이 포기했다. 그래서 그녀는 왕위 계승권을 포기하고 스스로 궁을 나갔다. 이는 성골이란 신분을 포기하는 것이었다. 그녀는 용춘이 왕위를 잇게 된다면 자신의 골품은 어찌되어도 상관없었다. 자신을 희생해 사랑하는 용춘을 왕으로 만들 수 있다면 그것이 바로 자신의 존재 가치라고 생각했다.

삽시간에 서라벌 사회에 다음 임금은 용춘이라는 소문이 돌았다. 진평왕의 뜻이 용춘에게 있으며 그 때문에 천명이 출궁했다는 소문이 파다했다. 모든 사람들은 용춘이 다음 임금이 될 것을 믿어 의심치 않았다.

그러나 여기에 예기치 못한 복병이 있었다. 바로 선덕공주였다. 『화랑세기』는 선덕공주가 "점점 자라자 용봉의 자태와 태양의 위용"을 갖게 되었다고 적고 있는데 이는 임금의 인상을 가진 사람에게 쓰는 표현이다. 또한 "선덕은 총명하고 지혜로웠으며 색을 좋아 했다"고도 적고 있다.

선덕은 언니 천명공주에 비해 훨씬 적극적인 성격이었다. 그리고 그녀는 공주라는 자신의 우월한 지위를 이용해 상대방을 움직이질 줄 아는 정치력이 있었다. 천명공주가 출궁한 다음 진평왕이 선덕에 게도 용춘을 후사로 삼을 의사를 내비쳤다. 그러나 선덕공주는 이 제안을 단호하게 거부했다.

"대왕의 적녀(嫡女)인 제가 물러나는 것보다 용춘이 저를 돕는 것이 대왕의 혈통이 나라를 잇는 것이 되지 않겠습니까? 용춘이 저의 사신(私臣)이 되도록 해 주십시오."

사신은 개인적으로 거느리는 신하를 의미한다. 그녀는 "색을 좋아 했다"는 『화랑세기』의 기록처럼 사랑을 쟁취하는 데도 적극적이었다.

용춘을 사신으로 쓰겠다는 말에 진평왕은 감탄했다. 용춘을 위해 출궁한 맏딸 천명공주로서는 꿈도 못 꿀 발상이었다. 진평왕은 선덕 이 남자로 태어나지 못한 것을 한탄했지만 골품이 모든 것에 우선하 는 나라에서 이 정도 여걸이라면 임금이 되어도 좋다고 판단했다. 또 한 용춘이 선덕을 돕는다면 여자라도 임금 노릇을 할 수 있을 것이라 생각했다.

진평대왕은 선덕의 요청을 받아들여 용춘에게 선덕공주를 받들라 고 명했다. 이는 선덕공주의 사신이 되는 것이자 남편이 되는 것이기 도 했다. 용춘은 사양했다. 천명공주의 사랑도 거절한 판국에 그 동 생의 사랑을 받아들이는 것은 우스웠다. 그러나 대왕의 명을 끝내 거 절할 수는 없었다.

천명공주는 아버지의 권유를 받아들여 왕위와 용춘을 모두 포기했 으나 동생 선덕공주는 아버지의 권유를 거절해 왕위와 사랑을 모두 차지했다. 천명공주는 자신의 예상과는 전혀 다르게 상황이 돌아가는 것을 보고 속앓이만 했다.

그런데 갑자기 용춘의 형 용수가 병에 걸려 죽었다. 용수는 죽으면서 부인과 아들을 용춘에게 맡겼다. 부인은 바로 용춘을 사랑하는 천명공주였고 아들은 춘추였다. 이는 용수가 사랑하는 부인과 우애 깊은 동생에게 주는 이승의 마지막 선물이었다. 용춘이 비록 선덕의 사신이 되었으나 천명공주와의 관계마저 막을 수는 없었다. 그래서 용춘은 선덕과 천명 두 공주 자매의 남편이 되었다.

용춘은 천명과 선덕 모두와 관계했으나 그의 마음은 자연히 선덕보다는 자신을 위해 모든 것을 내던진 천명에게 훨씬 더 끌렸다. 그는 선덕과의 관계를 정리할 기회를 찾았으나 선덕이 워낙 적극적인 여자였기에 쉽지 않았다. 그리고 선덕과 자신의 관계는 진평제가 정해준 것이라 마음대로 정리할 수 없었다.

그러던 중 진평제가 632년 재위 54년만에 세상을 떠나고 선덕이 즉위했다. 선덕은 즉위하면서 용춘을 지아비로 삼으려 했다. 그러나 용춘은 이를 거부했다.

"임금은 후사가 제일 중요한데 우리는 아직 자식이 없으니 제가 계속 남편으로 있어서는 안 됩니다."

용춘은 둘 사이에 애가 없다는 것을 핑계 삼아 남편의 자리에서 물러나려 했다. 선덕은 용춘이 사양하는 이유가 천명공주임을 알기 때문에 붙잡을 수는 없었다. 선덕여왕은 대신 군신(群臣)들에게 세 남편을 둘 수 있는 삼서(三婿) 제도를 의논케 했다. 그래서 뽑힌 두 남편이 흠반(欽飯)과 을제(乙祭)였다. 선덕은 세 남편의 보좌를 받으며 왕위를 수행하고 색도 즐겼다.

그러나 용춘은 색을 별로 즐기지 않았다. 그는 부왕 진지왕이 색에 빠져 폐위된 것을 슬퍼하여 색을 그리 가까이하지 않았다. 그리고 왕이 되지 못한 이상 여왕을 도와 정사를 보좌하는 것에도 흥미를 잃었다. 그래서 용춘은 선덕여왕에게 여러 차례 물러나고 싶다는 뜻을 밝혔다.

더 이상 용춘을 잡을 수 없다고 느낀 선덕여왕은 그에게 물러나 살기를 허락하면서 정사를 을제에게 맡겼다. 드디어 용춘은 선덕여왕으로부터 벗어나 천명공주와 여생을 마칠 수 있게 되었다. 정계에서 물러난 용춘은 용수가 물려준 천명공주를 처로 삼고 춘추를 아들로 삼았다. 천명공주로서는 왕위를 포기한 뒤에야 비로소 맺어진 사랑이었다.

그리고 용춘은 김유신을 사신으로 삼았다. 용춘의 아들 춘추와 김유신의 관계는 이렇게 시작되었다.

언니의 왕위와 사랑을 모두 빼앗을 정도로 욕심이 많았던 선덕여왕은 세상 모두를 제 마음대로 할 수 있다고 자만했으나 용춘을 만나면서 세상에는 권력으로 움직일 수 없는 것이 있음을 알게 되었다. 그리고 세상에는 하늘이 돕지 않으면 아무리 노력해도 안 되는 일이 있음을

선덕여왕 초상

알았다.

세상 모두를 가진 그녀였으나 부족한 게 두 가지 있었다. 하나는 아들이었다. 세 사내와 번갈아 관계했으나 그녀에게는 아들이 생기지 않았다. 아들은커녕 딸도 낳지 못했다. 용춘이 다섯 서자를 낳은 것으로 보아 문제는 선덕에게 있었던 것 같다.

다른 하나는 자신이 여자라는 이유로 왕실을 뒤흔들려는 세력이었다. 백제·고구려와 전쟁이 일상화된 당시에 여왕은 직접 갑주를 입고 전쟁터를 누빌 수 없었다. 갑주를 입을 수 없었지만 선덕은 범상치 않은 혜안으로 이를 보충했다.

선덕여왕의 남다른 혜안에 대해서는 여러 기록이 전하고 있는데 그중 『삼국유사』의 '선덕왕이 세 가지 일을 미리 알다' 편에는 모란 꽃이 향기 없음과 백제 군사의 기습, 그리고 자신이 죽을 날을 미리 알았다는 기록이 있다. 이중 백제 군사가 쳐들어올 것을 미리 알았다는 일화는 흥미진진하다.

영묘사(靈廟寺) 옥문지(玉門池 : 궁 서쪽에 있는 연못)에 겨울인데도 개구리들이 많이 모여들어 3, 4일 동안 울어댄 일이 있었다. 나라사람들이 괴상히 여겨 왕에게 물었다. 그러자 왕은 급히 각간 알천(閼川)·필탄(弼呑) 등에게 정예병사 2천 명을 뽑아 가지고 속히 서쪽 교외로 가서 여근곡(女根谷)을 찾아가면 반드시 적병이 있을 것이니 엄습해서 모두 죽이라고 명령했다. 두 각간이 명을 받고 각각 군사 1천 명씩을 거느리고 서쪽 교외로 가보니 부산(富山) 아래 과연 여근곡이 있고 백제 군사 5백 명이 와서 숨어 있으므로 이들을 모두 죽여 버렸다. 백제의 장군 우소(亐召)란 자가 남산 고개 바위 위에 숨어 있으므로 포위하여 활로 쏘아 죽였다. 또 뒤에 군사 1천2백 명이 따라오고 있었는데, 모두 쳐서 한 사람도 남김없이 죽였다.

　신하들이 개구리가 우는 것으로 어떻게 백제 군사가 올 것을 알았느냐고 묻자 선덕여왕은 이렇게 대답한다.
　"개구리가 성난 모양을 하고 있는 것은 병사의 형상이요, 옥문(玉門)이란 여자의 음부이다. 여자는 음이고 그 빛은 흰데 흰빛은 서쪽을 뜻하므로 군사가 서쪽에 있다는 것을 알았다. 또 남근이 여근에 들어가면 죽는 법이니 그래서 잡기가 쉽다는 것을 알 수 있었다."
　신하들은 여왕의 말에 크게 감탄했다. 하지만 전쟁터에 나갈 수 없는 태생적인 약점은 어쩔 수 없었다.
　그리고 그 약점을 잡고 선덕을 흔들어대는 세력의 배후가 당나라라는 데 그녀의 고민이 있었다. 인평(仁平 : 선덕의 연호) 10년(643) 9월, 선덕여왕은 당에 사신을 보내 고구려·백제 연합군이 공격하려 한다며 지원군 파견을 요청했다. 지원군을 요청하는 국서는 "삼가 저의 신하를 보내어 대국에 운명을 부탁하오니 적은 군사를 빌려 구원하여 주시기 바랍니다"라는 다급한 내용이었다. 그러자 당 태종은 사신에게 이렇게 묻는다.
　"그대 나라는 어떤 묘책을 가지고 국가 전복의 화를 면하려 하느냐?"
　"우리 임금이 사세가 궁하고 계책이 다하여 오직 급한 사정을 대국에 고해 그 도움으로 나라의 보전을 바랄 뿐입니다."
　오직 당나라의 도움으로 국가를 보전하려 한다는 대답에 이세민은 거만하게 답했다.
　"내가 변방 군사를 조금 내어 거란·말갈병과 함께 요동으로 들어간다면 그대 나라는 고구려·백제의 공격에서 자연히 풀려 한 1년은 적의 공세를 늦출 수 있을 것이다. 그러나 그 후 적이 우리 군사가 계속 요동을 공격하지 않는 것을 안다면 저들은 도리어 마음대로 침략하고 모욕할 것인데 그렇게 되면 4국(고구려·백제·신라·당)이 함께 소란할 것이다. 그러니 그대 나라에는 미안하지만 적은 군사를 보내는 첫째 계책은 좋은 방법이 되지 못한다."

당 태종은 선덕왕의 간절한 바람을 무시하고 군사를 보내지 않겠다고 통보했다.

"내가 그대 나라에 우리나라에서 사용하는 붉은 옷과 붉은 기 수천 벌을 줄 테니 두 나라 군사가 공격해올 때 이것을 벌려 세운다면 저들이 당군으로 여기고 달아날 것이다. 이것이 둘째 계책이다."

고구려·백제 군사는 당나라의 군복만 봐도 도망갈 것이니 옷 몇

선덕여왕이 백제군의 침략을 미리 알고 있었다는 여근곡

벌, 깃발 몇 개나 가지고 가라는 말이었다. 그러고 나서 당 태종은 남의 나라 사신에게는 상상도 할 수 없는 폭언을 했다.

"그대 나라가 부인을 임금으로 삼았으므로 이웃나라의 업신여김을 받으니 이는 임금을 잃고 적을 받아들이는 격이라 해마다 편안한 때가 없다."

그러면서 당 태종은 더욱 심한 말을 내뱉었다.

"내가 친척 한 명을 보내 그대 나라 임금을 삼겠는데, 자연히 혼자 갈 수는 없으므로 마땅히 군사를 함께 보내 보호하게 하겠다. 그대 나라가 안정되어 스스로 지킬 수 있을 때까지 이렇게 하는 것이 세 번째 계책이다. 너는 장차 어떤 방책을 좇을 것인지 잘 생각해 보아라."

사신은 이세민의 위세에 눌려 그 자리에서 "불가(不可)"를 외치지 못하고 그저 "예"를 연발했다.

당 태종의 이 말이 신라 조정에 알려지자 신라 조야는 큰 충격을 받았다. 신라가 죽자하고 매달리는 당 태종이 다른 사람도 아닌 선덕여왕의 사신에게 임금 교체를 공공연히 말했으니 충격을 받는 것이 당연했다. 그중에서도 가장 큰 충격을 받은 인물은 선덕여왕이었다.

선덕여왕은 이세민의 이런 태도에 두려움을 느꼈다. 그러나 그녀에게는 방법이 없었다. 고구려·백제와 싸우고 있는 상황에서 당나라마저 적으로 돌릴 수는 없었다. 그래서 선덕여왕은 굴욕을 참고 이듬해 정월 다시 당에 사신을 보내 방물(方物)을 전했다.

당 태종이 여왕 선덕을 내쫓으라고 사신에게 공개적으로 말했다는 소식은 서라벌 구세력들을 준동케 했다. 비록 성골이라 하나 여자가 왕위에 있는 것이 불만이던 그들로서는 다시 없는 희소식이었다. 더구나 이런 소리를 들은 선덕여왕이 방물을 보내는 허약함까지 목도한 그들이었다. 안팎에서 공격을 받게 된 선덕여왕은 다급했으나 방법이 없었다. 이런 고립무원의 상태에서 선덕의 뇌리에 떠오른 인물이 용춘의 아들 김춘추와 사신 김유신이었다.

2년 전인 인평 8년(642)의 일이었다. 사위와 딸을 백제에 잃은 김춘추가 원병을 요청하러 고구려에 가겠다고 나섰을 때의 일이 잊혀지지 않았다. 군사를 빌리러 적국에 가겠다는 그 기상은 선덕여왕을 감탄시켰다. 춘추라고 이 길이 자칫 죽음의 길이 될 수도 있다는 사실을 모르지는 않았다.

그래서 그는 유신에게 '60일이 지나도 돌아오지 않으면 다시 만날 기약이 없을 것'이란 말을 남기고 떠났다. 선덕여왕은 김춘추가 기한 내에 돌아오지 않자 결사대를 조직해 고구려를 공격하겠다던 김유신의 결연한 눈빛이 떠올랐다. 기껏해야 당 태종의 말을 이용해 여왕 교체나 꿈꾸는 이 나라의 구세력들은 꿈도 꾸지 못할 일이었다. 선덕이 1만 명의 병사를 내주자 김유신은 서슴없이 고구려 국경을 침입했고, 이에 놀란 연개소문은 김춘추를 풀어주었다.

태종의 망언 때문에 위기에 닥친 선덕여왕은 춘추나 유신 같은 인물들이 신라의 미래를 이끌어야 한다고 믿었다. 이들은 좁은 신라 내부에서 다투기보다는 보다 넓은 대륙을 지향하는 인물들이었다.

그러나 이들에게 신라 구세력의 벽은 너무 두터웠다. 구세력은 항상 분열을 능사로 삼았다. 이들은 약점을 감춰주며 끌어안기보다는 작은 약점을 확대해 배척을 일삼았다.

김춘추는 진지왕의 손자지만 구세력은 그의 조부가 폐위당한 사실을 지적하며 그의 성장을 막았다. 김유신은 말할 것도 없었다. 김유신은 열다섯 살 때 풍월주가 되었고 혈통과 계통에서 진골정통·대원신통·가야파를 모두 이었으나 구세력은 그가 가야파라는 것만 부각시켰다. 그래서 유신의 출세는 늦었다. 서라벌 구세력들은 가야의 후예가 진골세계의 중심부에 들어오는 것을 허락하지 않았다. 외조모 만호태후가 살아 있을 때는 그 위세에 눌려 차별하지 못했지만 막상 그녀가 세상을 떠나자 유신은 끈 떨어진 갓 신세가 되어 변방을 전전했다.

그런 김유신을 선덕여왕이 왕실로 불러들여 인평 11년(644) 9월 대장군으로 삼았다.

군권 장악

김유신이 대장군이 된 선덕여왕 13년(644)에 그의 나이 오십이었으니 15세에 풍월주를 역임한 인물치고는 승진이 꽤 느렸다. 그해 가을 9월 선덕여왕은 김유신을 불렀다.

"근래 백제의 공격 때문에 나라가 풍전등화의 위기에 처해 있다. 그대에게 대장군을 제수하는 바이니 나아가 백제를 응징하라."

김유신으로서는 건복(建福 : 진평왕의 연호) 46년(629) 고구려와 낭비성 전투에서 적진을 유린한 후, 2년 전인 642년 김춘추를 구하러 고구려 남쪽 국경을 침범했던 것을 제외하면 무려 15년 만에 본격적인 전투에 뛰어드는 것이다. 훗날 우리 역사에 전무후무하게 신하의 몸으로 흥무대왕(興武大王)에 추존되는 김유신의 무장으로서의 인생은 이때부터 의미를 갖게 되었다.

건복 29년(612), 강한 이웃국의 침략에 시달리는 약국 신라의 소년으로 비장한 마음이 격동되어 박산(薄山) 깊은 골짜기에 들어가 향을 피우며 하늘에 기도해 보검에 영기를 받은 후 울분을 감추며 무술을 쌓은 지 32년 만이었다. 그는 자신의 울분이 신라 구세력이 아니라 백제에게 향하게 된 것을 다행으로 여기며 백제가 빼앗은 성을 향해 말을 달렸다.

그가 전선에 도착했을 때 겨울이 닥쳐왔으나 아랑곳 않고 서너 달 동안 전선을 누비며 칼과 창을 휘둘렀다. 그 결과 가혜성(加兮城 : 지금의 거창)과 성열성(省熱城), 동화성(同火城) 등 백제가 점령한 7개 성을 되찾아왔다. 그리고 가혜진(加兮津)을 열어 뱃길을 다시 이었다. 이는 백제 의자왕 즉위 후 일방적으로 수세에 몰리던 신라가 드디어 김유신이라는 신장(神將)을 앞세워 본격적인 반격에 나선 것이었다.

의자왕이 "하늘은 왜 나를 낳고 또 김유신을 낳았는가?"라고 한탄했을지도 모를 신장의 신화는 이렇게 시작되었다. 연개소문 역시 "하늘은 왜 나를 낳고 또 김유신을 낳았는가?"라고 한탄했을지도 모를 흥무대왕 신화의 시작이기도 했다.

첫 출전을 대승으로 장식한 그가 서라벌에 도착한 것은 인평 12년(645) 정월이었다. 그는 선덕여왕께 먼저 전과를 보고하기 위해 조정으로 향했다. 그런데 조정에 보고하러 가는 길에 임금의 사자가 달려와 급보를 전했다. 빨리 조정으로 들어오라는 것이었다.

달려가 선덕여왕을 만나니 여왕은 다급한 표정으로 백제의 대군이 매리포성(買利浦城 : 낙동강 상류 지역)을 공격하고 있다고 말했다.

"나라의 존망이 공의 한 몸에 달렸으니 수고로움을 꺼리지 말고 가서 도모하기를 바란다."

유신은 그 길로 군사를 돌려 매리포성으로 향했다. 그런데 마침 매리포성으로 가는 군사 행렬이 김유신의 집 앞을 지나게 되었다. 집안 식구들은 가장이 돌아온다고 좋아했다가 집에도 못 들르고 다시 전선으로 향한다는 말에 크게 상심했다. 남녀 종들을 포함한 가족들이 모두 나와 눈물을 흘렸으나 유신은 고개 한 번 돌리지 않고 집 앞을 지났다.

매리포성에서 백제군과 맞선 김유신은 그들의 머리 2천 급(級)을 베면서 요격해 쫓아냈다. 잇따라 승리를 거둔 김유신이 서라벌에 돌아온 것은 그해 3월이었다. 김유신은 집에 들르기 전에 먼저 궁으로 가서 선덕여왕에게 전과를 복명했다. 선덕은 쉰이 넘은 노장군의 전과를 흐뭇하게 들었다. 이런 보석이 왜 변방을 전전하고 있었는지 알 수 없었다.

선덕여왕에게 복명하고 비로소 집에 돌아가 쉬려는데 또다시 백제 군사가 국경을 넘고 있다는 급보가 날아들었다. 잇따라 패전을 당한 의자왕이 예상을 뒤엎고 역습에 나선 것이다. 선덕여왕은 다시 김유신에게 의지할 수밖에 없었다.

"공은 수고로움을 생각하지 말고 빨리 가서 적군이 우리 영토를 짓밟기 전에 대비하라."

유신은 집으로 가는 것을 포기하고 다시 병사를 조련하고 무기를 수리했다. 준비를 마친 후 곧 전선을 향해 나갔다. 그러나 군사들은 작년 9월부터 지금까지 휴식은커녕 그리운 가족을 만나보지도 못한 채 계속 출진하자 불만이 가득 쌓였다. 가족들에게 또다시 전선에 나간다는 말을 알릴 염치도 없었고 그럴 겨를도 없었다. 군사들의 사기는 땅으로 곤두박질쳤다. 군사들의 사기를 무엇보다 중요하게 여기는 김유신이 이런 기미를 모를 리가 없었다.

서부 전선으로 향하는 군사는 이번에도 김유신의 집 앞을 지나게 되었다. 김유신의 집안 식구들은 그가 다시 전선으로 떠난다는 소식을 듣지 못하고 집으로 돌아오기만을 기다리고 있었다. 집안에서는 전선에서 오랜만에 돌아오는 가장을 맞이하는 잔치 준비가 한창이었다. 집안 사람들은 김유신이 언제 모습을 드러낼까 대문 밖에 나와 기다렸다.

과연 김유신을 앞세운 군대가 행진하는데 집으로 오는 행렬은 아니었다. 김유신은 문 앞을 지나면서 고개 한 번 돌리지 않고 지나쳤다. 그러던 김유신은 50보쯤 가다가 말을 멈추었다. 유신은 집에서 물을 한 사발 떠오라고 시켰다. 종이 얼른 물사발을 가져오자 달게 마시고는 이렇게 말했다.

"우리 집 물이 아직도 옛맛을 간직하고 있구나."

김유신은 다시 말을 몰아 전선으로 향했다. 이런 모습을 본 병사들의 마음이 움직이지 않을 리 없었다. 병사들은 이구동성으로 말했다.

"대장군이 이렇게까지 하시는데 우리들이 어찌 가족과 떨어지는 것을 한스럽게 여기겠는가?"

병사들의 사기는 다시 하늘을 찔렀다.

백제군은 신라 국경에 난입하려다가 김유신이 배치한 신라군의 병력 포진이 견고한 것을 보고 망설였다. 더구나 신라 장수가 혜성같이 나타나 백제군을 닥치는 대로 격파한 김유신이란 사실을 알고 전의를 상실했다. 백제군은 국경 근처에서 한바탕 시위만 벌인 후 철군했다. 백제군이 공격을 하지도 못하고 돌아갔다는 보고를 들은 선덕여왕은 크게 기뻐하며 김유신에게 상을 내리고 직책을 올려주었다.

불과 몇 개월 사이의 잇단 승전으로 서라벌은 물론 전 신라에 김유신의 무명이 떨쳐지기 시작했다. 그가 15세 풍월주이며 김춘추가 여동생을 임신시키고 모른 체하자 여동생을 태워 죽이려 했던 바로 그 사내라는 사실이 덧붙여지자 김유신의 이름은 신비롭게 채색되기 시작했다. 그리고 그의 주변에 무사들이 몰려들었다.

주로 가야계 무사들이었다. 이 무사들은 골품제 사회에서 은근히 천대받던 인물들로, 서라벌 사회의 차별에 불만을 갖고 있었으나 이를 표출할 적당한 방법을 찾지 못하고 있었다. 이들은 김유신과 함께 전선을 누비며 전공을 쌓았다. 이들의 한이 서라벌 내부의 권력 투쟁이 아니라 외부로 표출된 것은 신라 사회를 위해 다행한 일이었다.

이제 김유신은 강력한 군사력을 갖게 되었다. 그리고 그에게는 김춘추가 있었다. 이는 김유신과 김춘추를 중심으로 한 새로운 세력이 서라벌의 신주류로 떠오르는 것을 뜻했다. 또한 서라벌의 전통 구세력의 입장에서 이들은 강력한 경쟁 세력이었다. 서라벌 정통 진골 중심의 구세력은 당 태종이 선덕여왕을 여자라는 이유로 갈아치울 뜻을 표시하자 쾌재를 불렀다. 그동안 성골이란 이유 때문에 침묵하고 있었으나 당나라의 태도가 골품보다 성별을 우선하자 진골인 자신들도 임금이 될 수 있다는 기대를 품었다. 이들은 당나라의 신임을 잃은 선덕여왕을 내쫓을 수도 있다고 생각했으나 국왕을 내쫓는 것보다는 다음 자리를 차지하는 쪽으로 움직이는 것이 명분상 더 낫다고 판단했다.

이런 움직임의 중심에 선 인물이 선덕여왕 14년(645)에 상대등(上大等)으로 임명된 이찬 비담(毗曇)이란 점에서 문제는 심각했다. 상대등은 신라 각지 호족들의 회의를 주재하는 자리로 진골 귀족 중에서 가장 높은 관직이었다. 그야말로 골품과 실력 모두를 갖춘 인물이 오를 수 있는 자리였다.

상대등 비담을 중심으로 모인 구세력은 신라에 더 이상 성골 남자가 없는 점을 적극 이용하기로 했다. 성골이 없으니 선덕왕의 후사는 더 이상 당나라의 조롱을 받는 여자가 아니라 진골 남자에서 나와야 한다는 명분이었다. 이 경우 차기 국왕은 상대등 비담이 유력했다.

이 무렵 선덕여왕이 병에 걸려 눕게 되었다. 서라벌 구세력은 선덕여왕의 와병에 쾌재를 불렀다. 이들은 상대등 비담이 선덕여왕의 뒤를 잇도록 하자고 의견을 모았다. 호족들의 의견으로 세몰이를 해 사실상 구세력 연합정권을 수립하려 했다.

그러나 선덕여왕의 뒤를 이어 승만(勝鬘)공주가 왕위에 오르려 하자 이들은 당황했다. 승만공주는 진평왕의 동복 아우인 국반(國飯) 갈문왕의 딸로 어머니는 월명(月明)부인 박씨였다. 『삼국유사』에 진덕여왕(승만공주)까지를 "이상은 중고(中古)로서 성골의 왕이고, 이하는 하고(下古)로서 진골의 왕"이라고 적고 있듯이, 진덕여왕은 성골이라는 이유로 왕위를 이었다.

그런데 진덕여왕의 즉위는 선덕여왕의 뜻일 뿐만 아니라 김춘추와 김유신 등 서라벌 신주류 세력의 뜻이 강력히 반영된 것이었다. 서라벌 신주류의 목표는 김춘추를 국왕으로 추대하는 것이었다. 그러나 김춘추가 구세력에 비해서 젊기 때문에 이번에는 성골이란 명분으로 승만공주를 세우고 그 다음을 기약했다.

647년 신주류 세력은 드디어 승만공주를 즉위시키는 데 성공했다. 승만공주, 즉 진덕여왕을 추대하고 내부 실권을 장악했다. 물론 서라벌 구세력은 이에 격렬하게 반발했다. 구세력은 무력을 사용해 진덕여왕을 내쫓으려 했다. 상대등 비담과 염종(廉宗) 등 구세력은 반란을 일으켰다. "여왕은 정사를 잘 하지 못한다"는 명분이었다. 이 반란 명분은 당 태종이 선덕여왕을 비난한 내용과 일맥상통했다.

구세력은 군사를 일으켜 단숨에 궁성을 점령해 정변을 성공으로 이끌려 했다. 기득권층인 구세력은 그만큼 많은 군사들을 가지고 있었다. 김유신을 중심으로 한 신세력은 겨우 이들의 공격을 막아냈다.

구세력은 궁성 퇴각 후 명활성(明活城)에 진을 쳤고, 김유신을 중심으로 한 진덕여왕의 진압군은 월성(月城)에 진을 쳤다. 서라벌 한복판에서 전개된 공방전이 무려 열흘 이상 계속될 정도로 두 세력은 치열하게 접전했다. 그만큼 구세력이 주축이 된 반란군의 세력은 강성했다.

그러던 중 변고가 발생했다. 공방이 계속되던 한밤중에 큰 별이 여왕의 진압군이 진을 친 월성에 떨어졌다. 이를 본 비담은 군사들에게 이렇게 호언했다.

"내가 듣기에 별이 떨어진 자리에는 반드시 피 흘릴 일이 있다 하였으니 이는 여주(女主 : 진덕여왕)가 패전할 조짐이다."

이 말을 들은 비담 측 군사들의 고함소리가 천지를 흔들었다. 반면 진덕여왕 측 군사들은 무서워서 벌벌 떨었다. 진덕여왕도 이 말을 듣고 두려워 어쩔 줄 몰랐다. 그러자 김유신은 급히 알현을 요청했다. 유신은 두려워 사색이 된 진덕여왕을 이렇게 달랬다.

"길흉은 무상하여 사람이 하기에 달린 것입니다. 그런 예는 무수히 많습니다. 은(殷)나라의 주왕(紂王) 앞에는 붉은 새〔赤雀〕가 나타났으나 결국 멸망하고 말았습니다. 붉은 새는 경사가 있을 때 나타나는 새인데 왜 망했겠습니까?"

김유신이 실례를 들어 설명하자 진덕여왕의 안색이 조금씩 펴졌다. 김유신의 설명은 계속된다.

"노(魯)나라 애공(哀公)은 기린을 잡지 않았습니까? 기린이 보통 영물이 아닌데도 이를 잡은 노나라는 오히려 쇠약해졌습니다. 또 은(殷)나라의 고종(高宗) 때 꿩이 종묘의 솥귀에 올라앉아 울지 않았습니까? 꿩이 신성한 종묘의 솥귀에 올라앉아 울었으니 얼마나 불길한 일입니까? 그러나 고종은 큰 업적을 이루지 않았습니까?"

그러자 진덕여왕의 표정이 활짝 밝아졌다.

"한 가지 예만 더 말씀드리겠습니다. 춘추시대 정(鄭)나라에 홍수가 났을 때 용(龍)이 시문(時門)의 성문 밖 물에서 격투를 했습니다. 국인(國人)이 이는 수신(水神)이 노한 것이라 하여 제사를 지내려 하자 재상 자산(子産)이 반대하며 '우리가 용에게 구하는 바가 없고, 용이 또한 우리에게 구하는 바가 없는데 제사가 무슨 소용이 있겠느냐'고 반대했습니다. 용이 싸운 것이 정말 수신이 노한 것이라면 정나라는 망했어야 했는데 그 후 정나라가 얼마나 잘 다스려졌습니까? 이처럼 길흉은 모두 사람이 하기에 따른 것이고, 덕은 항상 요사한 것을 이기고 승리하는 법이니 별의 재변 따위는 두려워할 것이 없습니다. 폐하께서는 아무 걱정 마십시오."

백전불패 용장의 확신에 찬 말은 진덕여왕을 안심시켰다. 말을 마친 유신은 밖으로 나왔다. 그리고 밤이 될 때까지 연과 허수아비를 만들었다. 밤이 되자 김유신은 허수아비에 불을 붙여 연에 실어 하늘로 올라가는 것처럼 꾸몄다. 그리고 이튿날 사람들을 시켜 거리에 소문을 냈다.

"어젯밤에 떨어졌던 별이 다시 하늘로 올라갔다."

그러자 소란했던 민심이 다시 가라앉았다. 그러나 김유신이라고 "별이 떨어진 자리에 피 흘릴 일이 있다"는 말을 모를 리가 없었다. 그리고 그런 변이가 자신에게 불리하다는 사실도 잘 알고 있었다. 그래서 그는 별이 떨어진 자리에서 제사를 지내며 하늘에 간절히 기도했다.

"천도(天道)는 양(陽)이 굳세고 음(陰)이 부드러우며, 인도(人道)는 임금이 높고 신하가 낮은데 혹시라도 이것이 변하면 큰 변이 발생하는 것입니다. 지금 비담 등이 신하로서 임금을 모해하고 아래로서 위를 범하니 이는 곧 난신적자(亂臣賊子)로서 사람과 귀신이 함께 미워

할 일이요, 천지 사이에 용납될 수 없는 일입니다. 그런데 하늘이 만일 여기에 무심하여 별의 괴변을 왕성에 보인 것이라면 이는 신(臣)이 의혹하지 않을 수 없습니다. 하늘의 위엄으로 선(善)을 선으로 갚고, 악(惡)을 악으로 돌려 신령의 부끄러움이 없게 하소서."

김유신은 젊은 시절 중악에 올라가 하늘에 기도하던 정성으로 간절히 기도했다. 기도를 마친 김유신은 이제 자신의 할 일을 다했다고 생각했다. 진덕여왕을 안심시켰고, 연을 띄워 군사들의 동요를 가라앉혔으며, 하늘에 제사를 지내 도와주기를 기도했다.

실제로 하늘은 진덕여왕을 버리기 위해 별을 떨어뜨린 것인지도 몰랐다. 그것이 사실이라 할지라도 자신은 이 길을 걸을 수밖에 없다고 그는 생각했다. 하늘이 진덕여왕을 버렸고, 자신을 버렸다면 그 운명과 맞서 싸우는 것이 자신의 길이며, 그것이 무장의 길이고 인간 김유신이 걷는 역사의 길이라고 그는 믿었다.

제사를 마친 그는 여러 장졸을 독려해 구세력이 포진한 명활성으로 진격했다. 김유신과 전선을 누볐던 병사들은 김유신의 표정에서 단호한 결의를 읽었다. 결기 서린 김유신의 표정을 본 병사들의 얼굴에도 전의가 불탔다.

특히 가야파 병사들의 결의는 더욱 굳셌다. 이 싸움에서 지면 자신들은 영원히 천대받는 변방 인생으로 전락하고 만다. 그들은 이 싸움을 진덕여왕 대 비담의 싸움이 아니라 가야파 대 서라벌 토착파의 싸움이자 신세력 대 구세력의 싸움이라고 생각했다. 신주류 가야파의 맹주 김유신이 구주류 서라벌 토착파를 누르고 신라 사회의 주도권을 잡느냐 빼앗기느냐는 중대한 갈림길이었다.

자신이 왜 싸워야 하는지를 체득한 병사로 구성된 군대만큼 강한 군대는 없는 법이다. 이날 운명에 맞설 각오를 하고 싸움터에 나선 김유신이 이끄는 군대는 어제와 분명 달랐다. 어제는 진덕여왕 측에 선 진압군에 불과했다면 오늘은 이길 수 있다는 확신과 반드시 이겨야 한다는 신념으로 무장한 군대였다.

이날 비담의 구세력 군사는 김유신이 지휘하는 진압군에 무너지고 말았다. 김유신은 도주하는 비담을 쫓아가 목 베고 그의 구족을 멸했다. 이런 세력을 뿌리 뽑아야 다시는 반란이 재발하지 않을 것이라고 판단하고 가혹하게 진압한 것이다. 『삼국사기』는 비담과 연좌되어 죽은 자가 30명이라고 적고 있는데, 이는 서라벌 구세력의 몰락을 의미했다.

이로써 서라벌 사회의 주도권은 김유신으로 대표되는 신세력이 장악하게 되었다. 또한 진압의 주역 김유신은 신라의 군권을 장악했다. 무력으로 진덕여왕의 왕위를 지킨 김유신은 이제 누구도 부인할 수 없는 신라군의 중추이자 핵심이 되었다.

먼저 신라의 신주류가 된 자신은 국가를 보위할 임무가 있었다. 백제는 물론 고구려와 싸워서 국가를 지켜내야 했다. 이제 그 임무는 어떤 경우에도 피할 수 없는 하늘이 내린 대임이었다.

그는 또한 자신의 매제 김춘추를 임금으로 만들어야 했다. 현재 진덕여왕 체제는 어차피 과도기였다. 전시에 갑주를 입을 수 없는 여왕의 약점을 그도 모르지 않았다. 그러나 이는 비담 같은 구세력의 대표가 임금이 됨으로써 해결될 문제가 아니었다. 신라 사회의 소외된 힘을 모아 외부로 표출하여 신라를 강국으로 만드는 것이 자신이 대표하는 신세력의 가치관이라고 그는 믿었다.

이를 위해 김춘추는 왕권을 장악하고 자신은 군권을 장악하여 서로 힘을 합쳐 신라를 근본적으로 개조하는 작업을 수행해야만 했다. 항상 백제, 고구려의 침략에 전전긍긍하는 약한 신라가 아니라 그 어떤

경주 명활산성 진덕여왕의 즉위에 반발한 비담의 군사가 주둔했던 곳이다.

시련과 도전에도 당당히 맞서 응전할 수 있는 강한 신라로 만드는 것
이었다. 그리고 응전을 넘어 통일의 주역이 되어야 한다고 생각했다.
그것이 소외받던 가야계로서 신라의 신주류가 된 자신에게 부여된 역
사의 책무라고 믿어 의심치 않았다.

　구세력이 몰락하고 김유신·김춘추의 신세력이 부상하자 신라 내
부의 정세는 물론 한반도 정세, 나아가서 중국과 일본까지 포함한 동

아시아 정세에 격변을 예고했다. 이제 신라는 더 이상 외부의 침공에 전전긍긍하는 약한 나라가 아니었다. 비록 아직까지는 작은 나라지만 내부의 힘을 응축해 외부로 폭발하려는 전기를 맞고 있었다. 김춘추와 김유신의 부상은 이런 역사적 의미가 있었다. 이제 신라는 일종의 영적(靈的) 폭발의 시기에 도달하게 되었다.

구원병 요청

김유신은 신라의 군권을 잡았다고 기뻐할 틈이 없었다. 비담의 난을 진압한 그해 10월 백제군이 갑자기 침공해 무산(茂山 : 무주군 무풍면)·감물(甘勿 : 금릉군 남녕면)·동잠(桐岑) 등 세 성을 포위했다. 진덕 여왕은 김유신에게 보병과 기병 1만 명을 주어 출전을 명령했다. 김유신은 즉각 전쟁터로 나가 대항했으나 예전의 백제군이 아니었다. 김유신은 밤낮을 가리지 않고 가능한 모든 전술을 다 동원해 보았으나 백제군은 끄떡없었다. 전세는 점점 불리해져 갔다.

김유신은 전력을 기울여 야간 기습을 단행했다. 그러나 백제군은 미리 방비를 하고 있었다. 밤을 새워 백병전을 벌였으나 승부가 나지 않았다. 김유신은 기진맥진했다. 더 이상 서 있을 힘도 없었다. 하지만 그럴수록 정신은 더욱 말짱해졌다. 그 말짱한 정신에 엄습해오는 것은 위기감이었다. 여기서 무너지면 단지 세 성을 빼앗기는 데서 끝나지 않을 것이다. 자칫하면 신라의 붕괴로 이어질 수 있었다.

김유신은 군사들을 돌아보았다. 다들 지쳐 있는 모습이 무너지기 일보 직전이었다. 김유신은 결국 전세를 뒤집기 위해서는 나라를 위해 자신의 목숨을 던져 신라군의 사기를 북돋울 희생양이 필요하다고 판단했다. 충직한 부하를 죽음의 길로 내모는 것은 괴롭고 힘든 일이었지만 장수는 때로 악역을 감수해야 하는 법임을 김유신은 잘 알고 있었다. 대(大)를 위해서는 소(小)를 희생시켜야만 했다.

김유신은 비령자(丕寧子)를 불렀다. 아들 거진(擧眞)과 종 합절(合節)을 데리고 전선에 온 무사였다. 대장군의 부름을 받은 비령자는 곧 달려왔다. 김유신은 비령자에게 술을 한 잔 따라주었다. 비령자는 사양 않고 받아 마셨다. 분초가 급한 전선에서 대장군이 자신을 불러 술을 내리는 것은 남다른 뜻이 있음을 직감했다.

김유신이 겨우 입을 열었다.

"겨울이 온 후에야 송백(松柏 : 소나무와 잣나무)의 절개를 아는 법이다. 그대도 알다시피 오늘의 사태가 위급하게 되었다. 그대가 아니면 누가 용감히 나가 싸워 남다른 일을 이룩함으로써 여러 군사들의 마음을 격려하겠는가?"

비령자는 죽어달라는 소리인 줄 금방 알아차렸다. 그는 자리에서 일어나 재배(再拜)하고 말했다.

"많은 군사들 중에서 특별히 제게 일을 부탁하시니 나를 알아준다〔知己〕고 할 수 있습니다. 저는 마땅히 죽음으로써 저를 알아주신 데 보답하겠습니다."

비령자는 자신의 희생으로 신라군의 사기를 드높일 수만 있다면 기꺼이 죽음을 받아들일 각오가 되어 있었다. 그리고 김유신은 부당하게 부하들의 희생을 요구하지 않는 자기 헌신성을 갖춘 장수였기에 그는 조금도 망설이지 않았다. 일단 결심이 선 이상 한시도 머뭇거릴 여유가 없었다. 비령자는 종 합절을 찾았다.

"내가 오늘 위로는 나라를 위하고 아래로는 나를 알아주는 이를 위해서 죽으려 한다. 지금 거진이 싸움터에 함께 와 있는데 나이 비록 어리지만 큰 뜻이 있어서 내가 죽으면 반드시 나를 따라 죽으려 할 것이다. 부자가 함께 죽는다면 집안 사람들은 앞으로 누구를 의지해 살겠느냐? 그러니 너는 거진과 함께 내 유골을 수습해 돌아가서 그 어미의 마음을 위로하라."

뜻밖에 듣는 주인의 유언이었다. 합절의 눈에 눈물이 줄줄 흘렀다. 비령자는 합절이 이승에서 드리는 마지막 절을 받지도 않고 말을 채찍질해 백제군을 향해 달려나갔다. 신라 군사들은 느닷없이 비령자가 단신으로 백제 군중으로 달려가는 것을 놀란 눈으로 바라보았다.

비령자는 말 위에서 창을 비껴들고 백제 군중에 달려가 창을 휘둘렀다. 백제군은 순식간에 달려오는 비령자를 보고 당황했다. 순식간에 백제군 여러 명의 목이 떨어졌다. 비령자는 미친 듯이 창을 휘둘렀다. 몇 명이 죽는 것을 본 백제군은 그제야 정신을 차리고 비령자를 포위했다. 비령자는 겹겹이 싸인 포위에 아랑곳하지 않고 창을 휘둘렀다. 하지만 한꺼번에 몰려드는 백제군의 칼 앞에 그만 전사하고 말았다.

이 광경에 가장 큰 충격을 받은 인물은 아들 거진이었다. 아버지의 죽음을 눈앞에서 목도한 거진은 말에 올라탔다. 그는 아버지처럼 백제 군중에 달려들 기세였다. 그때 합절이 황급히 다가가 말고삐를 잡고 말렸다.

"대인께서 조금 전 저에게 아랑(阿郞 : 거진의 존칭)과 함께 집으로 돌아가서 마님을 위로하라고 말씀하셨습니다. 지금 아들로서 아버지의 명을 저버리고 어머니의 자애를 저버린다면 효도라고 할 수 있겠습니까?"

그러자 거진이 울부짖으며 합절을 꾸짖었다.

"너는 무슨 말을 하는가? 아버지가 죽는 것을 보고 구차스럽게 사는 것을 어찌 효도라고 할 수 있겠는가?"

거진이 달려나가려 하자 합절은 한사코 말고삐를 놓지 않았다. 한동안 실랑이가 이어지다가 거진이 합절의 팔꿈치를 쳐서 말고삐를 놓게 했다. 합절이 다시 말고삐를 잡을 사이도 없이 거진은 백제군을 향해 달려나갔다. 이번에는 백제군도 방비를 하고 있었다. 그러나 아버지의 죽음을 목도한 아들에게서 초인적인 힘이 쏟아져 나왔다. 백제군 여러 명의 목이 떨어졌다. 그러나 거진 역시 끝내 중과부적으로 전사하고 말았다.

두 명이 연달아 단기로 달려들자 백제군은 당황하기 시작했다. 반면 신라군의 가슴에는 분노가 치밀었다. 그때 신라 군중에서 울부짖는 소리가 들렸다. 종 합절이었다.

"사천(私天 : 주인)이 무너졌는데 내가 살아 무엇하겠는가?"

그 역시 백제 군중에 돌진해 싸우다가 죽었다. 아버지와 아들과 종이 연달아 싸우다 죽는 것을 본 신라군의 눈에 핏발이 섰다. 신라군은 합절처럼 울부짖으며 백제 군중으로 달려들었다. 눈물을 흘리며 달려드는 군사를 이길 군대는 없는 법이었다. 삽시간에 전세는 역전되어 백제군은 무너지고 말았다.

이때 신라군은 백제군의 머리 3천 급을 베었으니 한 사람의 희생이 천 사람의 값어치를 했다. 김유신은 세 시신을 거두어 자신의 옷을 덮어주고 슬피 호곡했다. 그는 자신의 부친이 죽고 아들이 죽은 양 울부짖었다. 비령자와 아들 거진과 종 합절의 순사를 슬퍼했고, 이들을 죽음터로 몰아야 했던 운명의 냉혹함을 슬퍼했다. 그리고 이런 충절들의 목숨으로 유지될 수밖에 없는 나라를 슬퍼했고, 부자가 싸움 터에서 함께 죽어야 하는 전쟁의 시대를 슬퍼했다.

그러나 슬퍼하고만 있을 시간이 없었다. 또다시 이런 슬픔을 겪지 않기 위해서는 군사력을 기르고 국력을 키워야 했다.

백제 의자왕은 반드시 신라를 멸망시키고야 말겠다는 듯 잠시도 공세를 늦추지 않고 틈만 생기면 공격해왔다. 무산·감물·동잠 전투 가 끝난 지 몇 개월 되지도 않은 진덕여왕 2년(648), 백제의 의자왕은 다시 장군 의직(義直)을 보내 요차성(腰車城 : 상주)을 공격해 함락시켰 다. 요차성이 함락되자 진덕여왕은 다시 압독주(押督州) 도독 김유신을 보내 대적했다.

이렇게 해서 백제군을 또 격파했지만 이런 공방전은 사태의 궁극 적 해결책이 아니었다. 백제군은 매번 공격했고 김유신이 이를 근근 이 막아내고 있었으니 김유신도 언젠간 무너질 수 있었다. 그러면 신 라의 운명은 기약할 수 없었다.

김춘추가 당의 대도(大都) 장안길을 자청한 것은 이런 신라의 위기 를 타개하기 위한 적극적 몸짓이었다. 신라의 위기를 타개하기 위해 서는 당나라의 도움이 필요했다. 그러나 당나라는 도움을 요청한다 고 무조건 군사를 보내줄 나라가 아니었다. 당나라는 나름대로의 계 산이 있었다. 김춘추는 사신을 보내는 통상적인 방법으로는 당나라 의 지원을 끌어낼 수 없다고 판단했다. 그는 자신이 몸을 던져 당나 라의 지원을 끌어내기로 결심했다. 그는 아들 문왕(文王)까지 대동하 는 것으로 자신의 굳은 결심을 보여주었다.

신라의 수도 서라벌에서 당의 수도 장안으로 가는 길은 매우 위험 했다. 『신당서』 지리지의 '고탐기변주입사이도리(高耽記邊州入四夷道 理)'와 『삼국사기』 등 각종 기록을 토대로 김춘추의 '장안가는 길'을 추측하면 다음과 같다.

서라벌을 출발해 신라가 장악한 당항성(경기도 화성군 남양)에서 배를 타고 당으로 향하는데 문제는 동중국해가 풍랑이 심해 직선으로 도항하기에는 너무 위험했다. 그 길보다는 고구려 연안을 따라 한반도 북부로 올라가 요동반도까지 가는 길이 덜 위험했다. 그러나 이 경우 고구려 수군에게 걸릴 위험이 있었다. 풍랑과 고구려 수군 중 어느 것이 덜 위험한가에 따라서 노선을 결정해야 했다.

김춘추는 고구려 연안을 따라 올라가는 길을 택했다. 요동반도까지만 가면 그 이후는 산동반도로 직항할 수 있으니 안심이었다. 그때부터는 당나라 영토였다. 산동반도의 내주(萊州)나 등주(燈州)에 상륙해서는 육로를 이용해 장안까지 가면 됐다. 그러나 이때부터는 고구려군에게 체포될 위험이 없다는 것뿐 땅 설고 물 선 낯선 나라였다. 현재 북경에서 장안까지는 비행기로도 1시간 50분이 더 걸리는 먼 거리다. 그 먼 길을 김춘추는 어린 아들까지 데리고 갔다.

김춘추에게 그 황막한 황야를 하염없이 달리게 한 것은 당의 지원이 없으면 백제에게 멸망하고 말 것이라는 위기감이었다. 당의 구원군을 얻는 것은 절체절명의 과제였다. 그리고 또 한 가지는 사랑하는 딸 고타소랑을 죽게 만든 백제에 대한 복수심이었다. 복수심은 사람을 강하게 만드는 법이다.

다른 인물도 아니고 진지왕의 손자이자 진평왕의 손자가 아들까지 데리고 직접 사신으로 온다는 소식을 들은 당 태종은 광록경(光祿卿) 유정(柳亭)을 교외까지 보내 맞이하게 했다. 김춘추는 유정을 따라 장안성으로 들어갔다.

장안성은 바둑판처럼 잘 정비되어 있었고 세계 도시답게 활력이 넘쳤다. 당나라 사람뿐만이 아니라 얼굴빛이 다른 서역 상인들도 북적거렸다. 김춘추는 한반도와는 전혀 다른 세계가 존재하고 있음을 눈으로 확인했다. 그것은 거대한 힘이었다.

김춘추는 이 힘을 어떻게 신라 쪽으로 이끌 수 있을까 고민했다. 쉽지 않은 일이었다. 현재 서로의 주적이 다르기 때문이었다. 신라의 주적이 백제라면 당의 주적은 고구려였다. 고구려도 물론 신라의 적이지만 당의 침공 위협을 받고 있는 고구려의 처지로서 신라까지 침략할 여유는 없었다. 신라에게 고구려는 차후 문제였다. 우선은 백제가 시급했다.

서기 648년 김춘추와 이세민은 드디어 얼굴을 마주하게 되었다. 김춘추에게 이 자리는 차기 신라 임금으로 미리 면접을 보는 자리이기도 했다. 둘 다 죽은 후 똑같이 '태종(太宗)'이란 묘호로 불릴 두 인걸이 얼굴을 맞대는 자리였다.

이세민과의 첫만남은 『삼국사기』에 "태종이 춘추의 풍채가 뛰어나고 늠름한 것을 보고 후히 대접했다"고 기록하고 있는 대로 성공적이었다. 적어도 김춘추에게는 목적을 달성하기 위해 적국 고구려를 전격 방문하고 머나먼 장안길을 마다하지 않는 헌신성이 있었다. "여왕을 갈아 치워라"는 당 태종의 권유에 "예, 예" 하고 대답했던 이전의 사신들과는 다른 배포가 있었다.

"장안은 처음일 테니 무엇을 보고 싶은가?"

"제가 들으니 마침 국학(國學)에서 공자에게 제사지내는 석전(釋奠)을 연다 하니 그 행사를 참관하고 싶고 유학 강론도 듣고 싶습니다."

"학문도 뛰어난 인재로구나."

그러면서 당 태종은 당 고조가 여산(廬山)온천에서 지은 '온탕비(溫湯碑)'와 자신이 태원의 사당에 가서 지은 '진사비(晋祠碑)'의 비문 탁본과 새로 제작한 『진서(晋書)』를 주었다. 김춘추는 백배 사례하며 받아 나왔지만 그의 진정한 목적은 석전 참가나 비문이 아니라 오직 하나 구원군 파병이었다.

태종도 그런 기미를 읽었는지 한번은 김춘추를 조용히 불러서 황금과 비단을 주며 물었다.

"그대는 무슨 소원이 있는가?"

기회가 왔음을 깨달은 김춘추는 무릎을 꿇고서 이렇게 말했다.

"우리나라가 멀리 바다 한구석에 있으면서 대국을 섬긴 지 여러 해가 되었는데 백제가 간교하게도 여러 차례 침범했습니다. 몇 년 전에는 대거 군사를 일으켜 우리의 수십 성을 함락하고 우리가 대국에 입조할 길까지 막아버렸습니다. 만약 폐하께서 군사로서 흉악한 무리를 잘라 없애주지 않으면 우리 인민은 다 백제에 사로잡히게 될 것이며 험한 육로와 해로를 거쳐 조공할 일도 다시 바랄 수 없을 것입니다."

신라는 당나라에 충성을 바치려 하는데 백제가 무엄하게도 입공로 (入貢路)를 가로막고 있으니 '흉악한 무리' 백제를 '잘라 없애' 달라는 요구였다. 이 말을 들은 태종이 물었다.

"그대 나라에 김유신이라는 장수가 있다는 말을 들었다. 그 사람됨이 어떠한가?"

김춘추는 김유신이라는 이름이 당 이세민의 귀에까지 들어간 것을 보고 내심 놀랐다. 그러나 이세민 앞에서는 겸손한 것이 최선의 방책이라고 생각했다.

"유신에게 재주와 지혜가 조금 있기는 하지만 황제 폐하의 위엄을 빌지 않고 어찌 쉽사리 이웃 국가의 화근을 없앨 수 있겠습니까?"

"그토록 겸손하니 그대 나라는 정말 군자의 나라이다."

이세민은 김춘추의 말에 매료되어 출사(出師)를 허락했다.

"내 20만 군사를 보내 백제를 멸망시키겠다."

드디어 신라와 당나라 사이에 나당 군사동맹이 체결되었다. 백제와 고구려를 멸망시킬 경우 백제 영토 전부와 고구려 영토 중 평양 이남은 신라가 갖는 것이 동맹의 조건이었다. 평양 이북의 고구려 영토를 당나라가 갖는 것에 대해 김춘추는 일부 불만이었지만 어쩔 수 없다고 생각했다. 백제와 평양 이남만 차지해도 신라에게는 큰 성공이었다.

김춘추는 한숨을 돌렸다. 고구려에서 실패한 일이 당나라에 와서 성공을 거두었다. 그러나 김춘추는 여기에 만족하지 않았다. 그는 이세민의 마음을 사로잡아야 한다고 생각했다. 그래서 이세민의 마음에 들기 위해 매달렸다.

"한 가지 청이 더 있습니다."

"말해보라."

"우리나라 관리들의 복식을 대국과 같은 것으로 사용할 수 있게 허락해주십시오."

이는 당 태종으로서는 바라마지 않던 바였다. 김춘추 바로 전에 사신으로 왔던 감질허(邯帙許)에게 "신라는 왜 우리를 섬기면서 우리 연호를 쓰지 않고 따로 연호를 사용하느냐"고 물었던 인물이 태종이었다. 그때 감질허가 대국에서 정삭(正朔 : 달력)을 나눠주지 않아서 그렇다며 연호를 쓰지 말라는 명을 내린다면 소국으로서 어찌 따르지 않겠느냐고 궁색하게 답변한 적이 있었다. 김춘추는 이세민이 신라를 완전한 속국으로 삼고 싶어 한다는 사실을 알고 있었다. 그 주요한 지표가 연호 사용 여부였고, 복식 착용 여부였다.

고구려 원정의 실패로 위신에 큰 타격을 입은 이세민에게 김춘추의 이런 제안은 실추된 위신을 세울 수 있는 호재였다. 이세민은 김춘추와 종자에게 진귀한 의복을 내어주고, 춘추에게 특진(特進)을 제수하고 아들 문왕에게는 좌무위장군(左武衛將軍)을 제수했다. 그리고 김춘추가 귀국할 때는 3품 이상의 관리들이 참석하는 연회를 베풀어주는 등 극진히 대우했다. 마치 고구려에 당한 패배를 김춘추를 통해 보상받으려는 것 같았다. 김춘추는 이 자리에서 태종의 마음을 사로잡을 수 있는 제안을 한 가지 더 내놓았다.

"신에게 일곱 아들이 있는데 이들을 폐하의 곁에서 숙위하게 하여 주소서."

이민족 자제들의 숙위 제도는 사실상 반란을 방지하는 인질 제도로 누구나 꺼리는 법이었다. 이런 숙위를 자청하는 충성을 보임으로써 구원군을 보내줄 것을 다시 한 번 다짐받았다. 김춘추는 아들 문왕을 숙위로 장안에 두어야 했으나 목적한 바는 달성한 셈이었다. 아들은 출사 약속에 대한 보증이자 담보물이었다. 김춘추는 흐뭇한 심정으로 귀국길에 올랐다.

김춘추는 산동반도 내주를 떠나 요동반도 연안에 접어들었다. 여기부터는 고구려 해상이었다. 연안 뱃길을 따라 남하하는데 갑자기 고구려 순라선이 나타났다. 미처 방비할 사이도 없었다. 김춘추가 탄 배는 운송선이고 고구려 순라선은 군선이었기에 상대가 되지 않았다.

"내 운명이 여기서 다하는구나!"

김춘추는 하늘을 우러러 탄식했고 순라선은 점점 가까이 다가왔다. 김춘추는 검을 뽑아 마지막 결전을 준비했다. 그때 종자 온군해(溫君解)가 김춘추를 가로막았다.

"외람되지만 귀인께서는 관모와 의복을 벗어 소인에게 주십시오."

김춘추는 그 말뜻을 알아들었다. 김춘추로서는 선택의 여지가 없었다.

"내 그대의 은혜를 잊지 않겠다."

춘추는 눈물을 흘리며 옷을 벗어 온군해에게 주었다. 고구려 순라선이 다가오자 온군해는 태연히 갑판 위에 앉아 있었다. 고구려 병사가 뛰어들어 온군해를 난도질하는 소동을 틈타 김춘추는 작은 배로 갈아타고 신라로 귀환했다.

김춘추가 장안에서 당의 구원군을 불러오기 위해 노력하는 동안 압량주 군주로 있던 김유신은 춘추의 귀국 선물을 마련해야겠다고 생각했다. 그는 겉으로 아무 일도 없는 것처럼 무사안일로 위장했다. 군사에는 아무런 생각도 없다는 듯 군사들과 함께 술을 마시고 풍악을 잡히며 달포를 놀고 지냈다. 그러자 고을에는 김유신이 평판과 달리 용렬한 장수라는 소문이 돌았다. 싸우지 않으려는 그에 대한 비방도 일었다.

김춘추의 서안행 경로(추정)

"군사들이 편안히 있은 지 오래되어 한번 싸워볼 만한 여력이 있는데 장수가 게으르니 어쩌면 좋은가."

이런 비방을 들은 김유신은 이제 싸울 때가 되었다며 회심의 미소를 지었다. 그는 곧바로 진덕여왕에게 장계를 올렸다.

"지금 민심을 보니 일을 성사시킬 만합니다. 앞서 대량주(大梁州) 싸움을 보복하려 하오니 허락해 주십시오."

대량주 싸움은 김춘추의 사위와 딸 고타소가 죽은 싸움이다. 진덕여왕은 매번 백제의 공격을 방어하기에만 급급하다보니 의기소침해 있었다.

"적은 군사로 대군과 맞서다가 위태롭지 않겠는가?"

"전쟁의 승패는 군사의 많고 적음에 있지 않고 민심의 동향 여하에 달렸습니다. 은나라의 주왕(紂王)은 억만의 인민을 갖고 있었지만 인심과 덕이 떠나자, 한마음으로 결속된 주(周)의 열 신하를 당하지 못했습니다. 지금 우리 백성들이 한뜻이 되어 생사를 같이 할 만하니 백제를 두려워할 것이 없습니다."

진덕여왕은 마지못해 출전을 허락했다. 김유신은 곧 압량주의 군사를 뽑아 조련시킨 후 백제가 차지한 대량주를 향해 진군했다. 실로 오랜만에 나서는 반격이었다. 신라군이 공격해오자 백제는 '이것 봐라' 하는 심정으로 반격에 나섰다. 그만큼 신라는 그동안 백제의 공세에 일방적으로 밀려왔었다.

김유신은 백제의 이런 자만심을 이용하기로 마음먹었다. 그는 선봉 부대에게 싸우다가 짐짓 패한 척 옥문곡(玉門谷)으로 도망치라고 명령했다. 백제는 도망치는 신라군을 보며 '그러면 그렇지'라는 업신여김으로 대군을 대거 동원해 쫓아왔다. 백제군은 기습에 대한 아무런 대책도 없이 옥문곡 깊숙한 곳까지 들어왔다. 그때 김유신이 숨겨둔 복병이 한꺼번에 일어나 앞뒤에서 공격했다. 갑자기 기습을 당한 백제군은 우왕좌왕 어쩔 줄을 몰랐다. 신라군은 백제 1천여 군사의 목을 베고 무려 8명의 백제 장수를 사로잡는 전과를 올렸다.

이 승전은 신라 군사에게 백제에 대한 공포를 없애는 효과를 거두었다. 신라군은 비로소 백제와 싸워 이길 수 있다는 자신감을 가졌다. 그러나 김유신에게 이 싸움은 다른 목적이 있었다. 그가 백제군을 옥문곡 깊숙이 끌어들인 것은 백제 장수들을 포로로 사로잡아 그들 목숨을 조건으로 거래를 하기 위해서였다. 그는 사람을 백제 장군에게 보내 이렇게 말했다.

"우리 군주(軍主) 김품석과 그 아내 김씨의 유골이 너희 나라 옥중(獄中)에 묻혀 있다. 지금 너의 비장 여덟 명이 우리에게 잡혀서 꿇어 엎드려 살려달라고 청하는데, 여우나 표범도 죽을 때는 머리를 고향으로 향한다는 뜻을 생각해 내가 차마 죽이지 못하겠다. 지금 죽은 두 사람의 유골과 산 여덟 사람의 목숨을 바꾸면 어떠하겠는가?"

김춘추의 사위 품석과 딸 고타소랑의 유골을 백제 장수 여덟 명의 목숨과 맞바꾸자는 제안이었다. 이 보고를 들은 의자왕은 신라가 유골만 받고 장수를 돌려보내지 않을까 걱정해 결단을 내리지 못했다. 그러자 좌평(佐平) 중상(仲常)이 간했다.

"신라인의 유골을 묻어 두어서 이익이 없으니 보내 주는 것이 좋겠습니다. 만약 신라인이 유골을 받고도 우리 장수 여덟 명을 돌려보내지 않는다면 잘못은 저편에 있고, 정직함은 우리 편에 있는 것이 되니 무엇을 근심하겠습니까?"

백제는 곧 김품석 부부의 유골을 파서 관에 넣어 보냈다. 선덕여왕 11년(642)의 대야성 전투 때 자결한 후 6년만인 진덕여왕 2년(648)에 고국 신라로 되돌아왔다. 유골을 받은 김유신은 여덟 장수 처리 문제에 대해 이렇게 말했다.

"잎사귀 하나가 떨어져서 무성한 숲에 해로울 것이 없으며 티끌 하나가 더해진다고 큰 산에 보탬이 될 것이 없다."

김유신은 적장 여덟 명을 돌려보냈다. 백제는 유골 두 개와 장수 여덟을 맞바꾸는 김유신의 배포에 감탄했다. 그러나 이것으로 끝이 아니었다. 김유신은 승세를 몰아 백제 경내로 진군을 계속했다. 김유신이 이끄는 신라군은 악성(嶽城) 등 12성을 함락시키고 2만 명의 목을 베고 9천 명을 사로잡았다.

진덕여왕은 이 승전에 크게 기뻐하며 김유신을 이찬으로 승진시키고 상주 행군대총관을 제수했다. 그러나 김유신은 이 정도 승전에 만족하지 않았다. 그는 다시 군사를 거느리고 백제로 쳐들어가 진례(進禮) 등 9성을 쳐서 빼앗고 9천 명의 목을 베고 6백여 명을 사로잡았다.

백제는 삽시간에 역전된 전세에 경악했다. 그리고 김유신이라는 군신(軍神)의 등장을 두려운 마음으로 바라보았다. 의자왕은 수하에 그런 장수 한 명 없는 자신의 신세를 한탄했다.

김유신과 김춘추는 반갑게 재회했다. 이역만리에 서로 떨어져 있는 동안 둘 다 큰 성과를 거두었다. 태종에게 20만 원군을 약속 받은 김춘추가 먼저 입을 열었다.

"죽고 사는 것은 하늘에 달려 있는 까닭에 다행히 살아 돌아와 다시 만나게 되었으니 이 얼마나 다행한 일이오."

김유신의 대답도 하늘의 도움을 말하고 있었다.

"그동안 나는 국가의 위엄에 힘입어 백제와 크게 싸워 20여 성을 빼앗고 3만여 명을 참획했소. 또 품석과 그 부인의 유골을 고향으로 가지고 돌아왔는데 이 모든 것은 하늘의 도움으로 이루어진 것이지 어찌 나의 힘으로 된 것이겠소?"

　그러나 두 사람은 알고 있었다. 하늘은 스스로 돕는 자를 돕는다는 사실을. 인간이 끝없이 노력하여 하늘의 마음을 움직이지 못하면 하늘은 돕지 않는다는 사실을. 그리고 이제 역전의 발판을 마련했으니 당군만 오면 백제에게 원수를 갚을 수 있었다.

　한 해 전인 647년 김춘추는 왜국을 방문한 적이 있었다. 백제의 배후를 끊기 위해서였다. 가능하면 군사까지 빌릴 계획이었다. 김춘추는 왜국의 중대형황자가 정변을 일으켜 백제계 소아가를 척살했다는 소식을 듣고 왜국으로 갔다. 이는 중대형 정권이 반백제 정권임을 뜻한다고 김춘추는 짐작했다. 그러나 김춘추가 만나본 중대형황자는 반백제 세력이 아니었다. 오히려 친백제계였다. 중대형황자가 분개한 것은 소아입록의 전횡이지 백제가 아니었다. 김춘추는 이 사실을 확인하고 그냥 돌아올 수밖에 없었다.

　『일본서기』는 김춘추를 인질로 삼았다면서, "춘추는 용모가 아름답고 쾌활하게 담소하였다"고 적고 있다. '쾌활하게 담소하였다' 라는 기술은 김춘추가 인질이 아니라는 사실을 스스로 말해주고 있다. 김춘추는 인질로 왜국에 간 것이 아니라 왜국과 백제의 동맹을 깨기 위한 목적으로 갔다. 그러나 실패했다. 그래서 다음 해 다시 당나라로 간 것이었다. 그리고 20만 대군의 출병 약속을 받아내고 돌아왔다.

　그러나 이세민은 약속한 군사를 보내지 않았다. 그도 그럴 것이 이세민의 모든 관심은 고구려에 있었다. 645년 고구려에 패전한 사실을 당 태종은 받아들일 수 없었다. 고구려 원정에 실패한 직후 태종은 이렇게 후회했다.

　"위징이 살아 있었다면 나의 이번 원정을 극구 말렸을 텐데."

　그러나 이는 645년 음력 10월 요동의 발착수를 건너지 못해 수많

은 병사들이 얼어죽는 것을 보면서 내뱉은 자탄이고, 장안으로 돌아온 다음은 생각이 달라졌다. 그는 인생의 유일한 오점인 고구려 원정 참패를 회복하지 않고서는 눈을 감을 수 없었다. 태원에서 거병해 천하제국의 황제로 우뚝 선 천자 이세민에게 고구려는 양립할 수 없는 존재였다.

647년 3월 이세민은 고구려 원정에 참가했던 이세적과 우진달을 육지와 바다로 보내 고구려를 공격하게 하는 것으로 고구려에 대한 공세를 다시 시작했다. 같은 해 5월 이세적은 남소(南蘇)·목저(木杵) 등 두 성을 공격하고 두 달 후에는 우진달이 석성(石城)과 적리성(積利城) 등을 쳤으며, 다음 해에도 당의 설만철이 박작성(泊灼城)을 치는 등 고구려를 계속 공격했다.

김춘추가 장안에 나타난 것은 바로 이 무렵이었다. 이세민은 대답은 시원하게 했지만 신라에 구원군을 보낼 여력이 없었다.

당 태종의 대고구려 전략은 소규모 부대를 계속 보내 고구려의 국력을 약화시킨 다음 대규모 친정을 단행해 멸망시키는 것이었다. 그가 생각하기에 고구려만 멸망시키면 백제는 끈 떨어진 갓 신세가 되어 쉽게 멸망시킬 수 있었다.

당 태종의 모든 신경이 고구려에 집중되어 있으니 신라에 구원군이 오지 않는 것은 당연했다. 김춘추는 실망했다. 그러나 좌절하지 않았다. 딸의 원혼이 있는 한 그는 좌절할 수 없는 빚진 아버지였다.

진골의 시대

당의 구원군이 오지 않는 와중에서 백제의 공세는 계속되었다. 의자왕은 재위 9년(649) 좌장(左將) 은상(殷相)에게 군사를 주어 신라의 석토성(石吐城) 등 7성을 공격하게 했다.

진덕여왕은 이번에도 역시 김유신을 출격시켰다. 여왕은 김유신과 장군 진춘(陳春), 죽지(竹旨), 천존(天存) 등을 보내 맞서 싸우게 했다. 김유신은 3군을 다섯 길로 나누어 백제군을 대적했다. 피아간에 일진일퇴의 공방이 열흘 이상 계속되었다. 『삼국사기』의 표현대로 "쓰러진 시체가 들판에 가득 차고, 피가 흘러 절굿공이가 뜰 정도로" 처참한 상황이 연출되었다. 양측 모두 큰 타격을 입었지만 더욱 급한 쪽은 신라였다. 백제는 공격하는 위치이고 신라는 방어하는 처지였으므로 여기에서 무너지면 신라 영토는 유린될 위기에 있었다.

전투가 잠시 소강 상태에 빠지자 김유신은 도살성(道薩城 : 충북 청주) 아래에 진을 치고 다음 전투를 위해 말과 군사들을 쉬게 했다. 그때 물새가 동쪽에서 날아와 유신의 군막(軍幕)을 스쳐 지나갔다. 장수와 군사들이 상서롭지 못한 조짐이라고 수군거렸다. 김유신은 불안해하는 부장들을 불러모았다.

"괴이하게 생각할 필요가 없다. 오늘 반드시 백제의 첩자들이 정탐하러 올 것이다. 그대들은 모른체하고 누구냐고 묻지도 말라."

그런 다음 김유신은 전 군영에 명령을 내렸다.

"성채를 굳게 지키고 움직이지 말라. 내일 구원병이 도착하면 그때 결전을 벌일 것이다."

백제의 첩자가 "신라군이 내일 구원병과 함께 결전하려 한다"는 정보를 전해주자 백제 장군 은상은 전전긍긍했다. 갑자기 병력 증강이 있다는 정보와 내일 결전이 있으리라는 정보를 믿을 수도 믿지 않을 수도 없었기 때문이다.

그런데 은상이 고민하던 그 시간에 갑자기 신라의 대군이 기습했다. 백제군은 갑자기 들이닥친 신라군의 기습에 당황했다. 은상은 사력을 다해 막으려 했으나 이미 때는 늦었다. 이 기습으로 신라군은 대승을 거두었고 백제는 막대한 피해를 입었다. 좌평 은상과 달솔(達率 : 2품) 자견(自堅) 등 10인의 장수와 군사 8,980인이 전사하고 또 다른 달솔 정중(正仲)과 사졸 1백여 명이 포로가 되었다. 신라군은 여기에 말 1만 필과 투구·갑옷 1,800벌 및 수많은 무기들을 노획하는 대전과를 올렸다.

김유신은 다시 승장(勝將)이 되어 서라벌로 개선했다. 진덕여왕은 몸소 성문까지 마중 나와 김유신 일행을 맞아주었다. 실로 김유신이 없었다면 여왕과 신라의 운명은 어찌 되었을까. 김유신이 장년의 나이에 혜성같이 나타나 상승장군(常勝將軍) 역할을 해주었기에 나라가 유지되는 형국이었다.

그러나 이는 힘겹게 백제의 공세를 막아내는 정도였다. 의자왕은 결코 신라 공략을 포기할 인물이 아니었다. 지금은 김유신이 잘 막아내고 있지만 그렇다고 패전하지 말라는 법은 없었다. 그렇게 되면 신라의 운명은 누구도 보증할 수 없었다.

진덕여왕은 역시 당나라에 기댈 수밖에 없다고 생각했다. 그러나 설상가상으로 당 태종이 세상을 떠났다. 재위 23년만인 649년의 일이다. 진덕여왕은 당 고종의 즉위를 축하하는 한편 태종이 김춘추에게 한 약속 이행을 촉구하기로 했다. 진덕여왕은 오언시(五言詩) '태평송(太平頌)'을 비단에 수놓아 김춘추의 아들 법민(法敏 : 훗날의 문무왕)을 통해 고종에게 보냈다.

대당(大唐)이 왕업을 창업하매
황제의 높은 포부 장하기도 하셔라.
……
하늘을 대신한 은혜도 장하시니
만물을 다스려서 제가끔 빛을 내네.
……
황제의 칙명 거부하는 외방의 오랑캐는
한칼에 멸망하여 천벌을 받으리라.
……

'황제의 칙명 거부하는 외방의 오랑캐는 / 한칼에 멸망하여 천벌을 받으리라'는 백제를 겨냥한 말이다. 어서 구원군을 보내 백제를 멸망시켜 달라는 간절한 호소였다. 이런 애절한 내용을 담은 '태평송'을 김춘추의 아들 법민에게 들려 보낸 것은 아버지 태종이 춘추에게 약속한 20만 대군을 빨리 보내달라는 뜻이었다.

이렇게 애타게 당의 구원군을 기다리는 진덕여왕의 마음을 아는지 모르는지 당 고종은 대답이 없고 오히려 세월은 진덕여왕을 데려가고 말았다. 재위 8년(654) 3월의 일이다. 진덕여왕의 승하 소식을 들은 당 고종은 영광문(永光門)까지 나가 애도의 뜻을 표하고 대상승(大常丞) 장문수(張文收)를 특절사로 삼아 서라벌에 보내어 조제(弔祭)했다.

진덕여왕의 죽음으로 온 서라벌 사회가 술렁였다. 신라 왕위 계승 문제 때문이었다. 『삼국사기』 진덕왕 조에 "국인이 시조 혁거세부터 진덕왕에 이르기까지 28대왕을 성골이라 하고"라고 적은 대로 진덕여왕은 신라의 마지막 성골이었다. 골품에 따른 왕위 계승 원칙은 변화가 불가피했다. 성골의 대가 끊김으로써 이제 무수히 많은 진골 중에 누가 진덕여왕의 뒤를 잇느냐가 핵심 현안이었다.

진덕왕이 돌아가자 서라벌의 구세력들은 호족 연합정권의 수립을 계획했다. 이들은 이찬 알천(閼川)을 내세워 정권을 장악하기로 방침을 정하고 이찬 알천에게 섭정을 맡아줄 것을 요청했다. 왕도 아닌 섭정을 제의한 것은 명목상의 수장을 내세우고 배후에서 실권을 장악하려는 의도였다. 성골의 혈통이 끊긴 이상 구세력들의 이런 의도는 관철되는 듯했다.

그러나 이런 구도에 강력히 반발하는 인물이 있었다. 바로 김유신이었다. 진덕여왕이 세상을 떴을 때 그의 나이 60이었다. 조혼(早婚)의 시대, 증손자의 재롱을 볼 나이였다. 그런 그가 죽음을 등 뒤에 달고 다니며 전선을 누빈 것은 김춘추를 왕으로 만들기 위해서였다. 젊은 시절 축국을 하다가 옷고름을 밟아 떨어뜨려 김춘추를 집안으로 끌어들일 때 그의 목표는 결정되었다. 비록 중간에 춘추가 변심을 하는 바람에 차질이 생기기는 했지만 지금은 정상대로 되돌아온 상태였다. 세상사가 뜻대로 되지 않아 너무 많은 시간이 흘렀지만 김유신은 한 번도 그 목표를 잊은 적이 없었다.

김춘추를 임금으로 만들고 자신의 조카를 후사로 삼는 것이 망국 가야계의 왕손이 신라 사회에 복수할 수 있는 최선의 방법이라고 그는 생각했다. 이리하여 망국민의 광복과 가야계의 찬란한 부활과 설움의 세월에 대한 보상을 받고 싶었다.

또한 이는 신라의 발전을 위해서도 불가피한 선택이었다. 서라벌 구세력으로는 현재의 난국을 극복할 수 없었다. 물론 알천이 선덕여왕 7년(638)에 여왕을 대신해 순무(巡撫)에 나서서 민심을 안정시키는 등 한때 공을 세우기도 했으나 지금은 그때와 달랐다.

지금은 과거처럼 서로의 국체(國體)가 굳건한 상황에서 영토를 뺏고 빼앗기는 공방전 시대가 아니었다. 전부 아니면 전무, 승리 아니면 멸망인 전면전의 시대였다. 이런 시대에는 국력을 한 곳으로 집결할 수 있는 강력한 체제가 필요했다. 그러므로 진골 귀족들이 대대로 누려왔던 기득권 수호 차원에서의 국가 체제는 곧 백제나 고구려에게 우리를 멸망시켜 달라는 초청장을 보내는 것이나 다름없었다.

김유신은 자신이 직접 나서기로 결심했다. 그는 섭정 추대 당사자인 알천을 직접 만나 담판을 지었다. 『삼국유사』에 따르면 알천은 담력이 센 인물이었다. 진덕여왕 때 알천, 임종, 술종, 호림, 염장, 유신 등 여섯 사람이 남산 우지암에 모여 나랏일을 의논하던 도중 큰 범한 마리가 좌중에 뛰어들었다. 모두들 놀라 일어섰지만 알천공만은 조금도 움직이지 않고 태연히 담소하면서 범의 꼬리를 잡아 땅에 메쳐 죽였다고 기록되어 있다.

『삼국유사』는 또 "알천공의 완력이 이처럼 세었으므로 그를 수석(首席)에 앉혔으나 모든 사람들은 유신공의 위엄에 심복했다"고 적고 있다. 이처럼 알천이 구주류의 대표였다면 유신은 신주류의 대표로서 전선에서 쌓은 실력이 있었다.

담판 결과 『삼국사기』 김유신 조에 "진덕왕이 돌아가고 후사가 없으니, 유신이 재상 알천 이찬과 의논하고 춘추 이찬을 맞아 즉위케 했다"고 기록되어 있는 대로 알천이 김유신에게 굴복해 김춘추에게 왕위를 양보하게 되었다. 섭정으로 추대받은 알천은 이렇게 사양한다.

"나는 나이 많고 이렇다 할 덕행도 없다. 지금 덕망이 높기는 춘추공만 한 이가 없으니 그는 실로 세상을 건질 영웅이라 할 수 있다."

『삼국사기』는 "군신이 드디어 춘추를 추대하여 왕을 삼으니, 춘추는 재삼 사양하다가 마지못해 왕위에 올랐다"고 하여 서로 간의 양보에 의한 왕위 계승인 것처럼 기술하고 있으나 실제로는 치열한 권력 다툼이 전개되었다. 알천이 끝내 양보하지 않았다면 내전이 일어나지 않았을까.

김춘추는 즉위 직후 아버지 용춘을 문흥대왕(文興大王), 어머니를 문정태후(文貞太后)라 추봉하고 옥에 갇힌 죄수를 대대적으로 사면했다. 이로써 성골의 시대가 가고 진골의 시대가 도래했다. 그것은 김춘추의 시대이자 김유신의 시대이기도 했다. 그리고 백제, 고구려에 밀리던 신라가 대반격에 나서 전세를 뒤집는 역전의 시기를 알리는 서막이었다. 삼국 통일전쟁의 시대는 이렇게 열리고 있었다.

1퍼센트 전쟁

16

분열하는 백제

귀신 하나가 대궐 안에 들어가, "백제는 망한다! 백제는 망한다!"라고 소리쳤다.
의자왕이 사람을 시켜 그 귀신이 들어간 땅을 팠더니 석 자 가량 되는 깊은 곳에서
거북 한 마리가 나왔는데, 거북의 등에는 "백제는 둥근 달과 같고
신라는 초승달과 같다"는 글이 쓰여 있었다.

『삼국사기』 의자왕 20년조(660)에서

고구려와 손잡은 의자왕

의자왕은 전세를 뒤집을 결정적 계기가 필요하다고 판단했다. 즉위 초반 전격적으로 군사를 일으켜 신라의 40여 성을 빼앗고 대야성을 공격해 성주 김품석을 전사시킨 전기가 이번에도 필요했다. 의자왕은 누구도 예측할 수 없는 작전을 펼쳐 한 번 공격으로 신라와 당나라 모두를 충격에 빠뜨릴 수 없을까 고민했다.

당나라는 근래들어 노골적인 협박을 가해오고 있었다. 의자왕은 재위 11년(651)에 당나라에 사신을 보냈는데, 그가 가져온 답신을 보고 격분했다. 『삼국사기』 의자왕 본기에 기록된 당 고종의 답서는 국서라기보다는 노골적인 협박이었다.

……지난해에 고구려와 신라 사신들이 함께 입조했을 때, 짐(당 고종)이 그들에게 옛 원한을 풀고 화목을 도모하라고 말했더니, 신라 사신 김법민(金法敏 : 무열왕의 아들이자 훗날의 문무왕)이 이렇게 아뢰었다.

"고구려와 백제는 입술과 이빨처럼 서로 결탁하여서 군사를 일으켜 번갈아 침략을 하여 우리 신라의 큰 성과 중요한 진들이 모두 백제에게 빼앗긴 바가 되어 강토는 날로 줄어들고, 위신은 없어져 가니 원컨대 백제에 명령해 빼앗아 간 성을 돌려주게 하소서. 만일 황제의 명령을 듣지 않는다면 우리는 즉시 군사를 일으켜 그들을 쳐서 빼앗긴 땅을 되찾고, 즉시 화친을 맺겠습니다."

짐은 그의 말이 사리에 맞으므로 승낙하지 않을 수 없었다⋯⋯. 왕 (의자왕)이 겸병한 신라의 성들은 모두 돌려주어야 할 것이며, 신라는 사로잡은 백제의 포로들을 왕에게 돌려주어야 할 것이다⋯⋯. 왕이 만일 이 분부에 순종하지 않는다면 법민이 말한 대로 신라에서 왕과 결전하도록 내버려둘 것이며, 또 고구려와 약속하여 멀리서 서로 구원하지 못하게 할 것이다. 고구려가 만일 명령을 거역한다면 즉시 거란과 모든 변방 번으로 하여금 요수를 건너 깊이 들어가서 쳐부수게 할 것이니 왕은 나의 말을 깊이 생각하여⋯⋯ 후회함이 없도록 하라.

국서를 다 읽은 의자왕은 이를 북북 찢어버렸다. 그러면서 수나라 문제에게 협박에 가까운 국서를 받은 영양왕이 이듬해 요하를 건너 요서를 공격했던 일을 떠올렸다. 의자왕은 당나라에 보다 적극적인 조치가 필요하다고 생각했다. 물론 국서의 위협에 굴복해 단 한 치의 땅, 한 개의 성이라도 돌려주는 일 따위는 하지 않았다. 그렇다고 고구려 문제를 아직 해결하지 못한 당나라가 신라를 도와 군사를 일으켜 백제에 쳐들어올 수는 없었다.

김춘추가 신라의 임금이 되었다는 소식을 듣고도 의자왕은 그리 놀라지 않았다. 김춘추와 김유신이 연합 정권을 형성한 마당에 이는 충분히 예상됐던 일이었다. 그는 오히려 보다 적극적인 방책을 써서 김춘추와 김유신의 결합이 아무 소용이 없다는 점을 내외에 분명히 보여주고 싶었다. 그리고 당나라의 발을 묶어 당나라의 개입을 원천 봉쇄하기로 결심했다.

국서를 받은 이듬해 정월 의자왕은 통상적인 사신을 당나라에 보냈다. 물론 땅을 신라에 돌려주지 않았으나 별 마찰은 없었다. 백제의 군신들은 당나라의 이런 처사에 안도의 한숨을 내쉬었지만 의자왕은 달랐다. 그는 당나라가 더 이상 빼앗은 성이나 땅에 대해 왈가왈부하지 못하게 만들려고 했다. 이를 위해 그는 고구려와 긴밀하게 협조했다.

당 고종의 국서에 쓰어 있는 고구려에 대한 협박은 의자왕이 연개소문과 한시적인 협조 체제를 구축하는 데 큰 도움이 되었다. '고구려가 만일 명령을 거역한다면 즉시 거란과 모든 변방 번으로 하여금 요수를 건너 깊이 들어가서 쳐부수게 할 것이니' 라고 한 당 고종의 국서 내용을 알려주자 연개소문은 격분했다.

불세출의 영웅이라던 당 태종 이세민의 친정군을 꺾어 기세가 하늘까지 오른 연개소문이었다. 그런 인물이 '고구려가 명령을 거역한다면 쳐부수겠다' 는 내용의 국서를 곱게 보아 넘길 리 만무했다. 연개소문은 의자왕의 연합 작전에 선뜻 동의했다.

연개소문의 동의를 받은 의자왕은 면밀하게 작전 계획을 짰다. 이번 군사 작전에는 고구려와 함께 말갈군도 가담했다. 연개소문이 말갈군까지 동원하겠다고 말했을 때 의자왕이 이를 거부할 이유는 없었다. 숫자가 많을수록 상대에게 큰 타격을 줄 수 있는 법이었다.

드디어 의자왕 재위 15년(655) 8월 백제군은 고구려·말갈 연합군과 함께 전격적인 군사 작전을 단행했다. 근래 신라의 모든 신경이 백제와 맞닿아 있는 서부 국경에 집중되어 있는 점을 역이용해 신라 북부 국경을 노렸다. 연합군은 신라 북부 국경을 물밀 듯이 밀고 내려와 삽시간에 33개의 성을 빼앗았다.

고구려·백제·말갈 연합군의 공격에 신라 조정은 충격을 받았다. 이때는 김춘추가 왕위에 오른 지 2년째 되는 해였다. 이 소식을 접한 태종 무열왕 김춘추는 황급히 당나라에 사신을 보냈다. 그는 당나라에 "백제·고구려·말갈 연합군이 우리 북쪽 영토를 침략해 30여 성을 함락시켰다"고 보고하며 구원병을 요청했다.

당으로서도 이번 공격은 충격이었다. 이는 지난 2월의 고구려 공격에 대한 응답이 분명했다.

6개월 전인 655년 2월, 당 고종은 정명진과 소정방(蘇定方)에게 군사를 주어 요하를 건너게 했다. 고구려는 당나라 군사의 수가 많지 않자 수성 대신 공격으로 나왔다. 성문을 열고 귀단수(貴湍水)를 건너 맞서 싸운 이 전투에서 약 1천여 명의 고구려 군사가 전사했다.

이 전투에서 승리를 거둔 정명진은 고구려의 주력군이 나타나기 전에 성 외곽과 촌락에 불을 지르고 퇴각했다. 당나라는 이세민의 친정 실패 이후 끊임없이 소규모 군사를 보내 고구려를 괴롭히는 제한전을 자주 펼쳤는데 이번 전투도 그중 하나였다.

고구려가 백제·말갈 연합군과 신라 북쪽 변경을 공격한 것은 이 싸움에 대한 응전이자 당 고종에게 보내는 선전포고였다.

그러나 당 고종은 고구려의 이 도발에 적극 대응하지 않았다. 지금처럼 소규모 국지전으로 일관하는 것이 현명한 처사라고 생각했다. 섣불리 전쟁을 일으켰다가 다시 패전하는 날에는 수 양제 꼴이 되지 않는다는 보장이 없었다. 그래서 당나라는 신라의 구원 요청을 외면했다.

이에 신라는 단독으로 연합군에 대항할 수밖에 없었다. 당나라 구원군이 오지 않는다는 사실이 알려지자 신라의 군신과 장수들은 두려움에 떨었다. 당나라가 수수방관하는 가운데 연합군이 전면 침공을 개시한다면 신라는 멸망할 수밖에 없다는 공포감이 신라 조정을 휩싸고 있었다.

이 상황에서 내보낼 장수는 김유신밖에 없었다. 그러나 김유신의 나이 벌써 예순하나였다. 나이가 많은 데다 만에 하나 김유신이 패전하기라도 한다면 반란이 고개를 내밀지도 모르는 상황이었다. 김춘추는 김흠운(金歆運)을 불렀다.

"이 국난에 내가 너를 부른 이유를 알겠느냐?"

김흠운은 김춘추의 사위였다. 어려서 8세 풍월주 문노 밑에서 무예를 연마했다. 내물마립간의 8대손인 명문가로 명예와 기개를 유독 중시했다. 화랑 시절 적과 싸우다 전사하여 명성을 남긴 화랑들의 일을 언급하면 김흠운은 개연히 눈물을 흘렸다. 이를 보고 동문 승려 전밀(轉密)은 이렇게 말했다.

"만약 이 사람이 적진에 다다른다면 반드시 돌아오지 않을 것이다."

김흠운은 김춘추가 자신을 부른 이유를 직감했다.

"제가 대왕의 지극한 총애를 입었고, 우리 가문은 이 나라의 보위에 무한 책임이 있으니 제가 무엇을 꺼리겠습니까."

김흠운은 풍전등화의 위기에 처한 나라를 구하기 위해 출전을 자청했다.

"내 너를 낭당대감(郎幢大監)으로 삼을 테니 국난 극복의 간성이 되라."

명을 받은 김흠운은 곧바로 군사를 이끌고 출정했다. 그는 백제 영토 깊숙한 양산(陽山 : 충청북도 영동)까지 들어가 진을 쳤다. 그는 때를 보아 조천성(助川城 : 영동 비봉산성)을 기습 공격할 생각이었다.

그러나 그의 군사 행렬이 백제군의 정보망에 포착되고 말았다. 바로 그날 밤 백제 군사들이 밤을 타고 엄습해서 이른 새벽에 군루(軍壘) 사이로 쳐들어왔다. 깊은 안개가 깔려 있었기 때문에 신라군은 이를 전혀 눈치 채지 못했다. 한참 잠을 자던 신라 군사들은 이른 새벽의 기습에 어쩔 줄을 몰랐다. 백제군은 그 틈을 타서 화살을 쏟아 부었다.

김흠운은 황급히 말에 올라 창을 비껴들고 백제군이 가까이 다가오기를 기다렸다. 이를 본 대사(大舍) 전지(詮知)가 말리고 나섰다.

"적군이 어두운 밤에 쳐들어와 지척을 분간할 수 없고 형세가 불리합니다. 더구나 공은 신라의 귀족이며 대왕의 사랑하는 사위이니, 만약 적군의 손에 죽는다면 백제의 자랑거리가 되고 신라의 수치가 됩니다."

그러나 김흠운은 완강했다.

"대장부로 태어나 이미 목숨을 나라에 바치기로 맹세했거늘 어찌 명성을 구하겠는가?"

백제군이 다가오는데도 김흠운이 버티고 서서 움직이지 않자 부하들은 말고삐를 잡고 피하라고 거듭 권했다. 김흠운은 백제군이 가까이 오자 박차를 가해 앞으로 달려나갔다. 그는 창을 휘두르며 적진에 돌입해 몇 사람을 죽이고 장렬하게 전사했다. 이를 본 태감(太監) 예파(穢破)와 소감(小監) 적득(狄得)이 적진으로 달려나가 싸우다가 또한 죽고 말았다.

보기당주(步騎幢主) 보용나(寶用那)는 김흠운의 전사 소식을 듣고 이렇게 말했다.

"김흠운은 권문세가의 귀족인데도 오히려 죽음을 두려워하지 않았다. 나는 살아서 나라에 보탬될 것이 없는데 죽은들 무슨 손실이 있겠는가?"

보용나도 적진에 달려들어 분투하다가 전사했다.

김춘추는 김흠운과 예파에게는 일길찬(一吉湌 : 제7관등)을, 보용나와 적목에게는 대내마(大奈麻 : 제9관등)를 증직했다. 그리고 신라 사람들은 양산가(陽山歌)를 지어 김흠운의 죽음을 애도했다. 이처럼 왕족이자 김춘추의 사위인 김흠운의 전사는 신라인들에게 많은 감동을 주었으나 전과로 따지면 패전임에 틀림없었다.

김춘추는 사위의 전사에 망연자실했으나 지금은 슬퍼할 겨를이 없었다. 자칫하면 나라가 멸망할 위기 상황이었다. 그는 어쩔 수 없이 김유신을 바라보았다. 예순하나의 노장 김유신에게 싸움터에 나가라고 권하기는 곤란했다. 게다가 그는 자신의 왕위를 지켜주는 방패막이 역할을 하고 있었다. 그러나 지금은 왕위보다 백제의 공격을 막는 것이 더 시급했다.

김유신은 김춘추의 의도를 알아차렸다. 그래서 김흠운의 전사 소식이 전해지자마자 출전을 자청했다. 김유신은 연합군이 신라 북쪽 영토를 침략한 다음 달인 9월 군사를 이끌고 출전했다.

김유신은 백제의 허를 찌르기로 결심했다. 그가 군사를 이끌고 진군한 곳은 김흠운이 전사한 양산이었다. 신라의 왕족을 전사시켜 사기가 오를대로 오른 백제군에게 승리를 거둔다면 다른 곳을 공격하는 것보다 몇 배의 효과를 얻을 수 있었다. 또한 이는 김흠운의 복수이기도 했다.

그러나 김유신은 조천성을 공격하지 않았다. 그의 목표는 그 근처의 도비천성(刀比川城 : 충북 영동군 양산면)이었다. 도비천성은 조천성의 승리의 승리에 취해 방비를 소홀히하고 있었다. 김유신은 백제가 김흠운을 기습 공격한 방식대로 도비천성을 공격해 승리를 거두었다. 느닷없이 나타난 신라군을 발견했을 때는 이미 늦었다.

이 승리 소식에 신라의 인심이 비로소 안정되었다. 백제 · 고구려 · 말갈 연합군의 공격에다 뒤이은 김흠운의 전사로 곧 나라가 망할 듯한 두려움에 떨던 신라의 군신들도 김유신이 바로 김흠운이 전사한 양산의 도비천성을 공격해 승리를 거두었다는 소식에 환호했다.

이에 감격한 김춘추는 자신의 어린 딸을 김유신에게 시집보냈다. 『삼국사기』 무열왕 2년(655) 10월 조의 "왕녀 지조(智照)가 대각찬(大角湌) 김유신에게 하가(下嫁)하였다"는 구절은 이 결혼을 말해주고 있다. 김춘추는 자신의 셋째 딸인 지조를 환갑이 넘은 김유신에게 선물로 주었다.

이로써 김유신은 김춘추의 손위 처남인 동시에 사위가 되었다. 김춘추 또한 김유신의 매제이자 장인이 되었다. 둘은 떼려야 뗄 수 없는 독특한 이중 혈연을 맺었다.

멸망의 징조

의자왕은 백제·고구려·말갈 연합군을 이끌고 신라 북부 영토를 공격하기 6개월 전에 태자궁(太子宮)을 중수했다. 『삼국사기』에는 그해 "봄 2월에 태자의 궁을 수리하였는데 극히 사치스럽고 화려했으며, 왕궁 남쪽에 망해정(望海亭)을 지었다"고 기록하고 있다.

『삼국사기』에는 이 기사를 필두로 의자왕의 실정과 백제의 멸망을 예견하는 듯한 두 종류의 기사가 잇따라 등장한다.

망해정을 지은 석 달 후인 여름 5월에 "붉은 말이 북악의 오함사(烏含寺)에 들어와 울면서 불당을 돌다가 수일 후에 죽었다"는 하늘이 백제의 멸망 징조를 미리 보여주었다는 내용의 기사이다.

의자왕의 실정을 지적하는 기사는 이듬해(656) 봄 3월에 나온다.

의자왕이 궁녀들을 데리고 음란과 향락에 빠져서 술 마시기를 그치지 않으므로 좌평 성충(成忠)이 이를 말렸더니 왕이 성을 내어 옥에 가

두어 버렸다. 다시는 감히 말하는 자가 없었다. 성충은 옥에서 말라죽었다.

의자왕이 향락에 빠져 궁녀들을 데리고 음란한 짓을 자행하자 충신 성충이 말렸으나 듣기는커녕 옥에 넣었다는 기사이다. 의자왕은 과연 음란을 말리는 충신을 옥에 넣어 죽인 것일까? 성충은 죽기 전에 의자왕에게 이런 내용의 글을 올린다.

"충신은 죽어도 임금을 잊지 않는 법이라 하였으니 한마디 말을 올리고 죽으려 하나이다. 신이 항상 시세의 변화를 관찰하고 있었는데 곧 전쟁이 일어날 듯합니다. 무릇 군사를 쓸 때는 반드시 그 지리를 살펴야 하는데 상류(上流)에서 대적을 맞아야만 군사를 보전할 수 있습니다. 만약 다른 나라 군사가 쳐들어오면 육로로는 침현(沉峴 : 혹은 탄현)을 지나오지 못하게 하고, 수군은 기벌포(伎伐浦 : 금강 하류) 언덕으로 들어오지 못하게 하며, 험난한 곳을 의지해 막아야 견딜 수 있을 것입니다."

성충이 염려하는 다른 나라〔異國〕는 당을 의미했다. 충신 성충은 이처럼 당나라 군사의 침략을 예고했는데 황음에 빠진 의자왕이 간언을 듣기는커녕 이런 충신을 죽였다는 것이다.

그런데 의자왕 15년의 태자궁 중수 기사는 17년의 다음 기사와 관련지어 해석해야만 한다.

봄 정월에 의자왕의 서자 41명을 좌평으로 제수하고 그들에게 각각 식읍(食邑)을 주었다.

의자왕이 태자궁을 중수한 것과 자신의 서자 41명을 좌평으로 임명하고 각지를 식읍으로 주어 다스리게 한 기사는 서로 관련이 있다. 이는 즉 왕권의 강화를 의미한다. 당시 대성 8족으로 대표되는 백제의 호족들은 합의기구를 통해 국왕을 심하게 견제했다.

성왕 때에 좌평을 역임했던 인물들로는 좌평 연모(燕謨), 상좌평 사택기루(沙宅己婁), 중좌평 목협마나(木劦麻那), 중좌평 마치(麻齒), 하좌평 목윤귀(木尹貴) 등이 있었는데 이중 성씨를 알 수 없는 중좌평 마치를 제외한 나머지는 모두 대성 8족이었다.

성왕이 관산성 전투에서 전사한 이후 백제의 왕권은 이들 대성 8족에게 크게 제약받았다. 무왕이 재위 말기에 이르러서야 아들 의자를 태자로 임명할 수 있었다는 사실은 왕위 계승 문제에 이들 귀족들이 직접 개입하고 있었음을 시사한다.

무왕이 말년에 20여 리 떨어진 곳에서 물을 끌어다가 방장선산을 만들고 대왕포에서 잦은 연회를 베푼 것은 전쟁에 지친 그가 도교에서 휴식을 찾으려 한 몸짓이었겠지만 달리 보면 국왕의 향락 시설을 대규모로 지었다는 건 그만큼 왕권이 강화되었음을 뜻했다.

이런 점에서 의자왕이 태자궁을 중수하고 왕궁 남쪽에 망해정을 지으며, 서자 41명을 좌평으로 임명한 것은 왕권 강화 작업에 나섰음을 보여준다. 특히 41명의 서자를 좌평을 임명한 것은 대성 8족 등 전통 호족들의 큰 불만과 반발을 샀음에 틀림없다. 이는 호족들의 합의기구인 6좌평 제도를 붕괴시키기 위한 전략이었다.

중국 측 기록인 『북사(北史)』, 『주서(周書)』, 『한원(翰苑)』 등에 나오는 22부사(部司)에 관한 기록도 마찬가지이다. 『주서』 열전 백제 조에는 이런 기록이 나온다.

각기 부사가 있어 많은 일을 나누어 맡고 있다. 내관(內官)에는 전내부(前内部)·곡부(穀部)·육부(肉部)·외략부(外掠部)·마부(馬部) ··· 후궁부(後宮部)가 있으며, 외관(外官)에는 사군부(司軍部)·사도부(司徒部)·사공부(司空部) ··· 일관부(日官部) ··· 도시부(都市部)가 있다.

여기에 기록된 22부사의 장을 좌평이라고 쳐도 그 숫자는 6좌평과 합쳐 28명에 불과한데 한꺼번에 41명의 좌평을 새로 임명했다. 그러자 좌평을 맡고 있던 백제의 구세력들은 의자왕에게 강력히 반발했다. 그중의 한 명이 임자(任子)였다.

의자왕 15년(655), 김유신은 조미곤(租未坤)이란 인물을 통해 임자에게 접근했다. 조미곤은 급찬(級飡 : 9품직) 계급으로 부산(夫山 : 진해 부근)현령으로 있다가 백제군의 침략 때 사로잡혀 끌려갔다.

백제의 수도 부여로 끌려간 그는 좌평 임자의 종이 되었다. 조미곤은 시키는 일에 부지런하고 정성을 다해 임자의 신임을 받았다. 조미곤을 신임한 임자는 그에게 마음대로 바깥출입을 허락했다. 그러자 그는 기회를 봐서 신라로 도망쳤다. 백제에 대한 정보에 굶주렸던 김유신은 그에게 백제 사정을 물었다. 조미곤은 백제의 전통 호족들이 의자왕에게 강력히 반발하고 있다는 중요한 정보를 제공했다. 임자 역시 의자왕의 왕권강화책에 큰 불만을 갖고 있다고 덧붙였다.

그러자 김유신은 조미곤에게 이런 제안을 한다.

"임자가 백제의 국사를 전담한다 들었는데 그와 함께 의논하고 싶은 일이 있었으나 그럴 기회가 없었다. 그대가 나라와 나를 위해 다시 돌아가 내 말을 전할 수 있겠는가?"

"공이 저를 못나게 여기지 않으시고 이렇게 친히 일을 맡기시니 비록 죽더라도 여한이 없이 일을 수행하겠습니다."

조미곤은 다시 백제로 잠입해 임자의 집으로 찾아가 이렇게 말했다.

"이 종이 이제 이 나라의 백성이 되었으니 나라의 풍습을 알아야겠기에 나가서 수십 일 동안 돌아다녔습니다. 개와 말이 주인을 잊지 못하는 것처럼 이 마음을 참을 수가 없어 다시 돌아왔습니다."

임자는 이 말을 곧이 듣고 아무런 책망을 하지 않았다. 그러나 조미곤은 쉽사리 김유신의 말을 전하지 못했다. 아무리 의자왕에게 불만을 갖고 있다지만 그는 백제의 국사를 전담하는 좌평이었다. 자칫 첩자라는 죄목으로 목이 떨어질지도 몰랐다. 한참을 망설이던 조미곤은 적당한 기회를 타서 임자에게 유신의 말을 전했다.

"지난번에는 죄를 받을까 두려워서 감히 바른대로 말하지 못했습니다. 사실은 신라에 갔다가 돌아왔는데 김유신이 대인께 말씀을 전하라고 하셨습니다. 그 말씀은 '나라의 흥망은 예측할 수 없으니 만일 그대의 나라가 망하면 그대가 우리나라에 의지하고, 우리나라가 망하면 내가 그대 나라에 의지하도록 하자'는 것이었습니다."

조미곤이 목숨 걸고 전한 유신의 말을 듣고도 임자는 묵묵히 앉아 있을 뿐 아무런 말이 없었다. 조미곤은 송구스럽고 두려운 마음으로 물러나와 처분만을 기다린 지 수개월이 되었다. 그러던 어느 날 임자가 조미곤을 불러 물었다.

"일전에 유신의 말을 다시 한 번 해보아라."

조미곤은 전에 했던 말을 그대로 반복했다. 임자가 바보가 아닌 이상 이 말뜻을 모를 리 없었다. 신라를 위해 정보를 제공해 달라는 말이었다. 임자가 조미곤에게 대답했다.

"네가 전한 말의 뜻을 잘 알았다. 가서 유신에게 알려라."

『삼국사기』 김유신 조는 이때 "조미곤이 드디어 신라로 와서 임자의 말을 전하고 그 외에도 백제의 다른 중외(中外)의 일도 상세하게 말하자 김유신은 백제를 병탄할 계획을 더욱 급하게 서둘렀다"고 적고 있다.

이처럼 백제는 의자왕의 왕권 강화에 불만을 품은 좌평 임자가 김유신과 내통할 정도로 내부 분열이 극심했다. 백제는 왕과 지배층 사이의 분열로 내부에서부터 붕괴되고 있었다. 의자왕은 이들 구세력들의 반발을 막고 새로운 주류 세력을 형성하는 데 실패했다. 의자왕에게 반발한 임자는 좌평의 신분으로 신라의 김유신과 내통했으며, 대좌평이었던 사택지적(沙宅智積)은 건강을 핑계로 내지성(奈祇城)으로 퇴거했다. 성충 역시 경우는 다르지만 의자왕에게 저항하다 옥사하고 말았다. 이렇듯 백제의 지배층은 단결해도 모자랄 판에 갈가리 찢어져 가고 있었다.

반면 신주류 세력이 주도권을 장악해 국력을 하나로 결집시킨 신라는 당나라의 군사 지원을 얻어내기 위해서 모든 노력을 기울였다. 그러나 의자왕은 이런 점들을 무시했다. 고구려에 발목 잡힌 당나라가 백제를 절대 침략하지 못할 것이라고 자신했다. 하지만 다급하고 간절한 심정으로 매달린 신라의 노력이 서서히 효과를 발휘하고 있었다.

신라의 거듭된 요청을 받은 당나라의 한반도 방침이 바뀌려는 조짐을 보이기 시작했다. 고구려와 장기간 대치로 한반도 정책이 답보 상태에 머물자 당나라는 백제 문제를 먼저 해결해 고구려를 고립시킨 후 신라와 양동 작전을 펼치자는 주장이 대두되었다.

당 태종의 고구려 공략이 실패한 이유 중에는 백제가 신라의 발을 묶어 전선이 요동 쪽에 국한된 것도 큰 몫을 차지했다. 당 태종이 고구려를 공격하자 신라의 선덕여왕은 3만 병력을 동원해 당의 고구려 정벌을 도우려 했다. 그러자 의자왕은 그 틈을 타 곧바로 신라의 일곱 성을 빼앗았다. 신라는 급히 김유신을 보내 백제를 공격을 막았다. 여당전쟁 때 고구려군과 신라군의 접전 기록이 없는 것은 고구려로 향하던 신라의 3만 대군이 중도에 회군했기 때문이다. 신라에 대한 백제의 공격이 없었다면 고구려는 남북 양쪽에서 적군을 맞아 싸워야 했으므로 전쟁의 양상은 달라질 수 있었다.

그리고 그 무렵부터 『삼국사기』에는 재변에 관한 기록이 자주 등장한다. 의자왕 19년(659) 2월에는 여우들이 떼를 지어 궁중으로 들어오고, 흰여우 한 마리가 상좌평(上佐平)의 책상에 올라가 앉았으며, 4월에는 태자궁의 암탉이 참새와 교미를 했다. 신라에서는 같은 해 9월 공주 기군강에서 길이가 백 척이나 되는 큰 고기가 나와 죽었는데 그 고기를 먹은 자도 죽는 재변이 발생했다.

이런 재변들 속에서 운명의 해 660년이 다가오고 있었다.

운명의 해

무열왕 김춘추는 초조했다. 벌써 여러 차례 당에 구원을 요청했으나 당에서는 아무 회답도 없었다. 김춘추는 656년 아들 김인문(金仁問)이 당나라에서 돌아오자 또 다른 아들 김문왕(金文汪)을 당나라로 보내 입조시키는 등 당나라 구원군을 끌어들이기 위해 갖은 노력을 기울였다.

반면 658년 6월 당나라 영주도독 겸 동이도호(東夷都護) 정명진과 우영군 중랑장 설인귀가 군사를 이끌고 고구려를 공격한다는 소식이 들려왔다. 김춘추와 김유신은 한심하게 생각했다. 고구려는 그런 소규모 공격으로 꺾을 수 있는 나라가 아니며, 전쟁이 일상화되면 백성들만 강해질 뿐이었다. 예상대로 정명진과 설인귀는 고구려에 참패하여 돌아가고 말았다.

김춘추는 다시 한 번 당나라에 사신을 보냈다. 김춘추는 이번에는 꼭 백제 원정군을 데리고 올 수 있도록 모든 노력을 기울이라고 특별히 명령했다. 재위 벌써 6년(659), 자신의 나이 58세였다. 그보다 더 큰 문제는 유신의 나이가 65세라는 점이었다. 김유신이 살아 있을 때 백제를 멸망시키지 못하면 언제 역습을 당할지 몰랐다. 이런 생각들이 김춘추를 초조하게 했다.

659년 가을이 되자 김춘추는 초조한 얼굴빛을 노골적으로 드러냈다. 김춘추가 어좌에 앉아 나랏일을 걱정하던 어느 날이었다. 그 앞에 이미 죽은 장춘(長春)과 파랑(罷郎) 비슷하게 생긴 사람이 나타나 말했다.

"신이 비록 백골이 되었지만 아직도 나라의 은혜를 갚으려는 마음이 있어서 어제 당나라에 들어가 보니, 황제가 대장군 소정방 등에게 명하여 군사를 거느리고 내년 5월에 백제를 공격하기로 한 사실을 알게 되었습니다. 지금 대왕께서 이처럼 근심하시는 것을 보고 미리 알려드리는 것이옵니다."

두 선신(先臣)은 말을 마치고 사라져버렸다. 김춘추는 꿈 같기도 하고 생시 같기도 해서 놀라며 기이하게 생각했다. 어쨌든 두 선신이 전한 내용은 김춘추가 바라 마지않던 일이었다. 김춘추는 장춘과 파랑 두 집 자손에게 후한 상을 내리고 곧 관리에게 명해 한산주(漢山州 : 서울)에 장의사(莊義寺 : 창의문 밖)를 세우고 그들의 명복을 빌게 했다.

그렇게 659년도 저물어가고 있었다. 그나마 다행인 것은 백제가 655년 이래 내분 때문에 군사를 일으키지 못했다는 점이었다. 이 기회를 노려 당나라와 연합군을 결성해 공격해야 하는데 당나라는 아직도 망설이고만 있었다.

그렇게 659년이 저물고 660년 새해가 밝아왔다. 660년 정월은 신라의 상대등 금강(金剛)의 죽음과 함께 시작되었다. 그 자리를 이찬 김유신이 이어받았다. 가야계 김유신이 드디어 신라의 귀족회의 의장이자 진골 사회의 얼굴인 상대등의 자리에 올랐다.

그의 나이 66세, 15세의 나이로 풍월주에 오른 지 무려 51년 만이었다. 이제 신라는 국왕 김춘추와 귀족회의 의장 김유신이 명실상부하게 왕권과 신권을 장악하게 되었다.

그 무렵 당 고종 이치(李治)는 김춘추의 둘째 아들 김인문을 불렀다. 김인문은 당나라 장안에서 숙위하고 있던 중이었다. 김인문은 긴장된 마음으로 당 고종 앞으로 나갔다. 이치가 물었다.

"백제 도로의 험준하고 평탄한 것이 어떠한가?"

"백제의 도읍은 사비성으로 전국을 다섯 구역으로 나눈 5방이 있사옵고, 그 아래 200여 개의 현이 있사옵니다. 그중에 중요한 것은 고사성(古沙城 : 전북 고부) · 웅진성(熊津城 : 공주) 등으로…….."

김인문은 상세하게 답변했다.

"내 그대를 신구도(神丘道) 행군부대총관으로 삼겠노라."

"예? 그게 정말이십니까?"

자신을 백제 원정군의 부대총관, 즉 부사령관으로 삼겠다는 말에 김인문의 가슴은 뛰었다. 비로소 백제 원정군 파견이 결정되었다. 당 고종은 백제를 먼저 정벌한 후 고구려를 원정하는 것이 전략상 유리하다고 판단했다. 신라를 이용해 백제와 고구려를 정벌한 다음 홀로 남은 신라를 요리하는 것은 별로 어렵지 않으리라고 생각했다.

드디어 서기 660년 3월, 고종은 좌무위대장군 소정방(蘇定方)을 신구도행군대총관으로 삼고, 김춘추의 둘째 아들 김인문을 부대총관으로 삼아 백제를 공격하라고 명령했다. 좌효위장군(左驍衛將軍) 유백영(劉伯英), 우무위장군 풍사귀(馮士貴) 등이 이끄는 수륙군(水陸軍)을 포함해 모두 13만 대군이었다.

고종은 이 전쟁에서 신라는 보조 역할이라고 생각했다. 태종 무열왕을 우이도(嵎夷道)행군총관으로 삼아 안에서 당군을 돕게 한 것이 이를 말해준다. 소정방은 대총관인데 태종 김춘추는 그보다 한 계급 낮은 총관이었다.

그러나 신라로서는 이의를 제기할 수 없었다. 일단 당나라 군사가 출병한다는 사실이 가장 중요했다. 드디어 백제군과 나당 연합군의 일대 격전이 서막을 올렸다.

당의 원정군이 출발할 무렵인 그해 4월 백제에서는 두꺼비와 개구리 수만 마리가 나무 위에 모이는 재변이 발생했다. 그리고 도시에서는 마치 누가 잡으러 오는 것처럼 도망가다가 엎어져 죽는 사람이 거의 1백 명이나 되는 재변도 있었다.

백제가 이런 재변 속에서 혼란에 빠져 있던 그해 5월 신라의 무열왕 김춘추는 전군에 비상동원령을 내렸다. 신라에는 전국적인 군사조직으로 보병군단인 6정과 기병군단인 10정이 있었다. 남천정은 기병군단인 10정에 속한 군사조직이었고, 10정은 그 예하 지원부대인 3천당(幢)을 갖고 있었는데 가능한 모든 병력을 동원했다.

김춘추는 김유신과 치밀하게 전략을 논의했다. 그 결과 둘은 백제에게 군사를 총동원해 공격한다는 사실을 비밀에 붙이기로 입을 모았다.

그해 5월 26일 태종 김춘추와 태자 법민(法民)과 상대등 김유신, 그리고 진주(眞珠)·천존(天存) 등의 장군들은 전 국력을 기울여 조직한 대군을 거느리고 서라벌을 출발했다. 군사들은 당연히 서쪽으로 행군할 것으로 생각했다. 그러나 부대가 향하는 방향은 백제가 있는 서쪽이 아니라 고구려가 있는 북쪽이었다. 그러자 고구려를 치러 가는 것이란 소문이 나돌았다. 그도 그럴 것이 서라벌을 출발한 부대는 북으로 북으로 행군해 그해 6월 18일 남천정(南川停 : 경기도 이천 읍내면)에 도착했다. 신라군은 이곳에 군진을 설치했다.

신라가 당군과 백제를 협공하려면 남천정이 아니라 음리화정(音里火停)으로 출격했어야 했다. 음리화정은 지금의 경북 상주 청리면으로 백제와 맞서고 있는 최전선이었다. 남천정은 백제가 아니라 고구려와 맞서는 최전선이었다.

김춘추와 김유신이 음리화정이 아니라 남천정으로 북상한 것은 백제와 고구려를 모두 혼란에 빠뜨리려는 교란 작전이었다. 당나라의 대군이 원정 준비를 하고 있다는 소문이 세 나라 모두에 퍼져 있었다. 당나라 원정군의 목표가 어디냐는 초미의 관심사였다. 그 목표를 말해주는 지표는 신라군의 행군 방향이었다. 신라군이 북쪽으로 행군하자 나당 연합군의 공격 목표가 백제가 아니라 고구려라는 소문이 나돌았다.

당군을 이끌고 오는 소정방이 이전에도 여러 차례 고구려를 공격한 적이 있어서 이런 소문을 그럴듯하게 만들었다. 산동반도의 내주를 출발한 당나라 13만 대군은 태종의 친정 이래 처음 보는 대규모 원정군이었다. 『삼국사기』에 일천 리에 뻗친 대선단이라고 기록될 정도로 위용이 대단했다.

이 대선단이 기항한 곳은 경기도 남양만의 덕물도(德物島 : 현 덕적도)였다. 이것도 신라군은 이천에서, 당군은 덕물도에서 고구려를 향해 북상하는 것처럼 보이려는 계략이었다.

소정방은 종자(從者) 문천(文泉)을 신라에 보내 덕물도 도착 사실을 알렸다. 고구려와 백제 양군은 당나라 대군의 행보에 촉각을 곤두세웠다. 무열왕은 태자 법민과 김유신, 진주 등에게 큰 배 1백 척과 병사들을 주어 덕물도로 보냈다. 신라군의 명목상의 대표는 태자 법민이었지만 실질상의 대표는 상대등 김유신이었다.

소정방과 김유신, 그리고 태자 법민은 덕물도에서 비로소 회합했다. 김유신은 이미 66세의 노장이었다. 그러나 소정방은 김유신보다도 많은 69세였다. 하북 지방 기주(冀州) 무읍(武邑) 출신인 소정방의 본명은 소열(蘇烈)이고, 정방은 자(字)인데, 15세 때인 수나라 말기에 부친을 따라 참전하며 전사의 길을 걸었으니 그 역시 50년 이상을 전선에서 보낸 타고난 무장이었다.

당나라가 개국한 뒤에는 이정 휘하로 돌궐 정복전에 참전했다. 원정 중에 2척(尺 : 60센티미터) 이상의 큰 눈이 내려 장수와 군사들이 모두 행군을 중지하자고 건의했으나 그는 진군을 고집했다. 그런 추위 속에 눈길을 뚫고 당군이 습격하리라고는 전혀 예상치 못했던 돌궐군은 느닷없이 나타난 당군의 습격에 일거에 무너졌고 소정방은 큰 명성을 얻었다. 소정방은 이런 크고 작은 전투를 수도 없이 치른 역전의 맹장이었다.

이런 소정방에게 태자 법민이 대군을 이끌고 온 데 대한 감사를 표시했다.

"우리 대왕께서 당의 대군이 오기를 오매불망 기다리고 있었사온데 지금 대장군이 오셨다는 말을 들으면 음식을 만들어 가지고 올 것입니다."

그러자 소정방은 크게 기뻐했다. 그리고 태자와 유신에게 전략을 설명했다.

"우리 당군은 해로로 남하할 테니 신라군은 육로로 내려와 7월 10일 백제의 왕도 사비성을 함께 칩시다."

남천정으로 돌아온 법민과 유신에게 당의 군세가 매우 강성하다는 말을 들은 무열왕은 크게 기뻤다. 드디어 백제를 멸망시킬 기회가 왔다고 생각했다. 무열왕은 태자 법민과 대장군 김유신, 장군 품일(品日), 장군 흠순(欽純)에게 정병 5만 명을 거느리고 백제로 진격해 당군과 합세하라고 명했다.

660년 여름, 백제와 나당 연합군의 운명적인 격전이 시작되고 있었다.

그 위대한 전쟁

17

재등장한 백제계

중대형황태자가 효덕천황에게 "왜(倭)의 경(京)에 옮기시기 바랍니다"라고
상주했으나 허락하지 않았다. 황태자는 황조모존(皇祖母尊 : 황극여제),
간인황후(間人皇后 : 효덕천황의 비)를 모시고 황제(皇弟)들을 거느리고
왜(倭)의 비조(飛鳥) 하변행궁(河邊行宮)에 가 머물렀다.
…이 때문에 천황은 원한을 품고 황위를 버리려고 생각하셨다.

『일본서기』 효덕천황 4년조에서

중대형황자의 고민

645년 6월, 중대형황자와 중신겸족은 소아입록을 비롯한 소아가를 척살하고 왜국의 권력을 장악했다. 둘 중에서도 중대형황자가 정변의 주역임은 말할 나위가 없었다. 중신겸족이 소개한 두 무사가 두려워 벌벌 떨고 있을 때 중대형황자가 고함을 지르며 태극전으로 달려가 대신 소아입록을 베었기 때문에 정변이 성공할 수 있었다. 그가 조금만 더 주저했다면 태극전에 피를 뿌린 인물은 소아입록이 아니라 중대형과 중신겸족일지도 몰랐다.

이 정변으로 황극여제가 퇴위했다. 경위야 어쨌든 자신의 눈앞에서 대신이 참살당하는 것을 못 막은 그녀는 재위에 계속 있을 경우 아들 중대형을 시켜 소아입록을 벤 것으로 인식될까 두려웠다. 그리고 자신의 친정격인 소아가를 몰락시킨 음모의 여인으로 기억되고 싶지 않았다.

황극이 퇴위하자 누구나 그 자리를 이을 인물은 중대형이라고 생각했다. 중대형은 황극여제의 장남이니 여제가 양위한 자리를 아들이 잇는 것은 자연스러워 보였다. 그러나 뜻밖의 인물이 중대형의 즉위를 반대하고 나섰다. 바로 중신겸족이었다.

중신겸족은 고인대형(古人大兄 : 후루히토오오에)황자와 경(輕 : 카루이)황자 핑계를 대며 중대형의 즉위를 반대했다.

"고인대형황자와 경황자가 있지 않습니까? 고인대형황자는 전하의 형이고, 경황자는 전하의 숙부이지 않습니까?"

전혀 예상치 못한 중신겸족의 말에 중대형은 당황했다. 그리고 분개했다.

고인대형은 중대형의 이복형제로 따지자면 서자인 셈이었다. 자신은 서명천황의 정비인 황극여제의 장남인 반면 고인대형은 소아도(蘇我島)대신의 딸 법제랑원(法提郎媛)의 아들이었다. 법률로 따져도 정비의 아들인 자신이 고인대형보다 우선인 게 당연했다.

또 소아를 참살하고 들어선 정권에 소아가 여인의 아들을 세운다는 것은 이치에 닿지 않았다. 중대형은 중신겸족이 말도 안 되는 논리로 자신의 즉위를 반대하는 것에 분개했다. 중대형의 분노를 아는지 모르는지 중신겸족의 말은 계속되었다.

"전하께서 황위를 이으신다면 아우로서 형을 따라야 한다는 정신에 어긋나는 것입니다. 그러니 잠시 동안 숙부 경황자를 세워 백성들의 희망에 따르면 좋지 않겠습니까?"

중신겸족의 본뜻은 경황자에게 있었다. 경황자에게 왕위를 넘겨주기 위해 고인대형을 끌어들였던 것이다. 중대형은 여기에 더 분개했다. 중신겸족이 원래부터 경황자와 친했음을 아는 까닭이었다. 정확히 말하면 친한 사이라기보다 경황자가 중신겸족을 깍듯이 모셨다.

황극 3년(644)에 중신겸족은 경황자의 궁을 방문한 적이 있었다.

그때 경황자는 자신이 사랑하는 총비 아배(阿倍)씨를 보내 별채를 깨끗이 쓸고 새로운 침구를 높이 깔아 세밀한 점까지 배려했다. 『일본서기』는 이때 경황자가 중신겸족을 "공경하는 것이 특이했다"고 적고 있는데, 이런 극진한 대우를 받은 중신겸족은 사인(舍人)을 보내 경황자에게 이런 말을 전했다.

"이처럼 특별하게 은택을 입는 것은 전부터 바라던 바에 지나치다. 경황자가 천하의 왕이 되는 것을 누가 감히 막을 수 있겠는가."

사인이 중신의 말을 전하자 경황자는 크게 기뻐했다. 중신겸족은 이때 이미 경황자를 천황으로 점찍어 놓았다. 그렇게 따지면 중신은 경황자를 왕위에 앉히기 위해 중대형황자를 이용한 셈이었다. 중대형이 이런 사정을 모를 리 없었다. 그래서 그는 중신겸족의 행위에 더욱 분개했다.

중신은 중신대로 계산이 있었다. 그는 중대형이 즉위할 경우 그의 세력이 지나치게 강해질 것을 우려했다. 그렇게 되면 자신은 소외될 수 있다는 위기감이 작용했다. 그렇다고 중대형을 정권에서 배제시킬 수는 없었다. 그래서 중신은 중대형에게 이렇게 제의했다.

"대신 황태자가 되어 실제로 조정을 움직이면 되지 않겠습니까?"

이렇게까지 말하자 중대형도 더 이상 반대할 수 없었다.

이미 물러나기로 동의한 황극여제는 중대형이 아닌 경황자가 후사로 결정되자 당혹했다. 자신이 직접 정변의 주역이 중대형임을 확인한 판국에 엉뚱한 인물이 즉위하는 것을 이해할 수 없었다. 그러나 황극여제는 중대형황자의 의견에 따라 경황자에게 왕위를 양보했다. 그러자 이번에는 경황자가 이를 받지 않았다. 그는 이렇게 사양했다.

"고인대형왕은 이전 천황(서명천황)의 아드님이시고 연장이시기도 합니다. 이런 두 가지 사실로 보아 고인대형께서 천황 자리를 이

으셔야 합니다."

이는 중신겸족과 사전에 짠 각본이었다. 그가 양보하려는 마음을 가졌으면 '고인대형'이 아니라 '중대형'이 자리를 이어야 한다고 말했어야 했다. 중대형은 '이전 천황(서명)'의 아들인데다 '지금 천황(황극)'의 아들이기도 하니 그 이상 적격자가 없었다. 게다가 오늘의 정권을 있게 한 장본인이 아닌가.

이 말을 들은 고인대형은 펄쩍 뛰었다. 이는 자신을 죽이려는 의도가 아닐까 의심했다. 그는 왕위에 미련이 없음을 보여주기 위해 불교에 귀의하기로 했다. 그래서 뒤로 물러나 합장한 양손을 가슴에 대고 이렇게 말했다.

"천황 폐하의 성지대로 경황자가 황위에 오르는 것이 좋겠습니다. 어찌 무리해서 신에게까지 사양하십니까. 저는 불가에 출가하려 합니다. 길야(吉野)에 들어가 불도를 닦으며 천황 폐하의 행운을 빌 생각입니다."

말을 마친 그는 몸에 차고 있던 칼을 풀어서 땅에 던지고 다른 사인들에게도 모두 칼을 풀게 했다. 그리고 법흥사의 불전과 탑 사이에서 스스로 머리와 수염을 깎고 가사를 입었다. 고인대형이 출가하자 경황자는 더 이상 사양할 명분이 없었다. 드디어 생각지도 않았던 중대형의 숙부 경황자가 황위에 올랐다.

그가 바로 제36세 효덕(孝德)천황이다. 퇴위한 황극천황은 황조모존(皇祖母尊)이라 높이고, 중대형을 황태자로 삼았다. 아배(阿倍)가 좌대신, 중대형의 장인 소아창산이 우대신이 되었다. 대금관(大錦冠)을 쓴 중신겸족은 새로 신설된 내신(內臣 : 우치쓰오미)을 맡았다. 내신은 좌우 대신보다 높은 자리로 새로운 체제의 실세였다.

효덕천황은 어차피 이름뿐이고 실제 조정을 이끄는 인물은 왕실의 중대형과 정무의 핵심 중신겸족이었다.

그러나 중대형은 자신이 즉위하지 못한 것에 대해 여전히 불만을 가졌다. 경황자는 이미 즉위했으니 어쩔 수 없지만 고인대형까지 끌어대어 자신의 즉위를 막은 처사를 괘씸하게 여겼다. 이복형 때문에 황위에 오를 수 없다면 그가 살아 있는 한 자신은 영원히 즉위하지 못할 것이라고 생각한 중대형은 고인대형을 제거하기로 결심했다.

고인대형은 길야로 출가해 몸을 숨겼으나 마음속에 깨달은 바가 있어 승려가 된 것은 아니었다. 당시 정치 상황에 떠밀린 억지 선택이었다. 효덕 원년(645) 9월 12일, 길비립신수(吉備笠臣垂 : 기비노가사노오미시다루)가 중대형황자를 찾아온 것이 고인대형에게는 비극의 시작이었다.

"길야에 있는 고인대형이 소아전구신천굴(蘇我田口臣川堀 : 다구치노오미가와호리) 등과 모반하려 합니다. 저도 그 일당에 들어 있었는데 죄책감을 느껴 자수합니다."

고변을 들은 중대형은 곧 군사를 출동시켰다. 고인대형은 저항할 만한 실력이 없었다. 고인대형과 그의 아들은 참살당하고 그의 비첩은 스스로 목을 매어 죽었다. 그가 실제 모반했는지는 알 수 없지만 어쨌든 중신겸족이 '아우로서 형을 따라야 한다는 정신'이라는 명분으로 그를 거론한 것이 이러한 비극을 불러왔다. 모반에 대한 고변을 천황이 아니라 황태자에게 했다는 사실은 효덕은 명목상 천황일 뿐이라는 사실을 말해준다.

실권을 쥔 황태자 중대형과 내신 중신겸족은 국가 체제의 정비에 나섰다.

두 사람은 중국의 전제 군주제를 모방해 처음으로 연호를 사용하기로 결정했다. 그렇게 결정된 연호는 대화(大化)로 645년이 대화 원년이 되었다. 연호는 정확하게는 원호(元號)라고 하고, 연호를 정하는 것을 건원(建元)이라고 하는데 '원(元)'은 처음을 의미한다.

연호의 사용은 새로운 군주의 치세를 의미함과 동시에 그 치세의 명호(名號)를 세운 군주의 권위를 나타내는 것이었다. 이로써 천황이 온 왜국 땅의 유일한 지배자가 되었음을 만방에 알렸다. 물론 실권은 중대형과 중신겸족이 쥐었지만 말이다.

정변을 성공시킨 중대형과 중신겸족이 가장 신경 쓴 문제는 백제였다. 그들은 이참에 왜국에서 백제계의 영향력을 완전히 배제하려고 마음먹었다. 비록 소아가는 척살했으나 아직 안심할 단계는 아니었다. 비조(飛鳥 : 아스카) 자체가 소아가의 뿌리였기 때문이다. 지금은 잠잠하지만 조금의 틈이라도 보이면 여기저기 숨어 있는 소아가의 잔존 세력들이 군사를 일으킬지도 몰랐다. 중대형과 중신겸족은 소아가의 뿌리를 완전히 제거할 수 있는 근본 대책이 필요하다는 데 의견을 같이 했다.

그래서 나온 대책이 바로 천도였다. 도읍을 옮기는 것만이 곳곳에 숨어 있는 소아가 세력을 무력화시키고 백제의 영향력을 왜국에서 배제하는 길이라고 생각했다. 중대형과 중신겸족은 효덕이 즉위한 해 12월에 도읍을 비조에서 난파(難波 : 지금의 오사카)로 옮겼다.

왜국에는 도읍을 옮기려 하면 쥐가 먼저 그곳으로 향한다는 속설이 있다. 『일본서기』에 도읍을 난파로 옮긴 후 "노인 등이 서로 '봄부터 여름까지 쥐가 난파로 향했던 것은 도읍을 옮기려는 징조였던 것이다'라고 말했다"는 기록이 이를 말해준다.

그리고 이듬해 정월 1일, 신년 축하의 예를 끝내고 '개신(改新)의 조(詔)'를 선포했다. 개신의 조는 크게 세 가지로 요약되며 그들의 스승 남연청안의 도움을 받아 작성했다.

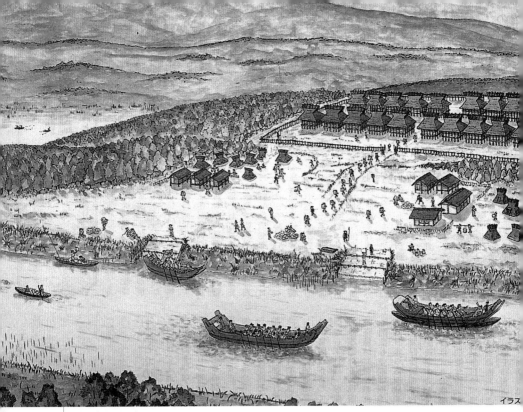

일본의 난파진 옛모습(상상도) 중대형황자는 대화개신 후 아스카에서 이곳으로 수도를 옮겼다.

첫째는 황족 및 중앙과 지방의 귀족과 호족들의 모든 영지와 부민(部民)의 사유제를 폐지하고 전국토, 전인민을 천황의 공지(公地)·공민(公民)으로 삼겠다는 것이었다. 둘째는 전국토를 수도와 그 주변 지역 및 국(國)·군(郡)·리(里)의 행정구역으로 편성한다는 것이었고, 셋째는 전국에 획일적인 세제를 마련한다는 것이었다.

이런 조치들은『일본서기』에 기록된 대로 상당히 세밀하고 복잡한 내용으로 진행되었지만 간단히 말하면 호족들의 지방자치 체제를 천황이 직접 다스리는 직할정치 체제로 전환하겠다는 의도였다.

물론 이런 조치들이 실현될지는 미지수였지만 외형적으로 왜국은 각 호족들이 자의로 다스리던 단계를 지나 천황을 정점으로 하는 단

일정치 체제로 접어들었다.

이 세 가지 조치는 중대형과 중신겸족에게 정변에 대한 명분과 질서를 부여했다는 데 중요한 의미가 있다. 단순히 한 집안을 꺾고 다른 집안이 지배자가 된 것이 아니라 권력을 사유한 '소아가'를 꺾고 이를 '천황'이란 공적 존재에게 돌린 것을 뜻했다.

그러나 이는 외형적인 모습이었고 실제로는 호족의 지배가 계속되었다. 그리고 중신은 소아가가 제거되어 공백이 된 자리를 자신이 차지하려고 했다. 중대형과 중신의 연합 정권은 이런 모순을 내포하고 있었다.

다시 비조로

효덕천황 재위 시절 아배대신이 세상을 떠나자 왜국 정권에 변화를 몰고 왔다. 천황은 주작문(朱雀門)에 나가서 통곡했고 황조모신, 즉 퇴위당한 상황 황극여제와 황태자를 비롯한 모든 공경들도 따라서 애곡했다.

아배대신의 사망은 조정의 역학 관계의 균형을 무너뜨렸다. 효덕천황 때의 조정은 황태자 중대형과 내신 중신겸족의 양두마차 아래 아배가 좌대신, 소아창산전이 우대신으로 보좌하는 체제였는데 그 한 축이 사라진 것이다. 이는 다시 말해 보좌 체제의 축이 중대형 중심으로 기울었음을 뜻했다. 홀로 남은 우대신 소아창산전은 중대형의 장인이었으니 말이다.

이처럼 조정의 세력 균형이 중대형 쪽으로 기울려 하자 이를 저지하려는 음모가 생겨났다. 그 초점은 소아창산전을 제거하는 데 있었다.

음모는 먼저 밀고의 형식으로 다가왔다. 소아창산전의 이복동생인 소아신일향(蘇我臣日向 : 히무가)이 중대형에게 이렇게 밀고했다.

"저의 이복형인 소아창산만려가 황태자께서 해변에서 노시는 틈을 타서 살해하려는 계획을 세웠습니다. 그 모반의 날이 멀지 않았습니다."

중대형황태자는 이 고변을 듣고 깜짝 놀랐다. 장인이 그럴 리가 없다고 생각했으나 밀고자가 이복동생이니 믿지 않을 도리가 없었다. 중대형은 자신이 직접 장인을 제거할 수는 없다는 생각에 천황에게 이 사실을 알렸다.

효덕천황은 대반박련(大伴縺連 : 고마노무라지)과 삼국마려공(三國麻呂公 : 마로노기미) 등을 소아창산에게 보내 모반의 진위 여부를 물었다. 소아창산은 이렇게 답했다.

"물어보신 것은 천황을 직접 뵌 자리에서 말씀드리겠습니다."

그러나 효덕천황은 알현을 허락하지 않았다. 이것이 바로 의심스러운 점이었다. 중대한 혐의를 받고 있는 우대신이 알현을 요청하는데 이를 허락하지 않는다는 것은 모종의 흑막이 있다는 이야기였다. 효덕은 중신겸족 때문에 천황이 될 수 있었다는 점에서 이 알현거부는 심상치 않았다.

알현을 거부한 효덕천황은 삼국마려공 등을 다시 보내 상세한 사정을 묻게 했다. 소아창산전은 이번에도 똑같이 대답했다. 천황을 직접 만나 말하겠다는 것이다. 그러자 천황은 크게 화를 내며 군대를 보내 소아창산전의 집을 에워쌌다.

소아창산전은 천황의 군대가 집에 도착하기 전에 법사(法師)와 적저(赤猪), 두 아들을 데리고 큰아들 흥지(興志)가 있는 곳으로 도망갔다. 흥지는 산전(山田)에 있는 집 근처에서 절을 만들고 있었다.

산전사(山田寺)를 짓는 데 여념이 없던 흥지는 아버지와 동생들이 쫓겨온다는 소식을 듣고 마중을 나갔다. 홍지는 누구보다도 충성심이 강했던 아버지가 이런 상황에 빠진 것에 격분했다. 분노한 그는 아버지를 마중해서 이렇게 말했다.

"제가 먼저 가서 군사와 맞서 싸우겠습니다."

그러나 소아창산은 허락하지 않았다. 어쨌든 천황의 군대였다.

다음 날 소아창산은 맏아들 홍지를 불러 물었다.

"너는 몸을 아끼는가?"

"아끼지 않습니다."

대답을 들은 소아창산은 장자 홍지와 절의 여러 승려들에게 자신의 결심을 토로했다.

"무릇 신하된 자가 어찌 주인에게 반역을 생각하랴. 어찌 아비에게 효도의 길을 잃을 것인가. 이 절은 나 자신을 위해 지은 것이 아니다. 천황을 위해 서약하고 받들어 지은 것이다. 지금 나는 소아신일향에게 참소당하여 죽음을 당할 지경에 처해 있다. 나의 조그만 소원은 황천에 가서도 충성을 잃지 않는 것이다. 이 절로 온 이유는 죽을 때를 편하게 하기 위해서이다."

이 절에서 스스로 목숨을 끊겠다는 말이었다. 모함을 당했다고 천황의 군대와 맞서 싸우면 혐의를 사실로 인정하는 것이니, 이럴 수도 저럴 수도 없었던 소아창산전은 자결의 길을 택하러 이곳에 왔다.

말을 마친 소아창산전은 불전의 문을 열고 석가에게 우러러 발원했다.

"원컨대 저는 생생세세(生生世世)에 군왕을 원망하기를 바라지 않습니다."

발원을 마친 소아창산전은 스스로 목을 매었다. 8명의 처자들이 지아비와 어버이를 위해 순사했다.

소아창산전이 산전사에 숨어 있다는 정보를 들은 소아신일향과 대반박련 등은 군사를 이끌고 산전사로 달려갔다. 그러나 군대가 도착하기 전에 다른 사람들이 산전사에서 달려나와 보고했다.

"소아창산전 대신은 이미 3남 1녀와 함께 스스로 목을 매어 죽었습니다."

그러나 이들은 그냥 돌아가지 않고 산전사에 난입해 소아창산전의 살아남은 무리들을 잡아서 목에 칼을 채우고 손을 뒤로 묶었다.

"역도의 수괴를 이리 가져오라."

목매어 자결한 소아창산전의 시신이 들려왔다.

소아신일향과 대반박련 등은 물부이전조염(物部二田造鹽 : 모노노베노 후쓰다노미야쓰고시오)을 불렀다.

"저 역도의 목을 베라."

명을 받은 물부이전조염은 조금도 망설이지 않았다. 그는 큰 칼을 뽑아 대신의 시신을 찔러서 들고 큰소리를 지르면서 목을 벴다. 스스로 자결한 소아창산전은 두 번이나 죽음을 당했다.

소아신일향과 대반박련 등은 소아창산전의 남은 세력들을 모두 쓸어버리기로 결정했다. 결국 이 사건과 연좌해 죽은 사람이 14인이고, 교수형을 당한 자가 9인, 유형된 자가 15인이나 되었다. 산배대형왕의 비극이 성덕태자의 후손들이 당한 비극이라면 소아창산전의 비극은 중대형태자의 처가가 당한 비극이었다.

그런데 사자를 보내 소아창산의 물건을 거두던 중 이상한 것이 발견되었다. 소아창산의 재산 중 가장 귀중한 서적 위에서 황태자의 책이라 제(題)한 글씨뿐만 아니라 가장 귀중한 재보 위에도 황태자의 물품이라고 제한 글씨가 써 있었다.

사자를 통해 이 사실을 보고 받은 중대형은 자신이 속았음을 직감했다. 그토록 사위를 아끼는 장인이 자신을 암살하려 했을 리가 없다며 후회하고 부끄러워 슬퍼하고 탄식하는 것을 그치지 않았으나 이미 엎질러진 물이었다. 장인은 물론 그 일가가 모두 억울하게 죽어갔다. 중대형의 가슴은 더욱 후회로 사무쳤다.

그렇다고 밀고자 소아신일향을 처벌할 수도 없었다. 그 결백을 말해줄 당사자들은 이미 이 세상 사람이 아니었다. 그때야 중대형은 이들이 소아창산전뿐만 아니라 그토록 많은 사람들을 죽인 이유를 알 것 같았다. 소아창산전의 결백을 주장할 수 있는 모든 사람을 죽임으로써 딴 소리가 나오지 못하게 한 것이었다.

중대형은 밀고자 소아신일향을 축자(筑紫 : 큐슈)대재수(大宰帥)로 임명했다. 이는 그가 전에 있던 자리보다 높은 자리였다. 그러나 사람들은 이렇게 수근거렸다.

"이는 겉으로는 승진이지만 사실상 좌천시킨 것이 아닌가?"

축자대재수는 지금의 구주 지역에 있던 부서로, '원(遠) 조정(朝廷)' 이라고도 불리는 축자대재부(大宰府)의 장으로 종3위의 관위였다. 그러나 도읍을 떠나야 하는 지방관이었으므로 이는 사실상 좌천이었다.

중대형은 밀고자를 이렇게 할 수밖에 없는 자신을 원망했고 사전에 철저히 조사하지 않은 경솔함을 후회했다. 그러나 이것으로 끝이 아니었다.

소아창산전의 죽음에 가장 큰 충격을 받은 인물은 황태자비인 소아조원(蘇我造媛)이었다. 한순간에 친정 아버지와 형제들을 모두 잃은 그녀는 물부이전조염이 아버지의 시신을 뱄다는 소식을 듣고 그 이름, 즉 이전염의 이름을 듣기 싫어했다. 그래서 가까이서 시중드는 자들은 이전염의 이름을 견염(堅鹽 : 기다시)이라고 고쳐 불렀다. 그러나 이것은 아무 소용없는 일이었다. 이름을 고쳐 부르든 말든 아버지와 친정

식구는 이미 몰살당한 뒤였다.

황태자비는 중대형과 혼인한 것을 뼈저리게 후회했다. 괜히 아버지를 위해 언니를 대신한다며 중대형의 신부를 자처하여 아버지를 비롯한 모든 친정 식구들을 죽음으로 몰고 갔다는 후회가 끝없이 밀려왔다. 또한 밀고자가 서삼촌(庶三寸)이란 사실과 밀고를 받아 천황에게 상주한 인물이 남편이란 사실이 그녀를 더욱 견딜 수 없게 만들었다. 결국 황태자비는 친정 아버지를 잃은 슬픔을 이기지 못하고 죽고 말았다.

부인이 죽었다는 소식을 들은 중대형은 큰 충격을 받았다. 아내를 잃은 중대형이 극도로 슬퍼하며 애읍(哀泣)하자 야중천원사만(野中川原史滿 : 후비도미쓰)이 노래를 지어 황태자를 위로했다는 기록이 『일본서기』 효덕천왕 조에 보인다.

산천에 원앙 두 마리 나란히 짝 이룬 것처럼,

사이좋게 나란히 있는 원(媛)을 누가 데려갔을까요.

그루마다 꽃은 피어 있는데,

어찌하여 그리운 매(妹)는 다시 피어 오지 않을까요.

황태자는 탄식하며 칭찬했다.

"좋은 노래로다. 슬픈 노래로다."

이 사건으로 중대형태자는 중요한 사실을 깨달았다. 자신이 기댈 곳은 결국 백제밖에 없음을 말이다. 이 사건은 마지막 백제계인 소아창산전을 제거하려는 음모에서 비롯되었음을 안 그는 중대한 결심을 했다.

바로 궁성을 다시 비조로 옮기는 것이다. 난파는 자신의 세력권이 아니라 중신겸족의 득세 지역이었으며 그의 후원을 받는 효덕천황의 도시였다.

중대형은 효덕천황에게 이렇게 상주했다.

"왜(倭 : 야마도)의 경(京 : 미야고)에 옮기려고 합니다."

이 무렵은 비조에서 부랴부랴 옮긴 난파궁이 완성된 지 얼마 되지 않는 때였다. 효덕천황은 이 주청을 받아들이지 않았다. 그러나 중대형은 천황의 반대에 상관없이 이미 천도할 결심을 굳혔다.

효덕천황과 중신겸족이 반대하자 그는 자신의 추종 세력을 데리고 천도를 단행했다. 중대형의 어머니 황조모존도 아들의 뜻을 따라 천도에 동의했다. 뿐만 아니라 효덕천황의 부인 간인황후(間人皇后 : 하시히도노기사기)까지도 중대형을 따라 비조로 돌아갔다. 부인마저 효덕천황을 버리고 친정의 뜻을 따랐다. 여기에 대해인황자(大海人皇子 : 오오시아마노미고, 훗날의 천무천황) 등 대부분의 황자들과 공경대부, 백관들이 모두 중대형을 따랐다. 세는 완전히 중대형황자 쪽으로 기운 느낌이었다.

이는 왜국에서 백제계가 다시 부활했음을 뜻했다. 『삼국사기』 의자왕 13년(653) 8월 조에 "이해 8월 의자왕이 왜국과 우호관계를 맺었다"는 기록이 이런 사실을 말해준다. 중대형은 정변으로 불편해진 관계를 씻고 백제와 다시 관계를 정상화했다.

부인 간인황후마저 자신을 버리고 떠나자 홀로 남은 효덕천황은 황위를 버리기로 결심했다. 모든 사람이 떠나버린 상황에서 더 이상 어쩔 수가 없었다. 원래 자신의 자리가 아닌 것을 차지한 것부터가 잘못이란 자각이 일었다. 그래서 그는 궁을 산기[山碕 : 야마사기, 현 경도부(京都府) 을훈군(乙訓郡)]에 건설하고 노래를 지어 간인황후에게 보냈다.

고삐를 채워 둔 내가 키우고 있던 말은 어디로 갔을까.

마구간에서 꺼내지도 않았는데 내가 귀중하게 기른 말을 남이 어떻
게 봤을까.

그러나 어머니와 오빠를 따라 가버린 말은 다시 돌아오지 않았다.
홀로 남은 설움 때문인지 효덕천황은 병에 걸리고 말았다. 재위 5년
(654) 10월, 효덕천황이 위독하다는 말을 들은 중대형은 어머니 황
조모존과 누이 간인황후 및 여러 동생들과 함께 난파궁으로 문병을
갔다. 효덕천황은 마지막 가는 길을 부인 간인황후의 간병을 받으며
떠날 수 있었다. 그해 10월 10일 효덕천황은 끝내 세상을 떠나고 말
았다.

효덕천황이 세상을 떠나자 사람들은 누구나 중대형이 황위를 이을
것으로 예상했다. 그러나 이듬해(655) 1월, 효덕천황의 뒤를 이어 누
구도 예상하지 못한 인물이 황위를 이었다.

바로 대화개신으로 퇴위당한 중대형태자의 어머니 황극여제였다.
시호만 훗날 제명(齊明)으로 바꾸었다.

그녀의 운명은 일본 고대사의 수많은 수수께끼만큼이나 파란만
장했다. 처음 용명(用命)천황의 손자 고향왕(高向王)에게 출가해 한
(漢)황자를 낳은 후 다시 서명(舒明)천황에게 개가한 것부터 심상치
않았다.

서명천황에게서는 2남 1녀를 낳았는데 장남이 중대형이고 차남이
대해인(大海人)이었으며, 딸이 간인황후였다. 아들 둘은 나중에 모두
천황이 되고 딸은 황후가 되었으니 개인적으로는 최고의 영예를 누
렸으나 그다지 행복한 인생은 아니었다. 서명 13년(641)에 천황이 세
상을 떠나자 황후였던 그녀는 소아가의 도움으로 즉위(황극천황)했으

나 아들이 주도한 대화정변으로 퇴위당했다.

35대 천황이었던 황극여제는 퇴위당한 지 10년만인 655년 비조의 판개궁(板蓋宮 : 이타부키궁)에서 다시 즉위했다. 그야말로 그녀의 인생은 역전에 역전을 거듭한 한 편의 드라마였다.

그녀가 제명이란 이름으로 다시 즉위하자 백제는 150명이란 대규모의 사절을 보내 이를 축하했다. 반면에 신라와는 655년과 656년을 끝으로 사절단의 왕래가 단절되었다. 한반도 내에서 백제와 신라의 불편했던 관계가 일본에까지 연장된 결과이다.

제명여제가 백제의 사절을 맞이하여 큰 잔치를 베푼 곳은 자신이 즉위한 판개궁이 아니라 반백제계의 세력 근거지인 난파궁이었다. 이는 자신의 친정을 몰락시키고 자신을 강제로 퇴위시킨 세력에 대한 멋진 복수극을 펼친 것이었다.

이 역전 드라마는 결국 대화정변으로 잠시나마 권력의 중추에서 밀려났던 백제계가 10년 만에 다시 조정의 중추 세력으로 재등장했음을 뜻한다. 몰락했던 백제계가 10년간의 와신상담 끝에 다시 고대 왜국의 정권을 장악한 데는 대화정변 때 그랬던 것처럼 중대형황자가 있었다.

18

사비성의 비극

계백이 투구를 벗겨보고 관창이 어리고 용감한 것을 아깝게 여겨 차마 죽이지 못하고,
"신라에는 기특한 무사가 많구나. 소년도 이렇거늘 하물며 장사야 어떻겠는가?"라고 탄식하며
그냥 살아 돌아갈 것을 허락했다.

『삼국사기』「열전」 관창전에서

황산벌의 결사대

백제 수도 사비성에서는 의자왕 재위 20년(660)이 시작되자 변괴가 계속되었다. 그해 2월에는 왕도의 우물물이 핏빛으로 변하고, 서해 해변에는 작은 물고기들이 떼죽음을 당했는데 백성들이 다 먹을 수 없을 만큼 많았다. 왕도 서남쪽의 사비하(泗沘河 : 금강) 물이 핏빛처럼 붉었고, 4월에는 두꺼비와 개구리 수만 마리가 나무 위에 모였다. 왕도의 백성들이 마치 누가 잡으러 오는 듯 놀라서 달아나다가 쓰러져 죽은 자가 백여 명이나 되고 재물을 잃은 자도 셀 수 없이 많았다.

재변은 5월에도 계속되었다. 강한 폭풍우가 불더니 천왕사(天王寺)와 도양사(道讓寺) 두 절의 탑에 벼락이 쳤고, 또 백석사(白石寺) 강당에도 벼락이 떨어졌다. 그리고 검은 구름이 용처럼 공중에서 서로 동서로 갈려 싸웠다. 들사슴(野鹿)처럼 생긴 개 한 마리가 서쪽에서 사비하 언덕으로 와서 왕궁을 향해 짖더니 잠깐 사이에 간 곳을 알 수 없었으며, 사비성에 있는 여러 개들이 노상에 모여 혹은 짖고 혹은 곡을 하다가 갑자기 흩어졌다.

그러더니 귀신 하나가 대궐 안에 들어가 소리쳤다.

"백제는 망한다! 백제는 망한다!"

이렇게 외치던 귀신은 곧 땅 속으로 들어가 버렸다. 이상하게 생각한 의자왕이 사람을 시켜 그 귀신이 들어간 땅을 팠더니 석 자 가량 되는 깊은 곳에서 거북 한 마리가 나왔다. 거북의 등에는 "백제는 둥근 달과 같고 신라는 초승달과 같다"는 글이 쓰여져 있었다. 의자왕은 그 뜻을 무당에게 물었다.

"달이 둥글다는 것은 가득 찬 것인데 가득 차면 이지러지는 것입니다. 초승달은 아직 차지 않은 것이니 차지 않은 달은 점점 차게 되는 것입니다."

백제는 망하고 신라는 흥한다는 점괘였다. 점괘에 분노한 의자왕은 무당을 죽여버렸다. 그러자 의자왕이 만족할 만한 점괘가 곧 등장했다.

"둥근 달은 왕성한 것이고, 새 달은 쇠미한 것이니, 이는 백제는 성하고 신라는 쇠미해짐을 뜻합니다."

의자왕은 이 새로운 해석에 기뻐하였다.

이런 재변 속에서 당의 대선단이 한반도로 향한다는 보고를 받고 의자왕은 깜짝 놀랐다. 고구려가 목표일 것이라는 당초의 생각에는 변화가 없었으나 혹시 백제로 쳐들어온다면 하고 불안해했다.

의자왕은 간자(間者)를 통해 신라군의 동태를 살펴 당나라의 목표가 어디인지를 파악하려 했다. 간자는 태종 김춘추가 태자 법민을 대동하고 대군을 발동시켰다는 보고를 보내왔다. 의자왕이 이 보고에 촉각을 곤두세운 것은 태자 법민을 대동했다는 것 때문이 아니라 김유신이 군대를 인솔한다는 사실 때문이었다. 김유신이 이끄는 대군

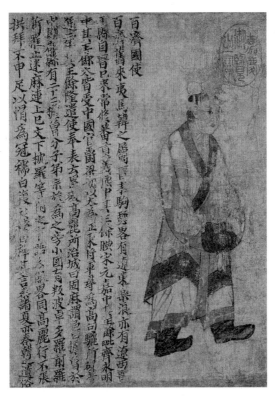

百濟國使

중국에 전해진 백제 사신의 모습

에 국왕과 태자까지 함께 왔다면 이는 신라가 전국력을 동원했다는 이야기였다. 의자왕은 신라군의 행군로를 주목했다.

"신라 대군이 진을 친 곳은 남천정이옵니다."

이 보고에 의자왕은 안도의 한숨을 내쉬었다. 당나라 원정군의 목표가 백제라면 신라군은 남천정이 아니라 음리화정에 진을 쳤어야 했다.

의자왕은 한 술 더 떠 신라군이 고구려 영내로 들어간 틈을 노려 신라의 영토를 점령할 계획을 세웠다. 그러나 군사를 모으기가 쉽지 않았다. 3년 전 서자 41명을 좌평으로 임명하고 각지를 식읍으로 준 일로 호족들이 반발해 이들을 유배 보내고 사택지적 같은 대좌평이 이에 항의해 은퇴하면서 국가 조직 상당부분이 마비되었기 때문이다.

이렇게 답답해하고 있을 즈음 당나라 장수 소정방과 태자 법민, 그리고 김유신이 덕물도에서 회동했다는 보고가 들어왔다. 그러나 이때까지만 해도 당군의 목표가 고구려라고 확신했기 때문에 그리 큰 위기감을 느끼지 않았다.

그런데 신라 무열왕의 다음 이동 경로가 알려지면서 의문이 생겼다. 태종 김춘추는 김유신에게 5만 대군을 떼어준 후 자신은 금돌성(今突城 : 충북 옥천·괴산)으로 군사를 이동했다. 고구려를 공격하면 다음 진군로는 당연히 북쪽이어야 하는데 김춘추가 느닷없이 군사를 금돌성으로 남하시킨 것이 의아했다. 의자왕은 '혹시 백제를 공격하려는 것이 아닌가' 라는 의심이 들기도 했지만 당군이 백제를 멸망시키기 위해 저런 대군을 출동시켰을 리는 없다며 스스로를 위로했다.

의자왕이 경악한 것은 김유신이 이끄는 신라군이 황산벌(대전과 논산 사이의 연산) 근처로 남하하고 있다는 보고를 듣고서였다. 신라군이 황산벌로 행군한다면 목표는 백제가 분명했다. 때마침 당 대선단의 진로가 북쪽이 아니라 남쪽이라는 보고가 들어오자 믿고 싶지 않은 일이 현실이 되고 말았다.

나당 연합군의 먹이는 고구려가 아니라 백제였던 것이다.

병력도 김유신이 이끄는 신라군만 5만, 소정방이 이끄는 당군은 13만이었다. 대성 8족의 반발 때문에 분열된 백제로서는 김유신의 신라군을 대적하기에도 병력이 부족한 상황이었다. 다급해진 의자왕은 조정에서 급히 회의를 열었다.

가장 먼저 대책을 내놓은 인물은 좌평 의직(義直)이었다. 그는 의자왕 앞에 나가 자신의 전략을 내놓았다.

"당군은 멀리 바다를 건너왔는데 물에 익숙치 않은 자들이므로 배
멀미를 하여 심신이 피곤할 것입니다. 당군이 처음 육지에 상륙해 사
기가 왕성하지 못할 때 습격하면 우리가 이길 수 있습니다."

의직의 전략은 그럴 듯했다. 그의 설명은 계속되었다.

"신라군은 대국의 원군을 믿고 전진하다가 당군이 패전했다는 소
식을 들으면 두려워 감히 진군하지 못할 것입니다. 그러므로 우선 당
군과 결전을 벌이는 것이 좋을 것입니다."

주력군인 당군과 결전을 벌여 이들을 무찌르면 신라군은 쉽게 물
리칠 수 있다는 이 전략은 그럴 듯해 보였다. 그러나 패전했을 경우
대책이 없다는 것과 과연 당군과 맞붙어 이길 수 있느냐가 문제였다.

달솔 상영(常永) 등은 이런 이유를 들어 반대했다.

"그렇지 않습니다. 당군은 멀리서 왔기 때문에 속전속결로 나올 것
이므로 그 서슬을 당해낼 수 없습니다. 반면 신라군은 앞서 여러 번
우리에게 패배했기 때문에 두려움을 느끼고 있습니다."

상영의 전략도 일리는 있었다. 미지의 적인 당의 13만 대군보다는
잘 아는 신라군을 먼저 상대하는 것도 한 방법임에는 분명했다. 상영
의 설명은 계속되었다.

"그러므로 당군의 길을 막아 군사들을 지치게 만들고 일부 군사를
떼어 신라군을 공격해 예봉을 꺾은 다음 적당한 때를 엿보아 대대적
으로 싸우면 군사도 온전히 보존하면서 국가도 보존할 수 있을 것입
니다."

당군은 지구전으로 막으면서 신라군과 싸우자는 이 전략도 일리는
있었지만 소수의 군사를 나누어 양쪽 대군을 상대하는 게 실효를 거
둘 수 있을지 의문이었다. 더구나 고구려와 달리 사비성 근처에는 성

에 의지해 싸울 유리한 지형지물이 없었다. 자칫하면 벌판에서 대군과 맞서 싸워야 할 판이었다.

의직과 상영이 갑론을박을 벌였으나 의자왕은 누구의 말을 좇아야 할지 결단을 내리지 못하고 있었다. 의자왕이 갈등하는 동안 신하들은 논쟁을 계속했다. 그 사이 당군과 신라군은 백제 영토로 한 발 한 발 다가오고 있었다.

갈등하던 의자왕의 뇌리에 한 인물이 떠올랐다. 좌평 홍수(興首)였다. 좌평 홍수는 의자왕의 귀족세력 숙청 때 고마미지현(古馬彌知縣 : 현 전남 장흥)에 귀양가 있던 인물이었다. 의자왕은 홍수에게 사자를 보내 "일이 급하게 되었으니 어떻게 하면 좋겠느냐?"고 물었다.

"당군은 수가 많을 뿐만 아니라 군율이 엄정하고 신라와 공모하여 앞뒤에서 공격하려 할 것입니다. 이런 군대와 평탄한 평원이나 광야에서 대적한다면 승패를 알 수 없습니다. 백강(白江 : 기벌포, 오늘의 충남 장항)과 탄현(炭峴)은 우리나라의 중요한 길목으로 여기에서는 한 장부가 창을 휘두르면 만 사람도 당하지 못하는 곳입니다. 마땅히 용사를 선발해 여기를 지켜 당군으로 하여금 백강으로 침입하지 못하도록 하고, 신라군이 탄현을 통과하지 못하게 해야 합니다. 그동안 대왕께서는 성문을 굳게 닫고 엄중히 지키시다가 그들의 물자와 군량이 떨어지고 군사들이 피로하게 된 때를 기다린 연후에 맹렬하게 공격하면 반드시 이길 수 있습니다."

사비성으로 가는 요충지를 막아 시간을 끌면서 적군의 식량이 떨어지고 피로가 몰려올 때까지 사력을 다해 막다가 역습하면 승산이 있다는 계책이었다. 당군과 직접 맞붙자는 의직의 전략이나 당군을 피하고 신라군과 싸우자는 상영의 전략을 모두 뛰어넘는 합리적 방책이었다. 그러나 홍수의 이 의견은 다른 신하들의 불신을 받았다.

"흥수는 오래도록 귀양살이를 하는 몸으로 폐하에 대한 원망이 깊어 나라를 망치는 계책을 올렸습니다."

의자왕이 이 의견 저 의견 속에서 방어 전략을 결정하지 못하는 사이 당군은 이미 백강으로 들어왔고, 신라군은 탄현을 넘었다. 탄현을 넘으면 평야지대였다. 백제군은 최악의 조건에서 대군과 맞서 싸우게 되었다.

백강과 탄현에 적군을 끌어들이면 "울 안에 있는 닭을 잡는 것과 같고 그물에 걸린 고기를 잡는 것과 같다"고 호언하던 대신들은 이미 사라지고 없었다. 이들은 혼자 사라진 것이 아니라 자신들이 거느린 사병까지 데리고 갔기 때문에 백제는 그나마 모자란 병력이 더욱 부족하게 되었다. 왕성 수비군을 제외한 병력을 모두 모아야 불과 5천 명밖에 되지 않았다.

그제야 의자왕은 시기를 놓친 걸 후회했으나 이미 때는 늦었다. 의자왕은 지푸라기라도 잡는 심정으로 계백 장군을 불렀다. 그 수많던 장군들은 모두 어디로 사라지고 없었다.

"이제 그대밖에 믿을 곳이 없소."

"신이 죽기로 충성을 다하겠습니다."

의자왕 앞에서 물러난 계백은 이 싸움이 승산 없는 싸움임을 잘 알고 있었다. 사방이 뻥 뚫린 너른 평야 지대에서 5만의 신라군에 대항해 10분의 1에 불과한 병력으로 싸워 이긴다는 것은 불가능했다.

계백은 5천의 결사대에게 모이라고 명령한 후 집으로 들어갔다. 그러고는 가족들을 모두 불러모았다.

"일국의 군사로서 당과 신라의 대군과 부딪치게 되었으니 나라의 존망을 알 수 없다. 나는 처자가 사로잡혀 노비가 될까 두렵다. 살아서 치욕을 당하느니 차라리 장렬하게 죽는 것이 낫다."

황산벌 전투 상상도 계백 장군은 결사대 5천 명을 거느리고 신라군과 맞서 싸웠지만 중과부적으로 패하고 계백도 전사했다.

계백은 자신의 손으로 처자를 베었다. 그러나 이는 자신까지도 벤 것이었다. 계백은 처자와 자신은 약간의 시간차가 있을 뿐 저승길의 길목에서 만날 것이라고 예상했다. 그러나 체념한 것은 아니었다.

'곱게 죽지는 않으리라!'

계백은 황산벌에 이르러 세 군데에 진을 쳤다. 이윽고 신라의 김유신이 이끄는 5만 대군이 모습을 드러냈다. 신라군의 기세는 대단했다. 예전 백제군의 선제 공격에 전전긍긍하던 신라군이 아니었다. 사방에 오색기가 휘날리고 주악소리가 웅장했다.

그러나 계백은 여기에 위축되지 않고 군사들을 독려했다.

"옛날 중국의 월왕(越王) 구천(句踐)은 5천의 적은 군사로 오(吳)나라 70만 대군과 싸워 이겼다. 지금 우리는 모두 용기를 내어 승리함으로써 나라의 은혜에 보답해야 할 것이다."

두려움에 싸여 있던 백제 결사대는 5천의 군사로 70만 대군을 꺾은 전사(戰史)가 있다는 말에 고무되었다. 월왕 구천과 오왕 부차(夫差)는 '섶나무에 누워 자고 쓸개를 맛본다'는 뜻의 와신상담(臥薪嘗膽)이란 고사로 잘 알려져 있는 인물들이다.

월왕 구천이 오왕 합려(闔閭)를 전사시키자 합려의 아들 부차는 섶나무에 누워 잠을 자면서 복수의 칼날을 갈아 회계산에서 월왕 구천을 사로잡았다. 구천이 용서를 빌자 부차는 죽이지 않고 시중을 들게했는데, 부차가 아플 때 구천이 그의 대변을 맛보며 간호에 모든 정성을 쏟았을 뿐만 아니라 천하의 절색 서시를 상납하자 그를 놓아주었다.

귀국한 구천은 쓸개를 씹으면서 복수만을 생각하다가 드디어 오왕 부차가 중원으로 진출하려는 순간 정병 5천을 일으켜 70만 대군을 거느린 부차의 배후를 찔러 승리했다. 이 전역의 결과 부차는 자결하고 오나라는 멸망하고 말았다.

5천 군사로 70만을 꺾었다면 무려 140배 되는 대군을 꺾었다는 말이다. 그에 비하면 10배에 지나지 않는 신라군을 꺾는 것은 그리 어려운 일이 아닐지도 모른다는 생각이 결사대의 머릿속에 떠올랐다. 백제의 5천 결사대는 신라의 5만 대군을 꺾으리라는 결의를 새롭게 다졌다. 결사대가 결의를 다지니 무적의 군사로 변했다.

'까짓 5천쯤이야' 하고 달려들던 신라의 5만 대군은 혼쭐이 나서 퇴각했다. 죽음을 두려워하지 않는 군사 앞에 김유신이 이끄는 신라의 5만 대군은 싸우는 족족 지고 말았다. 그러자 신라군의 사기는 완연히 꺾였다. 사기가 꺾이자 피로가 밀려왔다. 서라벌에서 북쪽의 남천정까지 갔다가 다시 황산벌까지 먼 길을 행군한 군사였다.

김유신과 동생 흠순은 초조했다. 7월 10일까지 당군과 합세하기로 한 약속 때문이었다. 이 기회를 놓치면 백제를 멸망시키는 것은 영원히 불가능할 뿐만 아니라 도리어 백제에게 먹힐지도 몰랐다.

장군 김흠순은 위기를 타개할 책임은 자신 같은 장군에게 있다고 생각했다. 그는 아들 반굴(盤屈)을 불렀다. 형 유신이 위기 때 쓰던 전술을 사용하기 위함이었다.

그가 아들에게 말했다.

"신하가 되어서는 충성만 한 것이 없고, 아들이 되어서는 효도만 한 것이 없다. 지금 나라가 위태로운 이때 목숨을 바친다면 충과 효 모두 완성할 수 있을 것이다."

아비로서 자식에게 죽음으로써 '충효'를 완성하라고 냉정하게 말했으나 흠순의 가슴은 찢어졌다.

10세 풍월주였던 흠순은 유신 못지않게 용기 있는 인물이었다. 사람들이 모두 유신을 두려워하고 공경했으나 그는 홀로 "어리석은 형이 뭐가 두려운가"라며 개의치 않았다. 흠순은 풍월주가 되자 다른 풍월주처럼 서라벌에서 세력을 누리며 낭정(郎政)을 펼치지 않고 부제 예원(禮元)에게 낭정을 대행시키고 자신은 낭도를 거느리고 지방에 주로 머무를 정도로 자기 희생적인 인물이었다. 이처럼 욕심이 없는 성품이다 보니 항상 가난해 재물이 떨어졌다.

그때마다 그는 17세 풍월주 염장에게 도움을 청했다. 이런 일이 여러 차례 반복되자 염장이 웃으며 말했다.

"그대가 나를 곳간으로 아는데, 그대가 내 아이를 기르지 않는다면 나는 손해다."

이 말은 흠순에게 신세를 갚으라는 것이 아니라 가난한 흠순에게

황산벌 전투

자신의 딸을 주겠다는 말이었다. 염장은 딸을 시집 보내며 한 밑천 떼어주어 흠순을 돕고자 했다. 그러나 흠순의 부인 보단(普丹)이 결혼을 반대했다.

"염장공은 색을 좋아하고 재물을 탐하니 그 딸을 맞으면 가풍이 상할까 염려됩니다."

그러나 흠순은 이런 구분을 뛰어넘는 큰 배포를 가졌다.

"색을 좋아하는 것은 인지상정이니 나 또한 당신을 사랑하지 않았다면 염장과 같았을 것이오. 그리고 내가 재물을 탐했다면 집이 부유해져서 당신을 고생시키지 않았을 테니 색을 좋아하고 재물을 탐하는 것 또한 할 만한 것이 아니겠소?"

이렇게 말하는 데야 보단도 더 할 말이 없어서 염장의 딸을 데려왔는데 역시 행실이 좋지 않았다. 그러나 흠순은 심하게 책망하지도 않았다. 곁에서 보기에 흠순은 이런들 어떠하며 저런들 어떠하리 하는 식으로 대충 지내는 사람 같았다.

그런데 흠순의 셋째 아들 반굴만은 염장의 딸을 거부하고 유신의 딸 영광(令光)을 아내로 맞이했다. 반굴이 황산벌 전투에 나갔을 때 그는 이미 영윤(令胤)이란 아들을 둔 한 집안의 가장이었다.

이 전쟁터에서 죽는 것이 충효를 모두 완성시키는 길이란 말을 들은 반굴은 단호히 대답했다.

"그러하겠습니다."

반굴은 창을 꼬나들고 백제군 진지로 달려들었다. 반굴이 단신으로 달려들자 백제군은 순간 당황했다. 반면 신라 군사들은 고귀한 집 자제가 죽음을 각오하고 적진에 뛰어드는 모습을 보고 큰 감동을 받았다. 신라의 장점은 바로 여기에 있었다. 지배층이 먼저 솔선수범하여 나머지 군사들을 이끌었다.

반굴이 적진에 돌입해 싸우다 죽는 것을 본 좌장군 품일(品日)은 자신도 가만히 있을 수 없었다. 그는 아들 관창(官昌)을 불렀다. 불과 열여섯 살의 관창은 아름다운 외모를 가진 미소년이었다. 어린 나이에 말 타고 활쏘기를 잘해 화랑으로 추천되었다. 태종 무열왕은 백제전에 나서면서 관창을 부장(副將)으로 삼았다. 신라군이 계백의 결사대에게 거듭 패배하자 품일은 이 소년 장교를 부른 것이다.

"네가 비록 나이는 어리지만 굳은 지기(志氣)가 있음을 알고 있다. 오늘이야말로 공을 세워 부귀를 얻을 때이니 어찌 용기를 내지 않겠느냐?"

나라가 위태로울 때 목숨을 초개같이 던진다는 교육을 어릴 때부터 받아온 관창은 당당하게 대답했다.

"맞습니다."

관창은 말에 올라 화살을 쏘며 백제군에 돌진하다가 적진에 가까워지자 화살을 버리고 창을 비껴들었다. 그는 백제 진지로 돌진해 백제군 두어 명을 베었다. 그러나 어린 그가 백제의 결사대 다수와 싸워 이기기는 중과부적이었다. 그는 사로잡혀 계백 장군에게 끌려갔다. 관창의 투구를 벗긴 계백은 어린 소년의 얼

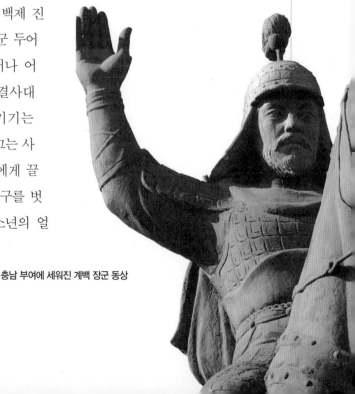

충남 부여에 세워진 계백 장군 동상

굴이 나오자 차마 죽이지 못하고 탄식했다.

"신라에는 기특한 무사가 많구나. 소년도 이렇거늘 하물며 장사야 어떻겠는가?"

계백은 어린 관창을 그냥 돌려보냈다.

그런데 이것이 승패를 가르는 분수령이 되었다. 신라의 장군 품일은 어린 아들을 죽음의 길로 내모는 비정함으로 전투에 임했으나 계백에게는 소년을 측은히 여기는 여린 마음이 남아 있었다. 가족까지 베고 임한 전투에서 너무 앳된 얼굴을 보니 자신의 죽은 아들이 생각난 것인지도 몰랐다. 살아 돌아온 관창은 물을 한 모금 마시며 다짐했다.

"아까 적진에 들어가서 장수를 베고 적의 깃발을 빼앗지 못한 것이 한스럽구나. 이번에는 실패하지 않겠다."

물을 마신 관창은 다시 백제 진영으로 돌진했다. 이번에도 관창은 사로잡혀 계백 앞에 끌려갔다. 계백은 안타까운 마음이 들었지만 결국 그의 머리를 벤 후 말안장에 매어 신라군에게 보내 주었다.

품일이 아들 관창의 머리를 잡고 소매로 피를 씻으며 말했다.

"내 아들의 면목이 마치 살아 있는 것 같구나. 왕사(王事)로 죽었으니 후회할 것이 없다."

열여섯의 어린 소년이 두 번씩이나 죽음의 길로 달려가는 것을 본 신라군은 부끄러움과 격분에 치를 떨었다. 장군의 자제들이 목숨을 초개같이 던지는데 일개 군사들이 몸을 사릴 수는 없었다. 신라의 5만 군사들은 모두 결사대가 되어 백제군에게 덤벼들었다.

네 번씩이나 신라군의 공세를 막아내던 계백의 백제군은 결국 다섯 번째 대공세에 무너지고 말았다. 계백은 끝까지 싸우다 전사하고 좌평 충상, 상영 등 30여 명은 사로잡히고 말았다. 죽음을 각오한 계

백은 끝까지 싸웠으나 이미 패배를 인정한 상영 등은 목숨을 구걸했
다. 드디어 백제의 사비성 저지선은 무너지고 말았다. 백제의 비극이
점점 현실로 다가오고 있었다.

의자왕의 눈물

소정방이 부총관 김인문과 함께 군사를 이끌고 백강에 상륙한 날은 7월 9일이었다. 그날 김유신의 신라군은 계백의 결사대와 힘겨운 싸움을 전개하고 있었다. 당군이 백강에 상륙하려 한다는 보고를 들은 의자왕은 그제야 백강을 지켜야 한다는 홍수의 계책이 맞았음을 알았다. 의자왕은 백강에 군사를 급히 보내 당나라 군사를 막게 했다.

백제군이 도착했을 때 당군은 이미 백강에 상륙한 뒤였다. 민물과 바닷물이 만나는 백강 하류는 갈대가 우거진 개펄 천지였다. 당군은 갈대와 물버드나무를 베어 개펄을 메우며 진격했다. 홍수의 말대로 이곳을 지켰으면 개펄에 빠져 허우적대는 당군을 공격해 상당한 전과를 올릴 수 있었다.

대군의 침입으로 사기가 떨어진 백제군은 백강에서 당군과 첫 전투를 벌였으나 수천 명의 사상자를 낸 채 패배하고 말았다. 겁먹은 백제군은 싸우기보다는 도주하기에 바빴다.

첫 전투에서 승리하여 기세가 오른 당군은 약속 장소에 도착해 신라군을 기다렸다. 그러나 김유신 장군이 지휘하는 5만의 신라군은 계백 장군이 이끄는 5천 결사대의 저항을 받아 허덕이고 있었다. 김유신이 계백이 이끄는 백제군을 겨우 격파하고 도착한 날은 약속 날짜를 하루 어긴 7월 11일이었다.

그러자 당의 대장군 소정방은 신라군을 꾸짖었다.

"군사에 있어 약속 기일은 목숨보다 소중한 것이다."

그러면서 소정방은 신라 장군 김문영(金文穎)을 군율 위반으로 목베려 했다. 이는 신라군에 대한 지휘권과 인사권을 자신이 모두 장악하려는 의도였다.

김문영을 참수하겠다는 말을 들은 신라 군사들은 술렁거렸다. 자신들을 도우러 왔다고 생각한 당군이 신라의 일개 군사도 아닌 장군을 벤다는 데 깜짝 놀랐다. 소정방은 신라군의 당혹감을 모른체하고 김문영을 체포했다. 신라군이 보는 앞에서 체포당한 김문영은 소정방 앞으로 끌려 갔다.

"군사에 있어 기일 엄수는 목숨보다 소중한 것이다. 내 너를 베어 군율의 엄함을 보이리라."

소정방은 김문영을 목베라고 명령했다. 명령을 받은 당군은 곧 칼을 뽑아 김문영의 목을 베려 했다.

그때였다. 소정방을 비롯한 당의 장수들과 신라 장수들, 그리고 신라군은 물론 당군도 모두 들을 수 있는 쩌렁쩌렁한 목소리가 울렸다. 김유신이었다.

"대장군은 황산벌의 전역을 보지 못하고 기일에 늦었다는 이유만으로 죄를 논하려 하는가? 나는 죄 없는 우리 신라 장군이 욕을 당하는 것을 두고 보지 않을 것이다. 신라 장군을 목베려 한다면 우리는 당군과 먼저 결전한 연후에 백제를 격파할 것이다."

『삼국사기』는 이때 김유신이 "군문(軍門)에서 장월(杖鉞 : 도끼 달린 창)을 짚고 섰는데 크게 노하자 머리털은 꼿꼿이 일어서 마치 심어놓은 것 같고, 허리에 찬 보검은 저절로 약동해 뛰어나오려는 것 같았다"고 기록하고 있다.

소정방의 우장(右將) 동보량(董寶亮)은 김유신의 명성을 익히 들어 알고 있었다. 동보량은 김유신의 눈빛을 보고 실제로 당과 결전을 불사하고도 남음을 읽었다. 그는 슬그머니 소정방의 발을 밟으며 귀에 대고 속삭였다.

"신라 군사들이 변을 일으킬까 두렵습니다."

소정방도 김문영의 목을 베면 신라군이 당군에게 덤벼들 태세임을 알고 두려움을 느꼈다. 백제를 멸망시키기 전에 신라군과 싸우는 것은 고종이 바라는 바가 아니었다.

"내 이번만은 특별히 용서하겠다. 다음부터는 용서치 않으리라."

소정방은 허세를 한 번 부리고 김문영을 놓아주었다. 이렇게 갈등을 수습한 나당 연합군은 사비성 공략 준비를 서둘렀다.

나당 연합군이 막 출진하려 할 때 의자왕이 보낸 사자가 도착했다. 좌평 각가(覺伽)였다. 그는 소정방에게 보내는 의자왕의 국서를 휴대했다. 의자왕의 글은 구구절절 애원이었다. 그러나 소정방은 국서를 단호히 거부했다. 소정방은 당 고종의 명에 따라 출진한 것이므로 멋대로 회군할 수는 없는 노릇인 데다 백제를 멸망시켜 공을 세울 절호의 기회를 놓칠 생각은 꿈에도 없었다.

"출진하라!"

나당 연합군은 백강을 출발했다. 이때 당 수군이 물결을 따라 배를 모는데 서로 잇따라 북을 울리고 함성을 지르며 진격했다. 신라군과

당의 육군은 수군과 함께 진군했다. 끊임없이 이어지는 군사 행렬에 겁을 먹은 백제군은 감히 저지할 생각을 못했다.

나당 연합군은 하루만인 7월 12일 소부리(所夫里 : 충남 부여) 들판까지 진군했다. 그동안 백제군은 단 한 차례도 이 진군을 저지하지 못했다. 사비성만 함락시키면 끝나는 전쟁이었다.

그런데 이때 의외의 일이 발생했다. 소정방이 갑자기 겁을 먹어 사비성 진군을 꺼린 것이다. 『삼국사기』 태종 무열왕 조는 단지 "소정방이 꺼리는 바가 있어서 진군하지 않으니 유신이 달래어……"라고만 기록하고 있어서 그 이유가 불분명하다. 『삼국유사』 태종 춘추공 조에 그 설명이 나와 있다.

당나라와 신라 군사가 진군하여 합세하고 진구(津口)에 다다라 강가에 진을 치고 있을 때 갑자기 새가 소정방의 진영에 날아 돌아다녔다. 소정방이 사람을 시켜 점을 치게 했더니 이런 점괘가 나왔다.

"반드시 원수(元帥)가 상할 것이다."

소정방이 두려워하여 군사를 이끌고 싸움을 거두려 했다. 김유신이 소정방에게 이렇게 말했다.

"어찌 나는 새의 괴이한 짓 때문에 천시(天時)를 어기겠소. 천리(天理)에 순응하고 민심에 따라 어질지 못한 이를 치는데 무엇이 상서롭지 못하겠소."

김유신이 곧 신검(神劍)을 빼어 그 새를 겨누어 쳐서 좌전(座前)에 떨어뜨렸다.

김유신은 소정방을 달래 군사를 넷으로 나누어 사비성 함락에 나섰다. 백제는 이미 싸울 의욕을 상실한 채 백제 왕자가 상좌평을 통해 많은 가축과 선물을 보내왔다. 가축과 선물로 회유하려 했으나 뇌물이 통할 상황이 아니었다.

국난을 맞은 백제 지배층은 목숨을 바쳐 이를 극복하려는 의지를 갖고 있지 않았다. 좌평 임자가 김유신과 내통하는 판국이었으니 목숨을 바칠 리도 만무했다. 내부에서 자신들끼리 싸울 때는 용감하더니 막상 적군이 나타나자 당황해 어쩔 줄 몰랐다. 적군과 맞서 사력을 다해 싸우기보다 선물이나 보내는 지배층의 행위는 백제 군사들의 사기만 떨어뜨리고 말았다. 소정방이 뇌물을 거절하자 의자왕은 서자 궁(躬)에게 좌평 6인을 거느리고 나가 죄를 빌게 했다. 하지만 소정방은 이 역시 거절했다.

"사비성을 함락하라!"

소정방의 명령이 내려지자 나당 연합군은 사비성 함락 작전에 돌입했다. 이제 어쩔 수 없다고 판단한 의자왕은 사력을 다해 막으라고 명령했으나 군사들의 사기를 빼앗은 것은 바로 의자왕과 지배층들이었다. 백제는 당나라에서 실어온 우수한 공성 무기들을 동원한 공격을 당해낼 재간이 없었다. 대패한 백제군은 1만여 명의 사상자를 냈다. 드디어 성벽이 뚫려 당나라와 신라의 특공대가 사비성 안으로 난입하기 시작했다. 백제 군사들이 이들을 겨우 무찔렀지만 함락은 시간 문제였다.

그제야 의자왕은 탄식했다.

"후회막급이로다. 내가 성충의 충성된 말을 듣지 않아서 이 지경에 이르렀구나."

의자왕은 사비성에서 최후를 맞이하느니 일단 도성을 탈출해 잔존 군사들을 모아 재기하기로 마음먹었다. 의자왕은 13일 밤에 태자 효(孝)와 좌우 근신들을 함께 데리고 사비성을 탈출해 웅진성(熊津城 : 공주)으로 피난했다.

의자왕이 간밤에 태자와 근신들을 데리고 도주했다는 사실을 안 사비성 군민들은 배신감에 휩싸였다. 임금까지 도망간 마당에 도성은 지켜서 무엇하겠냐며 군민들이 뿔뿔이 흩어지자 사비성은 일대 혼란에 빠졌다.

그때 혼란 수습을 자처하고 나서는 인물이 있었다. 의자왕의 둘째 아들 태(泰)였다. 그는 끝까지 싸우자며 군민들을 격려했다.

"부왕은 도망갔으니 스스로 자리를 버린 것이다. 앞으로 내가 성을 지키겠다."

그러자 사비성의 군민들은 태를 임금으로 추대했다. 이는 전화위복의 계기가 될 수 있었다. 원래 군사력이 강한 나라였던 백제는 새로 임금으로 추대된 태를 중심으로 방어망을 구축했다. 죽기를 각오

낙화암 백제가 멸망하자 의자왕이 삼천 궁녀와 함께
낙화암에서 몸을 던져 자살했다는 이야기는 후대에 지어낸 허구이다.

하고 싸우면 이길 수 있다는 투지가 불탔다. 계백의 5천 결사대가 김
유신의 5만 신라군을 네 번이나 꺾었다는 것도 이들에게는 큰 힘이
되었다.

　그러나 그때 다시 변고가 발생했다. 도망간 태자 효의 아들 문사(文
思)가 군민들의 마음을 분열시키고 나섰다.

　"폐하께서 태자마마와 함께 나간 틈에 숙부가 마음대로 왕이 되었
는데, 만약 당군이 포위를 풀고 돌아가면 어떻게 되겠소. 우리는 모
두 역적으로 몰려 죽지 않겠소."

　이렇게 말하며 문사는 당군에 항복하는 편이 낫다고 주장했다. 그
는 결국 자신을 따르는 사람들을 거느리고 성문을 열고 나와 항복했

다. 이를 본 사비성민들의 항전 의지는 크게 약해졌다. 문사와 그 추종자들이 죽음을 당하지 않는 것을 본 일부 백성들이 뒤를 따라 항복했다. 태를 중심으로 구축한 새로운 체제는 한 번 싸워보지도 못하고 내부 분열로 무너졌다.

사비성이 항전하려는 세력과 항복하려는 세력으로 나뉘어 우왕좌왕하는 것을 본 소정방은 정예군사를 불러 성안으로 진입을 명령했다.

사기가 오른 당군은 충차로 성문을 두들겼다. 천정까지 있는 충차는 성 위에서 날리는 화살을 막아냈다. 여러 번 두들기자 성문 일부가 부서져 나갔다. 백제 군사들은 얼른 목책을 갖다 대 성문을 수리했다. 그 틈을 타서 당의 특공대가 운제를 타고 성벽을 기어올랐다. 운제가 성벽에 닿자 당나라 특공대가 성안으로 진입하여 백제군과 창칼을 부딪치며 치열한 전투를 벌였다. 무술에 뛰어난 특공대가 거점을 확보하는 데 성공하자 당군은 속속 성안으로 진입했다. 신라군도 뒤질세라 성안으로 난입했다. 사비성은 함락 직전까지 내몰렸고, 당의 특공대는 드디어 사비성 성루에 당나라 깃발을 꽂는 데 성공했다.

사비성은 더 이상 버틸 수 없었다. 성안에는 의자왕의 아들 융(隆)이 남아서 지휘하고 있었다. 함락이 눈앞에 닥치자 그는 항복하는 편이 낫겠다고 판단했다. 융은 항복을 결심하고 대좌평 천복(千福) 등과 함께 나와 항복했다. 이리하여 백제의 국도 사비성이 마침내 함락되었다.

항복을 택한 것은 관대한 처분을 바랐기 때문이다. 그러나 신라의 태자 법민에게는 그런 관대함이 없었다. 융이 항복하자 신라 태자 법민이 말을 탄 채 융에게 다가갔다.

"거기 꿇어 엎드려라."

왕이나 왕자 등이 항복하면 예우하는 게 관례였지만 법민에겐 그런 아량이 없었다. 법민은 말 위에서 엎드린 융의 얼굴에 침을 뱉으며 꾸짖었다.

"전일에 네 아비가 나의 누이를 원통하게 죽여 옥중에 파묻은 일이 있었다. 그것이 20년 동안 나의 마음을 아프게 하고 머리를 앓게 하였다. 오늘 너의 목숨은 내 손에 있다."

법민이 모욕하며 꾸짖는 동안 융은 땅바닥에 엎드려 아무 말도 하지 않았다.

사비성이 함락됐다는 소식을 들은 의자왕은 도망간 지 5일 만인 7월 18일 태자 효와 함께 백제의 모든 성을 들어 항복하겠다고 전해왔다. 단 한 번의 당나라 군사의 원정으로 백제는 이렇게 멸망하고 말았다.

『삼국사기』에 따르면 시조 온조왕(溫祚王)이 한성에 도읍한 것은 기원전 18년이었다. 그리고 사비성 함락이 의자왕 20년(660)이니 백제는 개국 678년만에 멸망했다.

한때 북쪽으로는 요하(遼河) 서쪽을 차지해 요서군(遼西郡)과 진평군(晉平郡)을 설치할 정도로 흥성했던 왕국, 일본을 속국으로 삼았던 왕국, 한강 유역을 차지했던 백제 왕국은 이렇게 허무하게 무너져 내렸다. 의자왕과 대성 8족으로 대표되는 지배층 사이의 격렬한 내분이 나라를 멸망하게 한 결정적 원인이라고 할 수 있다.

의자왕의 항복 소식을 접한 백제 군민들은 이 사실을 믿을 수 없었다. 고구려가 수와 당의 대군을 여러 차례 패퇴시킨 것처럼 자신들도 이 국난을 극복할 것으로 믿어 의심치 않았다. 지금은 비록 상황이 어렵지만 의자왕이 나타나 전열을 재정비해 싸울 것으로 믿고 있었다.

백제의 많은 장수와 군사들은 의자왕이 항복한 판국에 더 이상 버텨봤자 소용없다고 판단했다. 그리고 국왕의 항복처럼 좋은 항복 명분은 없었다. 백제 장수들은 앞다투어 항복했다. 전쟁은 곧 끝나는 듯했다.

그러나 나당 연합군의 가혹한 점령 정책이 백제의 망민(亡民)들을 분노케 했다. 신라군은 과거 원한을 풀기에 여념이 없었고, 당군은 약탈에 여념이 없었다.

신라군은 검일(黔日)과 모척(毛尺)의 행방을 찾는 데 주력했다. 둘 다 의자왕 즉위 이듬해(642) 발생했던 대야성 전투와 관련이 있는 인물이었다. 먼저 체포된 인물은 모척이었다. 모척은 원래 신라인이었으나 백제의 장군 윤충이 대야성을 공격할 때 검일과 함께 창고에 불을 질렀다. 모척을 처치한 신라군은 검일의 행방을 찾았다. 검일도 곧 붙잡혀 신라군 진영에 끌려왔다. 검일은 약식 군사재판에 처해졌다.

"네가 대야성에서 모척과 공모해 백제 군사를 끌어들여 창고를 불지르는 바람에 성중에 먹을 것이 떨어져 패배하게 되었으니 이것이 너의 첫째 죄요, 성주였던 품석 부처를 핍박하여 살해했으니 이것이 너의 둘째 죄요, 백제와 함께 본국을 공격했으니 이것이 너의 셋째 죄다."

검일은 이미 죽음을 각오한 듯 담담한 표정이었다.

"품석이 부하의 아내를 겁탈한 것은 죄가 아니던가."

그러나 항변이 통할 상황이 아니었다. 오히려 그 항변 때문에 검일은 사지가 찢겨 조각난 시신이 사비하에 던져지는 신세가 되었다.

나당 연합군은 항복한 임금에 대한 기본 예우도 갖추지 않았다. 8월 2일에 열린 전승 축하연 자리에서였다. 신라의 무열왕 김춘추와 당의 대장군 소정방, 그리고 당나라와 신라의 장군들은 모두 대청 위에 올라가 자리를 잡았다. 반면 의자왕과 아들 융 등은 대청마루 아래 내쳐졌다. 백제의 좌평들을 비롯한 여러 신하들도 마찬가지로 당에 오르지 못하고 의자왕 곁에 자리를 잡아야 했다.

"의자야, 이리 올라와서 술을 쳐라."

태종 김춘추는 의자왕을 불러 술을 따르게 했다. 18년 전 장군 윤충을 시켜 딸 고타소랑을 죽게 한 원한에 대한 앙갚음이었다. "슬프다. 대장부가 되어 어찌 백제를 멸하지 못하랴" 하던 탄식의 순간을 김춘추는 아직 잊지 않고 있었다. 어쩌면 그 원한이 오늘의 이 전승 축하연 자리를 만들었는지도 몰랐다.

이미 항복한 의자왕으로서는 다른 수가 없었다. 의자왕은 대청 위에 올라가 무릎을 꿇고 술을 따랐다. 의자왕은 물론 태자 효와 왕자 융, 그리고 백제의 좌평들도 모두 눈물을 흘렸다. 그들은 내분 때문에 이 꼴이 되었음을 모두 알고 있었다. 그들은 뼈저리게 과거의 내분을 후회했으나 때는 이미 늦었다. 역사는 오직 미래를 향해서만 전진할 뿐이다.

그런데 의자왕이 무열왕 김춘추에게 술을 따르는 광경을 보고 눈물을 흘리며 조용히 밖으로 빠져나가는 7척 거구의 사나이가 있었다. 백제 장군 흑치상지(黑齒常之)였다. 밖은 더 아수라장이었다. 당나라 군사들은 약탈에 여념이 없었다. 백제인으로 태어난 것이 곧 저주였다. 남자들은 종이 되었고 여자들은 노리개가 되었다. 흑치상지는 이 원한을 꼭 갚아 주리라고 맹세하며 사비성을 빠져나갔다. 그의 뒤를 십여 명의 부하들이 따르고 있었다.

19
부흥의 몸부림

제명여제가 조칙을 내려 "(백제가) 군사를 빌고 구원을 청하는 것은 예전에 들었다.
위태로움을 돕고 끊어진 것을 잇는 것은 당연한 일이다.
… 뜻을 빼앗기 어렵다. 장군에 명하여, 여러 길을 같이 나아갈 것이다…"
『일본서기』, 제명여제가 660년 백제부흥군의 사신에게 한 말

흑치상지와 복신

흑치상지는 부하들과 함께 사비성을 빠져나왔다. 사비성 밖도 지옥이긴 마찬가지였다. 당군이 휩쓸고 간 지역은 사람이고 물건이고 모두 초토(焦土)가 되었다. 당군은 한때 북방의 요서와 남방의 왜국을 지배할 정도로 흥성했던 700년 왕국을 철저하게 유린했다. 여자들은 처녀와 유부녀 할 것 없이 당군의 노리개가 되었고 조금이라도 값어치가 있는 물품들은 어김없이 노략질당했다. 여기저기에 불에 타 재만 남은 집들과 타다 만 집들이 널려 있었다. 백제 백성들은 망국이 곧 지옥임을 뒤늦게 깨달았다.

흑치상지는 눈물을 흘렸다. 당군과 신라군의 노략질을 피해 퀭한 눈으로 유랑하는 백성들을 보고 어찌 눈물이 나오지 않으랴.

의자왕이 항복했다는 소식에 낙담하던 백성들은 흑치상지 주위에 모였다.

"어디로 가시렵니까?"

함께 사비성을 빠져나온 측근 무장이 물었다.

"소도 비빌 언덕이 있어야 하지 않겠는가. 일단 임존성(任存城 : 충남 예산군 대흥면)으로 가자."

백제 서부에 위치한 임존성은 서부 출신인 그의 영향력이 미치던 지역이었다. 흑치상지와 부하들이 임존성으로 향하자 중로에 많은 군사들을 모았다. 과거의 군사들도 있었고 새로 자원한 젊은이들도 있었다. 나이에 상관없이 모두가 군사를 자원했다.

"당나라와 신라놈들이 우리 폐하를 대청마루 아래 앉히고 술을 치게 했다. 신자(臣子)인 우리가 어찌 군부의 한을 씻지 않겠는가."

현장을 목격한 흑치상지의 이런 연설에 눈물을 흘리지 않는 사람이 없었다.

"우리 폐하께서 아직 적의 수중에 계시니 우리가 힘을 합쳐 당군을 내쫓고 폐하를 다시 모시자."

당군의 노략질을 피해 유랑하던 백성들은 흑치상지 곁에 속속 모여들었다. 흑치상지가 무리를 이끌고 들어간 임존성은 곧 백제부흥운동의 중심지가 되었다. 소문을 듣고 유민들이 계속 몰려들어 불과 열흘 만에 3만의 백성이 모였다.

임존성은 많은 백성들이 거주하며 싸우기에 안성맞춤이었다. 바깥 벽은 돌로 쌓고 안쪽은 흙으로 채운 성벽은 견고했고, 성안에는 우물이 있어서 장기전에 유리했다. 그리고 무엇보다 규모가 클 뿐만 아니라 사방을 바라볼 수 있는 지형적 위치였고, 사비성과 웅진성 모두백 리가 채 안 되는 지역에 위치해 있었다. 사비성과 웅진성을 탈환하는 데 유리한 전략적 거점이었다.

승전의 기쁨에 취해 있던 소정방은 임존성으로 백제의 유민들이 모여들고 있다는 보고를 받고 일순 긴장했다. 그러나 그다지 큰 우려는 하지 않았다. 백제 도성을 단번에 점령한 판국에 그까짓 잔존 세력쯤이야 큰 위험이 아니라고 판단했다. 하지만 조기에 싹을 자르지 않으면 나중에 골칫거리가 될지도 모른다는 생각이 들었다.

아나나 다를까 한 번 백제 부흥의 깃발이 오르자 여기저기에서 봉화가 연달아 올랐다. 남잠(南岑) · 정현성(貞峴城)에서 이미 봉화가 올랐으며 좌평 정무(正武)가 이끄는 백제부흥군은 두시원악(豆尸原嶽)을 근거지로 삼고 나당 연합군에 저항했다. 소정방은 백제부흥군의 도성 역할을 하는 임존성을 조기에 함락시키지 않으면 백제 점령정책에 차질을 빚을까 우려했다. 그래서 임존성을 함락하여 반란 세력을 잠재우려 했다.

소정방은 대군을 이끌고 임존성으로 진군했다. 임존성 아래 들판은 나당 연합군으로 가득 찼다. 흑치상지는 임존성 아래 대책(大柵)과 소책(小柵)을 설치해 연합군의 진군을 저지했다. 소정방은 '저런 목책쯤이야' 하고 가볍게 생각했다. 8월 26일 소정방은 드디어 임존성 공격을 명령했다. 그러나 임존성은 우선 산 위에 있었기 때문에 충차를 사용할 수 없었다. 아니, 일단 산 위의 성까지 도달하려면 눈앞의 대책과 소책을 깨뜨려야 했다.

여기에 백제부흥군은 험난한 지형을 이용했다. 허허벌판인 황산벌에서 5천 결사대로 신라의 5만 대군을 맞아 네 번을 싸워 이길 정도로 강한 군사가 백제군이었다. 여기에 지형을 이용한 흑치상지의 전략이 덧보태지니 나당 연합군은 이길 수가 없었다. 백제군은 여기저기에서 불쑥 나타나 나당 연합군을 공격하고 구원군이 도달하면 어느새 사라졌다.

전투 결과 나당 연합군은 대책 하나 깨지 못했다. 겨우 임존성과 연계된 소책 몇 개만을 깨뜨렸을 뿐이다. 금방 함락시킬 수 있을 것으로 판단하고 식량도 많이 가져오지 않은 참이었다. 여러 날에 걸친 공격이 모두 실패로 돌아가자 나당 연합군은 군사를 돌렸다. 백제부흥군이 나당 연합군을 맞아 거둔 첫 승리였다.

이 전승 소식은 절망에 싸였던 백제의 백성들에게 커다란 희망을 주었다. 두 달 남짓한 유민 생활로 망국이 곧 지옥이며 망국민은 모두 노예라는 사실을 깨달은 백제 유민들은 나라를 되찾을 수 있다는 희망을 갖게 되었다.

이런 자각으로 여기저기서 자발적인 백제부흥군이 결성되었다. 항복했던 성들이 항복을 취소하고 백제부흥군에 가담하는 경우도 적지 않았다. 이 성들은 백제부흥군의 국도인 임존성과 연결해 나당 연합군과 대결을 모색했다. 금방 200여 개의 성이 백제부흥군에 가담했다.

사태가 이렇게 전개되자 소정방은 당황했다. 백제를 멸망시켰다고 고종에게 보고했는데 복병을 만난 것이다. 200여 개의 성이 백제부흥군에 가담하자 오히려 사비성이 포위당한 형국이 되었다. 자칫하면 사비성을 함락하고 의자왕을 사로잡은 전과가 무용지물이 될 지도 모를 상황이었다.

그는 새로운 명령을 받고 다시 돌아오는 한이 있어도 일단 의자왕과 태자를 비롯한 백제 포로들을 끌고 철군하기로 결정했다. 이는 소정방으로선 양수겸장(兩手兼將)의 묘수이기도 했다.

의자왕을 비롯한 백제 포로들을 끌고 가는 것은 확실한 승전 보고였다. 그리고 이는 백제부흥군의 사기를 약화시킬 수 있는 호재였다. 백제부흥군의 목표는 의자왕이 잡혀 있는 사비성 탈환이었다. 의자왕을 당나라로 끌고 감으로써 백제부흥군의 이런 목표를 상실하게 할 수 있었다.

소정방은 의자왕과 왕족 및 신하들 93명과 백성 1만 2천8백 명을 끌고 당나라로 돌아갔다. 의자왕과 왕비 은고(恩古), 태자 효, 왕자 융, 좌평 천복(千福) 등 백제의 수뇌부들이 몽땅 당나라로 끌려갔다.

백제부흥군으로서는 허를 찔린 셈이었다. 흑치상지는 당황했다. 의자왕을 당의 손에서 빼내는 것을 일차 목표로 삼았던 그였다. 그런 의자왕이 당으로 끌려갔으니 갑자기 구심이 없어진 셈이었다. 소정방이 끌고 간 포로들은 백제부흥군이 사비성을 공격할 경우 안에서 호응할 수 있는 백제 백성들이었다. 사실 백제부흥군이 사비성을 탈환하기 위해서는 내부의 호응이 절대적으로 필요했다. 그러나 소정방이 이들을 모두 끌고 가버리자 성안에서 호응할 세력이 없어졌다.

게다가 모든 왕족들을 다 데리고 갔으므로 대신 왕으로 삼을 왕자도 없었다. 그렇다고 '부여' 씨가 아닌 '흑치' 씨가 왕이 될 수는 없는 노릇이었다.

이처럼 낙담하고 있는 흑치상지에게 희소식이 들려왔다. 왕족 복신(福信)이 부흥운동에 나섰다는 소식이었다. 복신은 무왕의 조카이자 의자왕의 사촌이었으므로 대부분의 왕족들이 당으로 끌려간 지금 의자왕의 후사 문제를 논의할 수 있는 인물이었다.

복신이 부흥운동에 나서자 그의 주변에도 백제 유민이 몰려들었다. 의자왕의 사촌이라는 혈통은 많은 백제 유민들을 그의 곁에 모이게 하는 중요한 자산이었다. 유민들이 모이자 복신은 곧 군대를 조직했다. 복신의 목표는 사비성 탈환이었다. 비록 의자왕은 끌려갔어도 도성을 탈환하는 것이 중요한 의미가 있다고 판단했다.

사비성에는 당의 장군 유인원(劉仁願)이 주둔하고 있었다. 그러나 소정방이 이미 일정 병력을 데리고 당으로 돌아갔기 때문에 군사 숫자도 줄어들었을 뿐만 아니라 서전의 승리에 취해 군기도 해이해졌다. 노략질까지 마친 군대가 싸움에 적극적일 리 없었다.

반면 백제부흥군은 사기충천했다. 초반에는 우왕좌왕하다 당했지만 이제는 달랐다. 백제부흥군은 사비도성 외곽에 설치된 방어책(防禦柵)을 먼저 공격했다. 당군은 방어책을 보호하기 위해 나와 싸웠으나 성난 백제부흥군의 상대가 되지 않았다. 곧 나당 연합군이 설치한 방어책이 무너졌다.

백제부흥군은 방어책 안에 있는 식량을 탈취하는 데 성공했다. 가장 큰 약점이었던 식량이 생기자 장기전을 펼 수 있게 된 부흥군은 더욱 사기가

백제부흥군의 맹장 복신 초상화 부여 은산별신제의 주신(主神) 중의 한 명으로 모셔지고 있다.

올랐다. 그들은 사비성에 근접한 네 지점에 각각 성을 쌓았다. 사비성을 공략하면서 신라의 공격도 막는 이중의 목적이었다.

성 쌓기를 마치자 복신은 사비성 공격을 명령했다. 의자왕이 항복한 지 두 달쯤 지난 9월 23일이었다. 방어책을 지키기 위한 앞선 전투에서 패배한 유인원은 사비성이 함락되면 당군은 모두 처참한 죽음을 당할 것이라는 말로 군사들을 독려했다. 그러자 당군도 사력을 다했다. 이렇게 되자 부흥군의 사비성 함락이 쉽지 않았다.

부흥군은 사비성 남쪽에 목책 4, 5개를 쌓고 이곳에도 진을 쳐 장기전에 대비했다. 그리고 백마강 맞은 편의 왕흥사(王興寺) 잠성(岑城)에도 군사를 주둔시켰다. 이리하여 사비성을 북쪽과 남쪽에서 포위

했다. 한편 주위의 여러 성을 돌면서 동참을 촉구했다. 나당 연합군에 항복했던 백제성들은 백제부흥군이 사비성을 포위했다는 소식에 고무되어 앞다투어 봉기해 한꺼번에 30개 성이 부흥군에 가담했다. 고립된 사비성을 탈환하는 건 시간문제로 보였다.

그러자 다급해진 것은 당나라와 신라였다. 사비성이 함락되면 지금까지의 전과는 무용지물로 돌아가고 만다. 당 고종은 좌위중랑장(左衛中郎將) 왕문도(王文度)를 웅진도독으로 삼아 파견했다. 왕문도의 목적은 둘이었다. 사비성에 고립된 유인원의 당군을 구원하는 것이 하나요, 다른 하나는 사비성 지원에 소극적인 신라를 질책하는 것이었다. 왕문도는 9월 28일 삼년산성(三年山城 : 충북 보은)에 도착했다. 신라의 태종 김춘추가 미리 기다리고 있었다.

신라는 당의 속국을 자처했으므로 신라 국왕 김춘추와 당 고종을 대신하는 사신 왕문도는 동격이었다. 왕문도는 동쪽에 서고 태종은 서쪽에 서서 당 고종의 조서를 전달하는 의식을 거행했다. 조서를 전달하고 고종의 선물을 태종에게 주려는 순간이었다. 상상할 수 없는 재변이 순식간에 발생했다. 갑자기 왕문도가 쓰러지더니 그냥 죽어버린 것이다. 왕문도의 수행원들이 그 역할을 대신해 식을 겨우 끝마치기는 했지만 변괴가 아닐 수 없었다.

그 자리에 있던 신라인과 당인은 모두 당황했다. 특히 이역만리에 구원군으로 와서 대장이 갑자기 비명횡사하는 것을 본 당군은 두려움에 떨었다. 그러나 김춘추는 달랐다. 김춘추는 김유신이 여러 차례 흉사(凶事)를 극복하는 모습을 지켜보았다. 김춘추는 이런 때일수록 더욱 강한 모습을 보여야 한다고 생각했다. 왕문도가 죽어 비록 당 고종의 생생한 육성을 전달받지는 못했지만 그 내용이야 사비성을 구원하라는 이야기인 게 뻔했다. 당 고종의 명령이 아니더라도 신라로서는 발등의 불이었다.

태종 무열왕은 10월 9일 태자 김법민과 함께 군사를 거느리고 백제부흥군의 거점의 하나인 이례성(爾禮城 : 충남 논산시 연산면)을 공략했다. 이례성은 주위의 여러 성들을 거느린 전략상 요충지였다.

백제부흥군은 신라 국왕과 태자가 거느리는 친위군을 맞아 용감하게 싸웠다. 태종 김춘추와 법민이 직접 나서 전투를 독려하는데도 이례성은 쉽게 함락되지 않았다. 태종 무열왕이 이례성을 함락시킨 것은 무려 아흐레 만이었다.

이례성이 함락되었다는 소식을 들은 백제부흥군의 성들 20여 개가 대거 항복해 전세는 다시 신라군의 우세로 역전되었다. 태종은 이 여세를 몰아 10월 30일 사비성 남쪽의 목책에 진을 친 백제부흥군을 공격했다. 주변 성들이 항복하는 바람에 사비성 남쪽의 백제부흥군은 고립된 채 신라 대군에 맞서 싸웠다. 사비성 바깥에서는 김춘추가 직접 이끄는 신라군이 공격하고 사비성 안에서는 유인원이 이끄는 당군이 공격했다. 안팎에서 협공받는 불리한 상황에서 복신의 백제부흥군은 패주할 수밖에 없었다. 이 전투에서 백제부흥군은 1천5백 명의 군사를 잃었다.

태종 김춘추가 이끄는 신라군은 11월 5일 계탄(雞灘 : 낙화암 동쪽의 여울)을 건너 왕흥사 잠성에 주둔한 백제부흥군을 공격했다. 이곳마저 빼앗기면 사비성을 탈환할 가망이 없다고 여긴 부흥군은 사력을 다해 싸웠다. 일진일퇴의 공방이 일주일째 계속되었다. 그러나 백제부흥군은 고립된 반면 신라군에는 응원군이 계속 보태졌다. 결국 일주일 만에 백제부흥군은 7백 명의 전사자를 남긴 채 퇴각했다.

이렇게 해서 백제부흥군의 사비성 포위망이 모두 제거되었다. 김춘추는 이 싸움에서 느낀 바가 많았다. 국왕과 왕자를 능멸하고 백성들을 노략질하는 것은 결국 격렬한 저항을 불러옴을 뒤늦게 깨달았다.

그래서 김춘추는 사비성을 포위한 백제부흥군을 격파한 후 신라군뿐만 아니라 항복한 백제인들에게도 벼슬을 주었다. 좌평 충상(忠常)과 상영과 달솔 자간(自簡)에게 일길찬(一吉飡)을 제수하고 직책으로는 총관(總管)을 주었다. 일길찬은 제7관등에 속하는 벼슬이었다. 이는 항복하면 보복하지 않고 벼슬도 내려준다는 것을 알려 저항심을 약화시키려는 의도였다.

상영은 나당 연합군을 맞아 전략을 논의할 때 멀리서 온 당군을 먼저 공격하자는 의직의 주장을 반박하며 당군의 길을 막아 시간을 끌면서 신라군을 먼저 친 후 당군과 싸우자고 주장했던 인물이다. 이런 소모적인 논쟁 때문에 백제군은 시간을 다 보내버렸고 그 결과 황산벌에서 계백이 신라군과 싸워야 했다. 그 황산벌 싸움에는 상영도 있었다. 그러나 계백이 전사하고 5천의 결사대가 모두 전사하는 현장에서 좌평 상영은 계백의 죽음을 외면하고 신라군에 항복했다. 그 대가로 얻은 것이 제7관등 일길찬이었다.

사비성 공략에 실패한 복신은 남은 군사들을 이끌고 임존성으로 들어갔다. 그곳에서는 아직도 굳건히 성을 지키고 있던 흑치상지가 따뜻하게 맞아주었다. 비록 전세는 다시 역전되었으나 그들에게도 희망이 있었다. 복신과 흑치상지는 남쪽의 왜국을 바라보았다. 왜국으로 구원군을 요청하는 사신을 보냈으니 곧 회답이 올 것이다. 왜국의 구원군이 이제 백제부흥군의 희망이었다.

구원군 출병

백제의 좌평 귀지(貴智)는 종자들과 함께 왜국의 비조에 들어섰다. 그의 뒤에는 백제 출신의 종자들뿐만 아니라 당 출신 포로도 100여 명 따르고 있었다. 부흥군과 전투 중에 잡힌 포로들로 왜국 국왕에게 전달할 복신의 예물이었다.

귀지의 마음은 급했다. 음력 시월의 거센 풍랑에 시달렸으나 피곤하다는 느낌도 들지 않았다. 나라의 생사가 달린 일이었다. 이 일이 실패하면 아무리 백제부흥군이 기세를 올리고 있다 하나 나당 연합군과 싸워 이기기는 어려웠다. 귀지는 판개궁 앞에서 말을 내렸다. 심호흡을 한 번 한 귀지는 예관(禮官)을 따라 곧장 궁 안으로 들어갔다. 조당 안에는 제명여제와 중대형황태자를 비롯해 백관이 다 모여 백제의 전황에 대해 촉각을 곤두세우고 있었다. 제명여제와 중대형태자는 귀지를 반갑게 맞아들였다. 백제 전황 소식에 굶주린 모습이었다.

"당인이 우리의 적 신라인들을 데리고 와서 우리 국경을 범하고 사직을 전복시키고 군신(君臣)을 잡아갔습니다."

"내 포로가 되었다는 말은 들었소만 군신을 잡아가다니? 그럼……."

제명여제는 차마 의자왕이 잡혀갔느냐고 물을 수 없었다. 귀지가 이런 기척을 눈치채고 말을 이었다.

"폐하를 비롯해서 왕비마마와 태자마마, 그리고 왕자들과 높은 벼슬아치들 92명과 1만 2천여 명의 백성들이 당나라로 끌려갔습니다."

"저런……."

제명여제는 말을 잇지 못했다.

"그러나 왕족 복신님과 장군 흑치상지가 나타나 백제부흥군을 결성했습니다. 현재 여러 성을 되찾았습니다. 얼마 전에는 사비성을 공략하기도 했습니다."

"참으로 다행한 일이오."

"복신님께서는 두 가지를 부탁하셨습니다."

"말해 보시오."

중대형황태자였다. 귀지는 그가 사실상의 천황이란 사실을 이미 전해 듣고 있었다.

"하나는 왕자 풍장(豊璋)님을 귀국시켜 달라는 것입니다."

"풍왕자를?"

"예! 폐하와 모든 왕자님들이 붙잡혀 갔기 때문에 그분을 국왕으로 모시고자 하는 것이 좌평 복신을 비롯한 여러 중신들의 뜻입니다."

제명여제와 중대형은 고개를 끄덕거렸다.

"다른 하나는 무엇이오?"

"구원군을 보내달라는 것입니다."

"……."

구원군을 보내달라는 요청에 대해서 중대형은 아무 대답이 없었다. 대신 제명여제가 말을 이었다.

"구원군을 보내달라는 요청은 예전에 이미 받았소."

복신은 지난달인 9월에도 달솔과 사미각종(沙彌覺從) 등을 보내 구원군을 요청했던 터였다. 왜국으로 달려온 그들은 백제의 다급한 사정을 이렇게 고했다.

"금년 7월, 신라는 이웃나라와 친하게 지낼 생각을 하지 않고 먼 당나라를 끌어들여 백제를 전복시켰습니다. 군신을 모두 포로로 하여 살아남은 자가 없습니다."

그때 백제 사신이 전한 전황은 처절했다.

7월 10일, 당나라의 소정방이 수군을 거느리고 미자진(尾資津 : 금강 하구)에서 결전을 벌였고, 신라왕 김춘추는 병마를 거느리고 노수리산(怒受利山 : 황산벌)에서 결전했는데, 서로 뒤엉켜 싸운 지 사흘만에 사비성이 함락되고 의자왕이 버티던 웅진성까지 무너졌다는 것이다.

제명여제는 당시 사신이 했던 보고들이 생생하게 되살아났다.

"이때 서부(西部) 은솔(恩率) 복신은 노하고 분개하여 임존성에 웅거했고, 달솔 여자진(餘自進)은 중부 구마노리성(久麻怒利城 : 웅진성)에 웅거했습니다. 각각 한 성에 자리 잡고 흩어진 병졸들을 모았는데, 무기는 이미 이전의 싸움에서 다 없어진 상태였습니다. 그래서 신라군과 몽둥이로 싸울 수밖에 없었습니다. 그래도 신라 군사를 물리치고, 신라의 무기를 빼앗아 무장했습니다. 그래서 이제 백제군은 강성해졌습니다. 당나라도 감히 들어올 수가 없습니다. ……오직 복신만이 신묘한 계획을 세워 이미 망한 나라를 일으켰습니다."

그러면서 달솔과 사미각종 등은 지원군을 보내줄 것을 요청했다.

그러나 지원군을 보내는 것은 간단한 문제가 아니었다. 1~2천 명을 보내서 해결될 일도 아니고 또 신라뿐만 아니라 대국 당나라와 등을 돌려야만 했다. 당나라를 자칫 잘못 건드렸다가 내친 김에 바다 건너 왜국으로 출정오지 않는다고 장담할 수 없었다. 그러니 나라의 운명이 걸린 문제나 마찬가지였다. 결국 중대형이 결정해야 할 문제였으므로 여제가 물었다.

"황태자는 어떻게 생각하는가?"

"저는 폐하의 뜻에 따를 것입니다."

중대형은 제명여제에게 결정을 맡겼다. 백제는 어머니에게 친정과 같은 곳이었다. 어머니의 친정이자 백제계의 대부인 소아가를 멸망시킨 일은 어머니의 가슴에 평생 못을 박은 것이나 다름없었다. 이제 백제 구원군을 보내는 문제만큼은 어머니의 결정에 따르고 싶었다. 드디어 제명여제가 입을 열었다.

"위태로운 것을 돕고 끊어진 것을 잇는 것은 당연한 일이다."

이 말에 귀지의 얼굴이 환하게 밝아졌다. 여제의 말은 계속되었다.

"백제가 궁하여 내게 온 것은 본방(本邦)이 망하여 의지할 곳이 없고 호소할 곳도 없기 때문이다. 백제는 지금 창을 베개로 삼고 쓸개를 맛보면서 구원해줄 것을 멀리 와서 호소하는데 어찌 그 뜻을 꺾을 수 있겠는가?"

이리하여 백제 구원군 출병은 결정이 났다.

"구름이 만나듯 벼락이 치듯 함께 백제에 모여 그 원수를 참하고 긴박한 고통을 덜어주어라."

그녀가 두 차례 여제의 자리에 올라 있는 동안 가장 강력한 명령이었다. 그녀는 여제의 자리에 있었지만 명목뿐이었고 실권은 다른 쪽에 있었다.

결정은 내려졌지만 그렇다고 내일 당장 출병할 수 있는 것은 아니었다. 일단 대군을 실을 배를 만들어야 했다. 왜국은 아직 사신 교환이나 소규모 병력 이외에 수만 명에 달하는 군사를 바다 건너 보내본적이 없었다. 적어도 수백 척의 병선이 필요했는데 그만한 배가 있을리 없었다. 결국 배를 건조하려면 아무리 전력을 기울인다 해도 1년이상의 기간이 필요했다.

제명여제와 중대형태자를 제외한 나머지 군신들은 대규모 출병에그다지 적극적이지 않았다. 망명해오는 백제인들이나 받아주면 되지굳이 온 국력을 기울여 구원군을 보낼 필요가 있느냐는 생각이었다. 그러나 제명여제와 중대형황태자가 결정한 일에 왈가왈부할 수는 없었으므로 그냥 따를 뿐이었다.

백제 구원에 대한 여제의 정열은 놀라울 정도였다. 이런 여인이 어떻게 지금까지 허수아비 임금 노릇을 해왔는지 이해가 가지 않을 따름이었다. 그녀는 음력 12월에 직접 난파궁에 행차했다. 그리고 복신의 뜻에 따라 머나먼 축자까지 가서 군선을 비롯한 여러 무기를 직접점검했다.

조정에서 군선을 만들도록 명한 지역은 준하(駿河 : 토쿄)였다. 조정의 독촉이 불같았으므로 준하에서는 서둘러 군선을 만들었다. 그러나 그렇게 만든 군선을 궁성 근처로 끌고왔을 때 이변이 발생했다. 한밤중에 배의 머리와 고물이 서로 뒤바뀌었던 것이다. 이는 불길한징조였다. 이 이변 때문에 싸움에 질 것이라는 소문이 파다했다.

재변은 또 있었다. 열 아름쯤 되는 파리가 떼를 지어 서쪽으로 날아간 것이다. 이 또한 구원군이 패할 징조라는 소문을 만들었다. 이런 소문들이 얼마나 무성했는지 구원군이 패할 것이란 동요까지 생겨났다.

그러나 제명여제는 이런 모든 징조들을 무시했다. 그녀는 자신이 지금까지 온갖 수모를 견디며 살아 있었던 이유가 바로 백제 구원군 파견에 있었다는 듯 모든 정열을 구원군 조직에 쏟았다. 그녀는 백제 구원군을 위해서라면 아무리 험한 일도 마다하지 않았으며, 어느 먼 곳도 사양하지 않았다. 드디어 군선이 대략 만들어지자 그녀는 재위 7년(661) 5월 조창궁(朝倉宮 : 아사쿠라)으로 행차했다. 백제 구원군 파견을 진두지휘하기 위해서였다. 그런데 갑자기 조창궁의 대전이 무너졌다. 이 또한 불길한 징조라는 수군거림이 일었다. 뿐만 아니라 궁중에 귀신불까지 보였다.

소문은 더욱 무성해졌다. 이런 소문들은 이 지역 사람들이 믿는 전통신과 관련이 있었다. 이 지역은 아직 불교가 흥성하지 못했다. 대부분의 사람들은 조창사(朝倉社)에 모신 전통신을 믿었다. 그런데 조창궁을 지을 때 사용한 나무는 바로 조창사의 나무였다. 그래서 사람들은 전통신이 노해 대전을 무너뜨린 것이라고 수군거렸다. 또 대사인(大舍人) 등 여러 근시 중 병들어 죽는 사람이 많았다.

이런 일들이 계속해서 이어졌으나 백제 구원군을 보내려는 제명여제의 의지를 꺾지는 못했다. 이미 예순여덟의 고령이었으나 그녀는 마치 회춘이라도 한 듯 모든 일들을 밀어붙였다. 그러나 일 년 가까운 시간 동안 이곳 저곳을 옮겨 다니면서 백제 구원군 조직을 진두지휘한 탓에 몸에 무리가 왔다.

결국 제명여제는 조창궁으로 옮긴 지 두 달 만인 재위 7년(661) 7월 세상을 떠났다. 그렇게 원하던 백제 출병을 목전에 두고 갑자기 사망한 것이다. 백제로서는 청천벽력이었다. 제명여제가 세상을 떠나자 황태자 중대형이 그 일을 맡아 처리했다. 중대형은 소복을 입고 칭제(稱制 : 즉위하지 않고 정무를 보는 것)했다. 갑자기 칭제하게 된 중대형이 처리할 중요한 사안은 둘이었다. 제명여제의 장례식을 치르는 것과 제명여제의 뜻을 이어 백제 구원군을 조직하는 일이었다.

장례식 문제도 그리 간단치 않았다. 그녀가 사망한 구주에서 장례를 치를 수는 없었다. 그래서 그녀의 시신을 배에 싣고 지금의 구주에서 뇌호내해(瀬戶內海 : 세토나이해)를 거쳐 왕궁이 있는 비조로 옮겨야 했다.

백제 구원군을 조직하는 문제도 계속해야 했다. 그러나 일단 장례를 치르고 난 이후에야 구원군을 보낼 수 있었다. 어머니의 시신을 객지에 둔 채 구원군을 보낼 수는 없었다. 중대형은 두 가지 문제를 동시에 처리했다. 제명여제의 시신을 비조로 운반하는 한편 일부 병력을 먼저 백제로 보냈다.

중대형은 일단 그해(661) 8월, 대화하(大花下 : 일본의 관위) 아담(阿曇)과 소화하(小花下) 하변(河邊) 등을 백제로 보냈다. 이들은 일부 병력을 이끌고 백제부흥군에 가담했다. 그리고 이듬해 5월 왜국에 와 있던 의자왕의 아들 풍장을 백제로 귀국시켰다. 대금중(大錦中) 아담비라부련(阿曇比邏夫連 : 아츠미노히라부노무라치) 등이 수군 170척을 거느리고 풍장을 호위했다.

의자왕의 아들 풍이 귀국하자 복신은 절하며 그를 맞이했다. 그 모습을 본 모든 백제 사람들이 눈물을 흘렸다. 그리고 풍은 백제의 새로운 임금으로 즉위했다. 이로써 백제부흥에 새로운 구심점이 생겼다.

그 거대한 전쟁

20

확대되는 전쟁

당나라의 방효태(龐孝泰)가 사수(蛇水) 언덕에서
연개소문과 싸우다가 전멸하고
방효태도 아들 13명과 함께 전사하였다.
『삼국사기』, 고구려 보장왕본기 662년 조에서

의자왕의 말로

의자왕은 긴 여정 끝에 장안에 도착했다. 20년 전(641) 즉위할 때만
해도 자신이 이런 꼴이 되리라고는 상상도 못했다. 즉위 이듬해 미후
성 등 신라의 40여 성을 깨고 고구려 군사와 함께 당항성을 공격하고
대야성을 함락시켰을 때만 해도 신라를 멸망시키려는 꿈이 있었다.
불과 5년 전(655) 8월, 고구려·말갈 연합군과 전격적인 기습전을 펼
쳐 신라의 북부 33개 성을 빼앗을 때만 해도 자신이 이런 비참한 꼴
로 장안에 끌려오리라고 누군들 예상했으랴.

반면 원정국의 임금을 포로로 잡아 귀환하는 소정방은 의기양양했
다. 임금뿐만 아니라 왕자, 대신들 92명과 백성 1만 2천8백 명까지
함께 끌고 오는 길이었다. 장안성으로 들어가는 연도에 수많은 사람
들이 몰려나와 이 희대의 행렬을 구경했다. 이처럼 좋은 구경거리가
어디 있겠는가.

당 고종에게도 소정방이 잡아온 백제 의자왕과 대신 및 백성들은

큰 선물이었다. 당시 당 고종은 황후 교체 문제의 여파가 완전히 가라앉지 않아 황권이 실추된 상황이었다.

후궁 무(武)씨에게 눈먼 당 고종이 황후 왕(王)씨를 갈아치우려고 시도하면서 많은 문제가 발생했다. 더군다나 후궁 무씨는 부왕 태종의 후궁이었다. 아버지의 후궁을 황후로 삼으려하자 당연히 많은 반발이 일었다.

훗날 무측천(武則天)이라고 불리는 이 여인 무조(武照)는 14세 때 태종의 후궁으로 들어가 재인(才人 : 정5품)이 되었다. 그녀는 남다른 미모뿐만 아니라 담력까지 갖고 있었다. 그녀는 태종 시절 아무도 길들이지 못한 사자총(獅子驄)이라는 명마를 길들이는 방법에 대해 이야기했는데 이를 들은 사람들은 모두 입을 다물지 못했다.

"첫째로 철편(鐵鞭 : 쇠로 만든 채찍)을 사용하다가 안 되면 둘째로 철과(鐵樋 : 굵은 쇠채찍)를 사용하고, 그래도 안 되면 비수(匕首)를 사용해 목을 자르면 됩니다."

이처럼 목적을 위해서는 수단과 방법을 가리지 않는 담력 때문인지 역시나 강한 성격의 태종과는 잘 맞지 않았다.

태종 재위 시절 그렇게 쓸쓸하게 지내던 그녀는 태종이 죽자 감업사(感業寺)로 들어가 여승이 되어야 했다. 황제의 후궁이었던 여성은 평생 비구니가 되어 수절하면서 먼저 간 황제의 명복을 빌어야 했다. 물론 비구니 생활은 무씨에게 전혀 맞지 않았다.

감업사에서 재미없는 나날을 보내던 무씨를 궁중으로 끌어들인 인물이 당 고종의 황후 왕씨라는 데에 역사의 아이러니가 있다. 왕황후는 정숙한 데다 미모도 갖췄지만 자식이 없었다. 그런 틈을 파고든 후궁이 소숙비(蕭淑妃)였다. 소숙비는 고종의 제4자 이소절(李素節)을 낳아 고종의 총애를 받았다. 아이를 낳지 못했던 왕황후는 자칫 태자

측천무후 초상화

자리가 소숙비의 소생에게 돌아갈 것을 염려했다. 그래서 왕황후는 미천한 출신의 후궁 유씨가 낳은 고종의 장남 이충(李忠)을 황태자로 책봉할 것을 권했다. 어차피 자신의 소생이 없는 바에야 빈한한 외가 출신의 이충을 태자로 삼아 후견인 역할을 자임하는 것이 낫다는 판단에서였다.

그리고 소숙비에게 기운 고종의 마음을 되돌리기 위해 감업사에 있던 무씨를 끌어들였다. 선제(先帝 : 태종)의 제사를 지내러 감업사에 간 고종이 여승이 된 무씨와 눈길을 마주치며 서로 눈물을 흘렸다는 소문을 듣고 저지른 일이었다. 무씨가 부황의 후궁이던 시절부터 그녀를 좋아했던 고종은 이때만 해도 무씨를 끌어들이는 일이 자신을 비참한 운명으로 빠뜨리게 될 줄은 꿈에도 몰랐다.

왕황후는 무씨의 머리를 기르게 해서 고종의 후궁으로 들였고 무씨는 곧 재능을 발휘해 고종의 마음을 사로잡아 금방 소의(昭儀 : 정2품)로 승급되었다. 그런데 무씨는 후궁의 지위로 만족할 여자가 아니었다. 고종의 총애를 독차지하게 된 그녀는 소숙비는 물론 왕황후의 지위까지 넘봤다. 이를 위해 그녀는 자신의 딸까지도 죽여버렸다고 알려지고 있다.

무씨는 고종과의 사이에서 공주를 낳았는데 왕황후는 갓난 공주를 귀여워해 가끔 무씨가 사는 전각에 들렀다. 그러던 어느 날 왕황후가 딸을 보고 나오자마자 무씨는 딸아이를 죽여버렸다. 그리고 고종이 들어오자 놀란 모습으로 아이의 시체를 보여주며 "방금 왕황후가 들렀습니다"라고 말해 왕황후를 범인으로 몰았다. 이에 고종은 왕황후의 폐위를 결심했다.

그러나 고종은 마음대로 왕황후를 폐위시킬 수 없었다. 태종이 죽기 직전 고명(顧命)한 대신들의 동의를 얻어야만 했다. 태종은 황후의 오빠이자 재상인 장손무기와 저수량, 그리고 이적에게 후사를 부탁했다.

655년 9월 고종은 장손무기·저수량 등의 중신을 불러 왕황후의 폐위 문제를 상의했으나 맹렬한 반대에 부딪쳤다. 특히 저수량은 이렇게까지 말했다.

"무씨가 선제를 섬겼음은 많은 사람들이 알고 있습니다. 폐하에게 불명예가 될 일은 하지 말아 주십시오."

저수량은 손에 쥐고 있던 홀(笏)로 자신의 머리를 때려 피를 흘리며 간쟁했다.

"이 홀은 폐하께 돌려드리고 저는 고향에 돌아가 은거하고 싶습니다."

저수량의 이런 행위에 고종은 분노했고 발[垂簾] 뒤에서 저수량의 이야기를 듣던 무씨는 "어찌 저놈을 박살내지 않는가"라고 외쳤다. 그러자 장손무기가 나서 선제의 고명을 받은 대신은 벌할 수 없다고 막았다. 저수량과 장손무기가 반대하자 황후 교체 계획은 난관에 부딪쳤다. 그러나 훗날 고구려 원정군 사령관으로 나서는 이적이 고종의 뜻에 동의하면서 사태는 새로운 국면에 접어들었다. 이적은 고종에게 이렇게 말했다.

"이는 폐하의 집안일이니 굳이 외부인의 의견을 물을 필요가 없습니다."

예부상서 허경종(許敬宗)은 이런 예를 들며 동조했다.

"한낱 시골 촌부도 보리가 한 가마쯤 남아돌면 부인을 바꾸고 싶어합니다. 천자가 황후를 세우는 데 여러 사람에게 상담할 것이 없습니다."

이에 힘을 얻은 고종은 저수량을 담주(潭州) 도독으로 좌천시켜 황후 교체 준비를 갖추었다. 655년 10월에 결국 왕황후를 황제 독살을 꾀했다는 이유로 폐위시켰다. 이때 왕황후뿐만 아니라 소숙비도 폐위되었다. 다음달 드디어 무씨는 황후 자리에 올랐는데 그녀가 바로 중국 역사상 유일한 여제인 측천무후(則天武后)이다.

소숙비를 견제하기 위해 무씨를 끌어들인 왕황후는 결국 소숙비와 함께 나락으로 떨어졌다. 두 여인을 쫓아내고 황후가 된 무씨는 점차 고종까지도 자기 마음대로 조종했다. 부드러운 성격의 고종은 강한 성격의 무씨에게 항상 끌려다녔다. 이렇게 되자 고종은 자신의 잘못을 깨닫고 관비(官婢)로 떨어진 왕씨와 소씨에게 동정심을 갖게 되었다.

이런 소문을 들은 무씨는 왕씨와 소씨를 끌어내 곤장 100대씩을 때리고 수족을 베어 술병 속에 담그도록 명령했다. 무씨를 끌어들였던 왕씨는 그저 울면서 후회할 뿐이었으나 소씨는 눈을 부릅뜨고 이렇게 외쳤다.

"이번에 다시 태어나면 나는 고양이가 될 것이다. 대신 너는 쥐가 되어라. 나는 반드시 너의 목젖을 뜯어 먹을 테다."

이 말을 전해들은 무황후는 안색이 창백해지며 궁중에서 고양이를 기르지 못하게 했다. 무황후는 점점 권력을 손을 쥐며 고종보다 막강한 힘을 갖게 되었다. 659년에는 드디어 고종의 외삼촌인 장손무기의 벼슬을 깎고 자살하게 만들었다. 저수량은 이미 유배지에서 죽은 뒤였다.

소정방이 의자왕을 끌고 장안으로 돌아온 660년 10월 무렵 무황후는 드디어 눈이 나쁜 고종을 대신해 황제의 재결권까지 장악했다. 고종은 황제란 이름만 지녔을 뿐 실권은 모두 무후에게 돌아갔다. 고종의 위신은 추락할 대로 추락한 상태였다. 고종과 무후의 관계를 둘러싸고 수많은 말들이 떠돌았다.

이런 상황에서 소정방이 의자왕을 생포해 왔으니 기쁘지 않을 도리가 없었다. 고종은 오랜만에 의자왕을 꾸짖으며 황제로서의 위엄을 드높였다.

"짐이 영휘(永徽) 2년(651) 그대에게 신라와 화해하라는 새서(璽書 : 국서)를 보냈을 때 왜 듣지 않았느냐? 그때 말을 듣지 않으면 육군(六軍 : 황제의 군대)을 보내겠다고 하지 않았는가?"

의자왕은 할 말이 없었다. 입이 있어도 말할 수 있는 처지가 아니었다. 그저 황공하다는 말만 되뇔 뿐이었다. 당 고종은 의자왕을 한참 꾸짖고 나서 용서하겠다며 그만 물러가라고 말했다. 의자왕은 이런 수모를 견딜 수 없었다. 사비성에서 목숨 걸고 끝까지 싸우지 않은 것을 뼈저리게 후회했다. 이런 후회가 상심이 되고 병이 되었다. 의자왕은 끝내 울화를 참지 못하고 장안에 도착한 지 얼마 되지 않아 병들어 죽고 말았다. 신라 정복을 꿈꿨던 임금의 비참한 말로였다.

고종은 의자왕에게 금자광록대부위위경(金紫光祿大夫衛尉卿)을 추증하고 옛 신하들의 부상(赴喪)을 허락했다. 의자왕의 장례식에서야 비로소 망국 백제의 신하들은 한자리에 모여 눈물을 흘렸다. 그것은 자신들이 모셨던 군주의 죽음을 애도하는 눈물이자 자신들의 비참한 처지에 대한 회한의 눈물이었다.

고종이 의자왕의 묏자리로 정한 곳은 손호(孫皓)와 진숙보(秦叔寶)의 묘 옆이었다. 손호는 삼국시대 오(吳)나라 손권(孫權)의 손자로 주색에 빠져 정사를 소홀히하다가 진(晉)나라에 사로잡혀 낙양에서 죽은 임금이며, 진숙보는 진(陳)의 마지막 임금으로 역시 향락에 빠져 정사를 돌보지 않다가 수나라에 사로잡혀 낙양에서 죽은 임금이었다. 의자왕을 이들 곁에 낸 것은 의자왕의 생애에 대한 고종의 조롱이자 주색에 빠져 나라를 망쳤다는 비웃음이었다. 백제의 신하들은 고종에게 "아버지의 여자를 부인으로 삼은 패륜아"라고 욕해주고 싶었으나 나라를 빼앗긴 그들에게는 이미 입이 없었다.

의자왕의 몰락에 크게 당황한 인물은 연개소문이었다. 그리 쉽게 도읍 사비성이 함락되고 또 의자왕이 항복할 줄은 꿈에도 몰랐다. 그토록 용맹하던 의자왕이 자신이 미처 손을 쓸 사이도 없이 항복하리라고는 예상도 못한 일이었다. 당군이 백강에 도착한 때가 7월 9일이었고, 의자왕이 항복한 때가 7월 18일이었으니 불과 열흘 만에 7백년 왕업이 역사 속으로 사라진 것이다.

조금만 더 버텨줬으면 자신이 군사를 보냈을 텐데 그럴 틈도 주지 않고 항복해 버리다니. 다섯 나라가 뒤엉킨 전쟁에서 고구려와 백제는 입술이 없으면 이가 시린 순망치한(脣亡齒寒)의 관계였다.

연개소문은 다음은 고구려 차례임을 알고 있었다. 그는 정세를 면밀히 검토했다. 신라와 당나라의 백제 정복에 변수가 있을지도 모른다고 생각했다. 아니나다를까 복신과 흑치상지 등이 백제부흥군을 조직해 임존성을 중심으로 세력을 넓혀가고 있었다. 연개소문은 군사를 개입할 시점을 노렸다. 200여 개의 성이 부흥군에 가담할 정도

로 세력이 확산되자 신라는 북쪽 한산주의 병력을 빼어 남쪽 백제부
흥군과의 격전지로 돌렸다.

연개소문은 이때를 놓치지 않았다. 660년 11월 1일, 연개소문은
신라 북방의 요충지인 칠중성(七重城 : 경기 파주시 적성)을 기습했다.
칠중성은 선덕여왕 재위 7년 10월에도 고구려가 공격한 적이 있었
다. 그때 신라 백성들이 놀라 산골짜기로 피신했는데 다음달 신라의
알천이 칠중성 밖에서 고구려 군사를 공격하여 수많은 고구려 군사
들이 죽고 패전했던 지역이었다. 신라로서는 고구려의 남하를 저지
하는 가장 중요한 요새였다.

칠중성의 현령인 필부(匹夫)는 태종 김춘추가 칠중성의 중요성을
고려해 특별히 임명한 인물이었다. 고구려가 공격했을 때 칠중성에
는 방어 병력이 부족했다. 필부는 성을 포위한 고구려군을 맞아 20일

간이나 버티며 결사항전했다. 그러자 고구려군은 함락을 포기하고 철병하려 했다. 그때 신라의 대내마(大奈麻) 비삽(比歃)이 비밀리에 고구려 장수에게 사람을 보내 내응을 약속했다.

"성안에 양식이 떨어지고 힘이 다하였으니 공격을 계속하면 반드시 함락시킬 수 있을 것이다."

새로운 정보를 입수한 고구려군은 다시 칠중성을 공격했다. 이 사실을 알게 된 필부는 비삽의 목을 베어 성 밖으로 던지고 군사들을 독려했다.

"충신, 의사는 죽을지언정 굴복하지 않는다. 성의 존망이 이 한 싸움에 달려 있으니 힘써 싸우자."

필부가 주먹을 불끈 쥐며 이렇게 외치자 병사들도 모두 일어나 앞을 다투어 싸우러 나섰다. 그러나 전세는 이미 기운 판이었다. 바람이 신라군 진영으로 부는 것을 이용해 고구려가 불을 지르면서 공격하자 신라군으로서는 더 이상 방법이 없었다. 필부는 본숙(本宿)·모지(謨支)·미제(美濟) 등의 장졸들과 함께 포기하지 않고 맞서 싸웠는데 화살이 고슴도치처럼 온몸에 박혀 피가 발꿈치까지 흘러내려 죽고 말았다. 태종 김춘추가 이를 듣고 크게 슬퍼하며 급찬 벼슬을 추증했다.

과거 같으면 칠중성을 두고 20일간이나 전투가 벌어졌으면 곧 신라의 구원군이 도착했을 것이다. 그러나 당시 태종 김춘추는 백제부흥군이 진을 치고 있는 백마강 맞은편의 왕흥사 잠성을 공격 중이어서 구원군을 보낼 여력이 없었다. 칠중성보다는 사비성의 백제부흥군을 격퇴하는 것이 더욱 중요했다. 백제부흥군이 기세를 올리는 가운데 고구려가 칠중성을 차지한 것은 전쟁이 새로운 국면에 접어들었음을 말해주는 것이었다.

아직 전쟁은 끝나지 않았다. 고구려의 칠중성 함락은 이를 분명히 말해주고 있었다. 또한 당나라도 백제를 멸망시킨 것으로 전쟁이 끝났다고 생각하지 않았다. 당나라의 목표는 고구려·백제·신라 삼국을 모두 멸망시켜 당나라의 행정구역으로 편입시키는 것이었다. 그래서 소정방이 의자왕을 포로로 삼아 귀환했을 때 당 고종은 소정방에게 이렇게 물었다.

"백제를 멸망시킨 김에 왜 신라를 정벌하지 않았느냐?"

"신라는 그 임금이 인자하여 백성을 사랑하고 그 신하는 충성으로 나라를 섬겨 아랫사람이 윗사람 섬기기를 부형과 같이 하니 나라는 작지만 도모할 수가 없었습니다."

그러나 소정방 역시 신라 점령을 꾀하고 있었다. 당나라는 백제를 멸망시킨 직후 사비 언덕에 진영을 치고 신라를 침략하려 했다. 신라에서도 물론 이런 기미를 눈치챘다. 태종 김춘추가 여러 신하를 불러 대책을 논의하자 다미(多美)가 이렇게 제안했다.

"우리 군사에게 백제 군사의 군복을 입혀 반란을 일으킨 것처럼 위장하면 당나라 군사가 공격할 것이니 이때 맞서 싸운다면 이길 수 있을 것입니다."

김유신은 이 의견에 선뜻 동조했다.

"이 말이 조리가 있으니 청컨대 따르소서."

그러나 태종 김춘추는 망설였다.

"당나라 군사가 우리를 위해 적국을 멸했는데 도리어 그들과 싸운다면 하늘이 어찌 우리를 돕겠는가?"

이 말을 듣고 김유신이 반박했다.

"개가 비록 주인을 두려워하지만 다리를 밟으면 도리어 물어뜯는 법입니다. 어찌 환난을 만나 구제할 생각을 하지 않고 스스로 멸망하겠습니까?"

　김유신이 이처럼 강력하게 주장하자 신라군은 당군과 일전 불사를 결심했다. 이를 눈치챈 소정방은 신라를 점령하려던 계획을 잠시 접어두었다. 그렇다고 해서 당나라가 신라를 점령하려는 계획을 포기한 것은 아니었다. 다만 우선 순위가 바뀌었을 뿐이었다.

나당 연합군의 침공

백제를 멸망시킨 이듬해(661) 정월부터 당나라는 고구려 원정 준비에 돌입했다. 정월에 하남·하북·회남(淮南)의 67주(州) 군사 4만 4천여 인을 모집해 평양도와 누방도(漏方道)의 행영(行營)에 모이게 했다. 이때의 원정군은 한인들로만 조직된 것이 아니었다. 당나라 내에 있는 이민족들을 광범위하게 원정군에 포함시켰다. 당 고종은 이 임무를 소사업(蕭嗣業)에게 맡겼다. 그를 부여도(扶餘道)행군총관으로 삼아 회흘(回紇) 등 이민족 여러 부의 군사를 이끌고 평양으로 진격을 명령했다.

당 고종은 백제를 멸망시킨 여세를 몰아 이 기회에 고구려까지 끝장내려고 결심했다. 그해 4월 당 고종은 자신이 직접 고구려 친정군을 이끌기로 결정했다. 부왕 태종이 못 이룬 꿈을 자신이 이루고 싶었다.

고종은 임아상(任雅相)을 패강도(浿江道)행군총관, 계필하력(契苾何力)

을 요동도(遼東道)행군총관, 소정방을 평양도행군총관으로 임명했다. 그리고 소사업이 이끄는 여러 이민족 군대와 함께 모두 35군(軍)을 편성했다. 이 대군을 수륙 양군으로 나누어 고구려를 향해 출진시키고 고종 자신은 황제 직속의 육군(六軍)을 거느리고 참전을 준비했다. 수 양제와 당 태종에 이어 세 번째 황제의 고구려 친정군이 출발하게 된 것이다.

그러나 고종의 친정에 대해 당나라 내부에서 우려의 목소리가 높아갔다. 비록 백제는 멸망시켰지만 고구려는 백제와 다른 나라였다. 게다가 백제도 부흥군 때문에 시끄러운 참이었다. 자칫 잘못하다 고구려와 백제부흥군 모두와 싸워야 하는 상황이 발생할 수도 있었다.

당의 울주자사(蔚州刺史) 이군구(李君球)가 이런 반대 의견을 집약해 상소했다.

"고구려는 소국인데 어찌 온 중국의 힘을 기울일 것이 있겠습니까? 만약 고구려를 멸망시킨다고 해도 반드시 군사를 보내어 지켜야 합니다. 적게 보내면 위엄이 떨치지 않을 것이고 많이 보내면 중국의 인심이 불안해할 것이니 이는 천하 백성들을 운수(運輸)와 방어 때문에 피곤케 하는 것입니다. 신의 생각에는 정벌함이 정벌하지 않음만 못하고 멸망시킴이 멸망시키지 않음만 같지 못하다고 여깁니다."

이런 반대를 이미 예상했던 고종은 모든 반대를 무시하고 출진하려 했다. 그러나 출진을 막는 결정적 요인이 발생했다. 측천무후가 반대하고 나선 것이다. 이미 고종의 권력을 능가하게 된 무후가 반대하자 고종은 친정을 중지할 수밖에 없었다.

당나라가 고구려 원정 여부로 논쟁하는 동안 고구려는 한반도 정세를 뒤집기 위한 작전에 나섰다. 661년 5월 연개소문은 장군 뇌음신(惱音信)과 말갈 장군 생해(生偕)에게 고구려·말갈 연합군을 이끌고 술천성(述川城 : 경기도 여주)을 치게 했다. 칠중성을 점령한 여세를 몰아 한강까지 남하한 것이다. 신라의 진흥왕과 백제 성왕의 연합군에게 한강 유역을 빼앗긴 이래 이 지역 회복은 고구려의 오랜 숙원 사업이었다. 술천성을 점령하면 한강 유역을 회복할 수 있는 교두보가 마련된다.

그러나 고구려·말갈 연합군은 술천성을 치는 척하다가 갑자기 기수를 돌려 북한산성으로 향했다. 북한산성은 한강 유역을 다스리는 한산주의 중심 방어선이었다. 이곳이 함락되면 신라는 한강 유역을 상실할 가능성이 높았다. 그렇게 되면 전세는 다시 역전이었다.

고구려·말갈 연합군은 두 군을 효율적으로 나누어 공격했다. 고구려는 북한산성 서쪽에 진영을 치고 말갈은 동쪽에 진영을 갖추어 북한산성을 포위했다. 양군은 여러 대의 투석기(拋車)를 설치해놓고 커다란 바위를 날렸다. 바위가 맞는 곳마다 성첩이 무너졌다. 북한산성 함락은 시간 문제로 보였다. 신라는 백제를 얻은 대신 한강 유역을 상실할 위기에 처했다. 또한 한강 유역을 차지한 고구려가 백제부흥군과 결합한다면 그 파괴력은 상상할 수 없었다.

북한산성의 성주 동타천(冬陀川)은 온몸을 던져 북한산성을 지키겠다고 다짐했다. 성안에는 불과 2천8백여 명만이 있었지만 당황하지 않았다. 그는 연합군이 성벽을 타고 넘을 것에 대비해 철질려(鐵蒺藜 : 마름쇠)를 사방에 펼쳐 놓았다. 이로 인해 사람은 물론 말도 성벽 가까이 다가오지 못했다. 동타천은 또한 안양사(安養寺)의 창고를 헐어 그 재목으로 성의 무너진 곳에 누로(樓櫓 : 지붕이 없는 누대)를 세웠다. 굵은 줄로 망(網)을 얽고 우마의 가죽과 면의(綿衣)로 지붕과 벽을 만들고 그 안에 노포(弩砲)를 설치해 고구려·말갈 연합군을 공격했다.

동타천이 지휘하는 북한산성은 20여 일을 함락당하지 않고 버텼다. 그러나 기다리던 구원군은 오지 않았다. 드디어 한계에 봉착한다. 동타천은 마지막이란 생각에 하늘에 제사를 지내고 정성껏 빌었다. 그러자 갑자기 큰 별이 고구려 진영에 떨어지고 천둥과 벼락이 치는 변괴가 발생했다. 아무리 공격해도 함락되지 않는 데다 이런 재변까지 발생하자 뇌음신과 생해는 두려운 마음이 들어 포위망을 풀고 물러갔다. 태종 김춘추는 불과 2천8백의 성민으로 수성에 성공한 동타천에게 대내마를 제수해 노고를 치하했다.

김유신은 북한산성이 공격당하는 것을 알고 있었다. 그러나 구원군을 보낼 형편이 못 되었다. 김유신은 구원군을 보낼 수 없는 안타까움 때문에 견딜 수가 없었다.

"사람의 노력은 다했으니 하늘의 도움을 빌리는 수밖에 없다."

김유신은 단(壇)을 쌓아놓고 하늘에 정성껏 기도를 올렸다. 하늘이 움직이는 천변(天變)이 발생하자 신라 사람들은 동타천과 김유신의 정성에 하늘도 감동한 것이라고 말했다.

백제를 멸망시킨 신라가 한강의 요충지 북한산성이 20일 동안이나 공격당하는데도 구원군을 보내지 못한 건 백제부흥군의 공세에 정신을 차릴 수 없었기 때문이다.

아직 전쟁은 끝나지 않았고 누가 이길지 아무도 알 수 없었다. 이런 상황에서 신라에는 재변이 잇따랐다. 고구려의 공세를 겨우 막아낸 다음달 대관사(大官寺)의 우물물이 붉게 변하고, 금마군(金馬郡)에서는 너비 5보가 되는 땅에서 피가 흘러나왔다. 이는 불길한 징조였다.

불길한 징조는 곧 현실로 나타났다. 661년 6월 태종 무열왕 김춘추가 재위 8년, 59세의 나이로 갑자기 세상을 뜨고 말았다. 약소국 신라가 삼국통일의 꿈을 가질 수 있도록 힘을 불어넣어 주고 자신감을 심어줬던 임금이 숨을 거두자 온 신라는 비통에 잠기고 말았다.

그의 아들 김법민이 뒤를 이어 즉위했으나 김춘추의 빈자리는 너무 컸다. 그 빈자리를 고구려가 구경만 하고 있을 리 없었다. 백제부흥군도 마찬가지였다. 김춘추가 죽었다는 소식을 들은 백제부흥군은 환호성을 지르며 백제 부활을 다짐했다. 상황은 점점 신라에게 불리한 쪽으로 치닫고 있었다.

그런데 바로 그때 당 고종이 고구려 원정을 결심했다는 희소식이 들려왔다. 고종은 당나라에 숙위하러 와 있던 김인문을 불렀다. 김인문은 김춘추의 둘째 아들이자 갓 즉위한 문무왕 김법민의 아우였다.

"짐이 이미 백제를 멸망시켜 너희 나라의 화근을 제거했다. 그런데 고구려는 아직도 강대함을 믿고 예맥(濊貊)과 함께 간악한 짓을 자행해 사대의 예절을 어겼고 이웃나라와 친선의 의리를 저버렸으므로 짐이 군사를 보내 토벌하고자 한다. 너는 신라에 돌아가 국왕에게 고하여 군사를 정벌에 참여시켜 적을 섬멸토록 하라."

부왕의 죽음에 상심해 있던 김인문은 이 말을 듣고 환호했다. 비록 국상이 끝나지 않았지만 지금 중요한 것은 나라를 보존하는 일이었다. 김춘추의 공백을 틈타 고구려와 백제부흥군이 쳐들어온다면 신라는 막아내기 어려운 상황이었다.

당 고종은 661년 6월 백제를 멸망시키고 돌아온 소정방에게 고구려정벌군 조직을 명령했다. 이 명령에 따라 35도(道)의 수륙군이 조직되었다. 고종은 신라에도 원정 준비를 명령했다. 사실 당 고종은 신라가 있기에 고구려 정벌이 성공할 수 있다고 확신했다. 과거 원정의 실패는 군사와 식량 지원 문제가 큰 패인이었다. 그러나 지금은 신라가 그 역할을 대신해줄 수 있었다. 군사와 식량만 제때 지원한다면 고구려 원정을 성공할 수 있다고 자신했다.

문무왕은 당나라의 요구대로 대대적인 군제 개편을 단행했다. 김유신을 대장군에 임명하고 김인문·김진주(金眞珠)·김흠돌(金欽突)을 대당장군(大幢將軍), 천존(天存)·죽지(竹旨)·천품(天品) 등을 귀당총관(貴幢摠管)으로 임명했다. 그 외에 품일(品日)·충상(忠常)·의복(義服)을 상주총관(上州摠管)에 임명하는 등 전국을 전시 체제로 개편했다.

신라에서 준비를 마쳤다는 보고를 들은 고종은 661년 8월 드디어 고구려 원정군의 출진을 명령했다. 수륙 양면을 통한 대대적인 공격이었다. 요동도행군총관 계필하력이 육군을 이끌고 요하를 건너 요동으로 진격했고, 평양도행군총관 소정방이 수군을 이끌고 산동반도를 출항해 패강으로 항진했다.

여기에 문무왕이 직접 지휘하는 신라의 대군이 북상하고 있었다. 김유신을 대장군으로 하는 신라군 또한 사기 충천했다. 반면 고구려는 위기에 빠졌다. 백제가 멸망한 지금 고구려는 나당 연합군과 홀로 맞붙어 싸워야 했다.

뱃길로 먼저 패강 하구에 도착한 소정방의 당 수군은 서전에 고구려 수군을 깨뜨려 기세를 올렸다. 당 수군은 뒤이어 마읍산(馬邑山)을 탈취하고 국도 평양성을 에워쌌다. 소정방은 평양성과 대치하며 신라군이 도착하기를 기다렸다. 문무왕은 빨리 평양성을 함락시키려는 마음에 군사들을 독려했다.

그때 문무왕에게 급보가 도착했다.

"백제의 잔적이 옹산성(甕山城 : 대전 대덕구 계족산성)에 웅거하고 있습니다."

이 보고를 들은 문무왕은 힘이 빠졌다. 옹산성은 웅진 근처이기 때문에 신라로서는 이를 방치해두고 북상할 수 없었다. 신라군이 북상한 틈을 타서 백제부흥군이 사비성을 공격하거나 역으로 신라를 공략한다면 낭패를 볼 게 틀림없었다. 문무왕은 사신을 보내 회유했으나 듣지 않았다. 신라군은 북상을 포기하고 다시 기수를 돌려 남천주(南川州 : 경기 이천)로 향했다. 당장 유인원도 사비성에서 남천주로 와서 합세했다.

김유신은 군사를 몰고 옹산성을 에워쌌다. 그리고 옹산성을 지키는 백제장수에게 이렇게 회유했다.

"백제가 공순하지 못해서 대국의 정토를 자초했으니 천명에 순종하는 자는 상을 주고 천명을 어기는 자는 죽을 것이다. 이제 너희들이 홀로 외로운 성을 지켜 무엇을 하려는가? 장차 반드시 패망하여 수습할 수 없는 지경에 이를 것이니 일찍 항복하는 것만 같지 못하다. 항복하면 몸을 보전할 수 있을 뿐만 아니라 부귀도 기약할 수 있을 것이다."

그러나 이는 사비성 함락 직후 신라군과 당군의 노략질을 경험한 백제장수에게 와 닿지 않는 권유였다.

"옹산성은 비록 작지만 군량이 풍족하고 또 우리 백제 사졸들이 의롭고 용감하니 차라리 싸우다가 죽을지언정 맹세코 살아서 항복하지는 않을 것이다."

김유신은 백제장수의 당찬 대답을 듣고 웃으며 말했다.

"짐승도 곤궁하면 오히려 싸운다고 했으니 이를 두고 말한 것이다."

김유신은 이 작은 성 하나 때문에 신라 대군의 북상이 좌절된 게 못마땅했지만 후환을 남긴 채 북상할 수는 없었다. 문무왕 김법민도 급히 옹산성으로 달려왔다. 문무왕은 빨리 옹산성을 함락시키고 당나라 대군이 출동했을 때 고구려를 끝장내야 한다고 생각했다.

그래서 문무왕은 옹산성 근처의 웅현정(熊峴停)에 진주해 여러 총관

(摠管)을 모아 놓고 서사(誓師 : 출정할 때 군사들에게 경계하는 말)할 때 눈물을 흘리며 군사들을 격동시켰다. 임금이 직접 눈물을 흘리며 서사하는 것을 본 군사들의 마음은 감동으로 가득 찼다. 김유신은 이 기세를 몰아 총공격을 명령했다. 신라군은 포위망을 압축하고 먼저 대책을 불살라버렸으며 수천 명의 목을 베었다. 옹산성이 드디어 함락되고 '살아서 항복하지는 않겠다'던 성주는 사형당했다.

백제부흥군을 소탕해야 마음놓고 북상할 수 있다고 여긴 문무왕과 김유신은 근처의 백제부흥군에 대한 대대적인 소탕전을 명령했다. 상주총관 김품일은 군사를 이끌고 옹산성 근처의 우술성(雨述城 : 대전 대덕구 읍내동)을 공격해 1천여 명의 목을 베었다. 그러자 백제의 달솔 조복(助服)과 은솔 파가(波伽) 등이 군사를 이끌고 항복했다.

문무왕은 조복에게 급찬의 품계와 고타야군(古陀耶郡 : 경북 안동) 태수를 제수했고 파가에게도 급찬을 내리고 전택(田宅)과 의물(衣物) 등을 상으로 주었다. 이는 과거의 보복으로 백제인들의 반발을 산 데 대한 반성에서 나온 것이다.

문무왕과 김유신이 옹산성과 그 주변의 백제부흥군을 진압하는 동안 소정방은 평양성에서 이제나저제나 신라군의 도착을 기다리고 있었다. 문무왕은 소정방과 연락 임무를 맡았던 문천(文泉)을 시켜 소정방에게 글을 보냈는데 그가 돌아와 전한 소정방의 말은 이랬다.

"소정방이 '내가 황제의 명을 받들고 적을 토벌하기 위해 만 리 바닷길을 건너 육지에 배를 대고 머뭇거린 지 이미 달포가 넘었다. 왕의 원병이 이르지 않을 뿐만 아니라 군량 또한 조달할 방법이 없어서 심히 위태로운 지경에 처했으니 이를 생각하소서'라고 말했습니다."

백제부흥군 때문에 신라의 군사와 식량을 지원받아 고구려를 점령하려던 당초의 계획이 완전히 어그러졌다. 이제 소정방은 군사 지원은 고사하고 식량만이라도 공급해줄 것을 요청했다. 그러나 고구려 영토를 통과해 평양까지 식량을 지고 간다는 것은 사실상 불가능했다. 그랬다가 기습이라도 당하면 식량이 짐이 될 뿐만 아니라 고구려에 식량을 보태주는 결과가 될 게 뻔했다. 신라 장수 모두가 이 작전에 회의를 표시했다. 문무왕도 크게 근심할 뿐 다른 방법이 없었다. 이대로 수수방관하다가는 고구려 멸망 계획이 수포로 돌아가는 것은 물론 당 고종의 질책이 뒤따를 것이었다.

그때 나선 인물이 김유신이었다.

"신이 임금의 은총을 받아 국가의 중임을 맡았으니 죽더라도 어려움을 피하지 않겠습니다. 오늘은 이 노신이 충절을 다하는 날이니 마땅히 적국에 가서 소(蘇)장군의 뜻에 부응하겠습니다."

그제야 문무왕의 얼굴이 밝아졌다.

"이제 경을 얻었으니 근심이 없다. 국경 밖에 나간 후에는 상벌을 경의 편의에 따라 처리하도록 하라."

김유신은 곧 채비를 갖춰 북상하려 했다. 그런데 그때 당나라 사신이 서라벌에 도착했다는 급보가 도착했다. 661년 10월 29일이었다. 이번 사신은 부왕을 잃은 문무왕에 대한 당 고종의 위문사(慰問使)였다. 칙명으로 태종 무열왕을 제사 지내는 의식을 치러야 하기 때문에 국왕이 반드시 참석해야 했다. 그래서 문무왕은 부랴부랴 군사를 돌려 서라벌로 돌아갔고 김유신은 군사에게 휴식을 주고 대기했다.

문무왕이 돌아오니 사신은 고종의 조의와 채단(彩段) 500필을 부의로 전달했다. 그런데 이 사신은 신년 정월을 기다려 문무왕을 '개부의동삼사상주국낙랑군왕신라왕(開府儀同三司上柱國樂浪郡王新羅王)'으로 책봉할 임무까지 띠고 있었다. 당 고종의 사신이 객관에서 신년을 기다리고 있는 동안 당나라에서 함자도총관(含資道摠管) 유덕민(劉德敏)이

다시 사신으로 와서 평양의 소정방에게 군량을 전하라는 칙령을 전했다.

당시 당나라 원정군은 가장 강력한 두 적, 굶주림과 추위와 맞서 싸우고 있었다. 고구려가 들판의 곡식을 모두 불태우고 험준한 지세에 자리 잡은 성에 들어앉아 수성에 들어가자 당군은 식량을 조달할 방법이 없었다. 겨울 나무는 잘 타지도 않아 병사들은 굶주리고 얼어 죽어 갔다. 그러나 소정방은 평양성을 포위한 김에 함락시키고 말겠다고 결심했다. 그러면 자신은 백제 도읍 사비성에 이어 고구려 도읍 평양성까지 함락시킨 위대한 장수가 될 것이라는 공명심에 불탔다. 그러기 위해서는 식량이 필요했다. 당 고종이 급히 신라에 사신을 보내 식량 지원을 독촉한 것은 소정방의 호소를 들었기 때문이다.

그런데 신라가 식량 지원을 해주어야 할 곳은 평양뿐만이 아니었다. 웅진성에 주둔한 당나라 장수도 다급함을 호소했다.

"웅진성은 포위되었습니다. 또한 식량도 다 떨어져서 지원이 없으면 적과 싸우기 전에 굶어죽을 형편입니다."

웅진성을 백제부흥군이 차지하게 방관할 수는 없었다. 백제부흥군이 웅진성을 차지한다는 것은 백제의 부활을 의미했다. 그러나 보낼 식량도 부족했고 식량을 운반할 사람도 없었다. 신라의 모든 장정들은 평양성에 보내는 데도 부족했다. 문무왕은 할 수 없이 노약자를 뽑아 식량을 지고 웅진으로 가게 했다.

이듬해(662) 정월 김유신과 왕제(王弟) 김인문, 그리고 진복(眞服)·양도(良圖) 등의 장수 9명과 당장(唐將) 유인원은 북상길에 올랐다. 2천여 량(輛)의 수레에 쌀 4천 석과 벼 2만 2천 석을 싣고 늦은 겨울에 평양으로 출발한 것이다. 당나라처럼 평준한 도로가 아니라 좁고 험한 길이 대부분이었기 때문에 식량 수송은 많은 어려움을 겪었다. 북상할수록 심해지는 추위도 강적 중의 하나였다.

정월 18일에 김유신이 이끄는 부대는 풍수촌(風樹村)에 도착했다. 그러나 길은 험한 데다 얼음까지 얼어 더 이상 수레가 전진할 수 없었다. 할 수 없이 수레는 버린 채 식량을 모두 말과 소에 옮겨 싣고 북상을 계속했다. 수레를 버리고 식량을 말에 실은 것은 신라군의 전력에 큰 손실을 가져왔다. 기병이 졸지에 마부가 되어 식량을 운반해야 했기 때문에 고구려 기병의 기습이라도 만나면 속수무책으로 당하는 수밖에 없었다.

그렇게 사력을 다해 23일에 칠중하(七重河 : 임진강)에 도착할 수 있었다. 칠중하를 건너면 본격적인 고구려 영토였다. 막상 고구려가 눈앞에 보이자 모든 군사들이 두려워했다. 선두에 서겠다는 장수나 군사가 없었다. 이번에도 예순여덟 살의 대장군 김유신이 앞장섰다.

"너희들이 죽음을 두려워했다면 어찌 여기에 왔느냐?"

군신이라 불리는 노장군이 앞장서는데 다른 장수와 군사들이 더 이상 주저할 수 없었다. 군대는 칠중하를 건너 고구려 영토에 진입했다. 본격적인 어려움은 지금부터 시작이었다. 고구려군이 식량 수송 행렬을 눈뜨고 방관하지 않을 것은 분명했다. 고구려의 눈을 피하려면 주도로를 피하고 험준한 산길이나 샛길을 택해야 했다. 신라군은 천신만고 끝에 산양(蒜壤)에 도착했다.

여기까지는 요행히 고구려의 눈을 피할 수 있었으나 여기부터 장색(獐塞 : 황해도 수안)까지는 고구려의 정보망을 피할 도리가 없었다. 군사들이 두려워하는 기색을 보이자 김유신은 또다시 군사들을 독려했다.

"고구려와 백제는 대대로 우리 신라와 원수 사이였다. 우리가 이제 죽음을 두려워하지 않고 이 험난한 곳까지 온 것은 당나라의 힘을 빌려서라도 두 나라를 멸망시켜 나라의 원수를 갚기 위한 것이다. 여러 군사들은 마땅히 힘써 노력하라."

모두들 목청 높여 "대장군의 명을 따르겠습니다"라고 외쳤다.

김유신은 북을 울리라고 명령했다. 어차피 발각될 것이라면 기세라도 올리자는 생각이었다. 드디어 이현(梨峴)에서 고구려군과 맞닥뜨렸다. 신라의 귀당귀감(貴幢弟監) 성천(星川)과 군사(軍師) 술천(述川) 등이 나가서 싸웠다. 이 싸움에서 성천 등은 고구려군을 요격해 깨뜨리고 갑옷과 병기를 다수 획득했다. 이 승리는 신라군에게 큰 자신감을 주었다. 고구려 영토 내에서, 그것도 수많은 식량을 운반해야 하는 불리함을 극복하고 승리한 것이라 자신감이 더했다.

2월 1일에 드디어 장색에 도착했는데 여기에서 평양까지는 3만 6천여 보(步)의 거리였다. 길이 험해 더 이상 전진하기 어려웠다. 맨몸으로 전진하기도 어려운 판국에 무거운 식량을 끌고 가려니 도저히 엄두가 나지 않았다. 설상가상으로 심한 눈보라가 쳐서 인마를 막론하고 동사자가 속출했다. 자칫하다가는 이곳에 갇혀 모두 얼어죽을 판국이었다.

다시 김유신이 소매를 걷어붙이고 채찍을 들었다. 노장군이 앞장서자 군사들이 비로소 죽을 힘을 다해 겨우 험준한 곳에서 빠져나올 수 있었다. 그런데 이때 척후병으로부터 앞에 고구려 군사들이 기다리고 있다는 보고를 받았다. 고구려군은 신라군의 목적이 식량 보급이란 사실을 알고 공격은 하지 않고 시간만 끌었다.

이러다간 당나라 군사가 다 굶어죽을 것이라고 걱정한 김유신은 일단 소정방에게 자신들이 가까이 왔음을 알려야겠다고 생각했다. 그래야 힘을 내서 버티리라고 판단한 것이다. 그러나 길눈도 어두운 상황에서 고구려군의 저지를 뚫고 소정방에게 소식을 전할 인물을 찾기는 쉽지 않았다. 김유신은 보기감(步騎監) 열기(裂起)를 불렀다.

"네가 젊을 때부터 교유(交遊)했기 때문에 나는 네가 절개가 있음을 알고 있다. 지금 소장군에게 식량을 가져온 소식을 전하려고 하는데 네가 갈 수 있겠느냐?"

김유신은 이런 경우 절대로 거절할 인물을 선택하는 법이 없었다. 그만큼 사람 보는 눈이 정확했다.

"제가 비록 불초하지만 외람되이 군직을 맡았고 더구나 대장군께서 명령하시니 어찌 거절하겠습니까? 죽더라도 사는 것과 같습니다."

열기는 군사 구근(仇近) 등 15인을 데리고 길을 떠났다. 이들은 천신만고 끝에 고구려군의 눈을 속이고 당군 진영에 도착하는 데 성공했다. 한창 굶주리고 있던 소정방은 김유신이 식량을 갖고 왔다는 소식을 듣고 크게 기뻐했다. 여러 차례 요청은 했지만 이 겨울에 서라벌에서 평양까지 식량을 갖고 오는 것은 불가능하다는 사실을 깨닫고 기대도 하지 않았다. 다만 신라군의 식량 보급을 기다리라는 고종의 명령 때문에 철수하지 못하고 있었을 뿐이다.

열기는 다시 이틀 만에 소정방의 편지를 가지고 귀환했다. 김유신은 이들의 노고를 치하하기 위해 국경을 떠나면 상벌을 마음대로 하라는 문무왕의 지시대로 열기와 구근에게 급찬(級湌 : 9품)을 제수했다.

김유신은 2월 6일에 양오(楊隩)에 도착해 현지의 한 노인을 만났다. 일생을 전쟁에 지친 이 노인은 양오에서 평양까지 가는 길을 자세히 가르쳐주었다. 김유신은 이 노인에게 포백(布帛)으로 사례했으나 사양하고 받지 않았다. 그 노인의 말대로 하면 식량을 전달할 수 있을 것 같았다. 양오에 군영을 설치한 김유신은 김인문·양도와 그 아들 군승(軍勝) 등을 시켜 당나라에 군량을 전달하라고 명령했다. 그 노인이 가르쳐 준 길을 따라 김인문 등은 무사히 군량을 인계할 수 있었다. 김유신은 소정방에게 식량 이외에도 은 5천7백 푼(分), 세포(細布) 30필, 두발(頭髮) 30냥(兩), 우황(牛黃) 19냥(兩)을 증여했다.

김유신은 소정방이 이 식량으로 군사들을 배불리 먹인 후 평양성 함락에 나설 것으로 생각했다. 자신이 거느리고 온 군사와 다시 한 번 나당 연합군을 조직하면 백제전에서 그랬던 것처럼 큰 위력을 발휘할 것으로 믿었다. 그리고 그것을 위해 신라군은 2천 리가 넘는 춥고 험한 겨울길을 멀다않고 달려온 것이었다. 이제 평양성 함락은 시간 문제라고 김유신은 생각했다. 그러나 이는 김유신 혼자만의 생각이었다.

소정방은 신라군이 목숨 걸고 운반해온 식량으로 밥을 지어먹더니 당나라로 돌아가겠다고 나섰다. 또다시 내리는 큰 눈이 핑계였다. 그간 수많은 군사들이 동사하고 고구려군의 습격에 대비하며 겨울과 싸우느라 기진맥진한 것도 사실이었다. 그러나 이제 식량이 왔으니 이것을 먹고 몸을 추슬러야 했다. 그러나 소정방은 김유신이 말릴 사이도 없이 군사들을 이끌고 철수해 버렸다.

그러자 남은 것은 신라군뿐이었다. 자칫 잘못하면 고립된 신라군은 전멸할 수도 있었다. 김유신도 철수 외에는 방법이 없었다. 그러나 철수라고 쉬운 일은 아니었다. 고구려군이 순순히 철수하도록 내버려 둘 리 없었기 때문이다. 가장 큰 난관은 과천(瓠川 : 임진강으로 추정)을 건너는 문제였다. 강을 건널 때 고구려가 공격하면 전멸할 우려가 있었다.

김유신은 고구려군의 허를 찔러 한밤중에 강을 건너기로 결정했다. 김유신은 소의 허리에 북을, 소의 꼬리에 북채를 매달아 소의 꼬리가 흔들릴 때마다 북소리가 울리게 했다. 그리고 사방에 잡초더미를 쌓아놓고 불을 질러 불길이 피어오르게 했다. 고구려군은 북소리가 끊기지 않고 불길이 피어오르는 곳에서 신라군이 둔숙(屯宿 : 주둔하여 숙박함)하는 것으로 생각했다. 고구려의 눈을 속인 신라군은 밤이 새기 전에 어두운 강을 모두 건넜다.

다음날 아침 고구려군은 비로소 신라군이 강을 건넌 사실을 알고 추격해왔다. 김유신은 이미 이런 사태를 예견하고 준비를 갖추고 있었다. 고구려군이 다가오자 신라 진영에서는 화살이 빗발같이 쏟아졌다. 예기치 못한 반격에 당황한 고구려군은 퇴각하기 시작했다. 김유신은 이틈을 놓치지 않고 여러 당(幢)의 장졸들을 이끌고 길을 나누어 공격했다. 고구려군은 우왕좌왕하다가 큰 참패를 당했다. 무려 1만여 명이 전사하고 5천여 명이 포로가 되었다. 포로 중에는 소형(小兄 : 4품) 아달혜(阿達兮)같은 장수들도 있었다. 그리고 수만 개의 무기도 노획했다.

소정방이 쫓기듯 철군하는 바람에 평양성 함락은 무산되었지만 이 정도면 적지 않은 전과를 올린 셈이었다. 서라벌에 도착해보니 웅진성으로 보낸 식량 수송대는 거의 전멸했다는 소식이 있었다. 중도에 큰 눈을 만나 인마가 대부분 얼어죽고 살아서 서라벌로 돌아온 사람은 백에 한두 명이 채 안 되었다. 훨씬 안전한 웅진성으로 보낸 식량 수송대가 이 정도였는데 김유신의 부대가 무사히 귀환한 것은 그야말로 기적이었다.

문무왕은 불가능한 임무를 성공적으로 수행한 김유신과 김인문에게 본피부(本彼部)의 본궁(本宮)에 소속된 재화와 전장(田莊), 노복(奴僕)을 둘로 나누어 반씩 주었다. 김유신은 문무왕에게 열기와 구근에 대한 상을 의논했다.

"열기와 구근은 천하의 용사이므로 신이 형편에 따라 급찬을 제수했습니다. 그러나 이는 그들의 공로에 비하면 작은 것이오니 한 등급 더해 사찬(沙飡 : 8품)을 가하소서."

문무왕이 이견을 제시했다.

"사찬은 너무 지나치지 않은가?"

김유신은 조카인 문무왕에게 재배(再拜)하고 다시 말했다.

"벼슬은 공기(公器)로 나라에 끼친 공로를 갚는 것이니 어찌 지나치다고 할 수 있겠습니까?"

문무왕은 그대로 따랐다.

661년 늦가을 요동도행군총관 계필하력이 이끄는 당나라 육군은 요하를 건너 요동으로 진입했다. 이들은 요동의 고구려 각 성들을 무력화시키며 압록강 가까이까지 진군했다. 이들은 소정방이 진 치고 있는 평양까지 남하해 합류할 예정이었다.

이 보고를 들은 연개소문은 장남 남생(男生)에게 정예병력 수만 명을 주어 압록강을 지키도록 했다. 남생이 이끄는 고구려의 수만 대군은 압록강 언덕에 진을 치고 당군을 기다렸다. 이를 본 계필하력은 감히 도하할 엄두가 나지 않았다. 살수의 참패가 남의 일이 아니었다.

그렇게 양군이 대치하고 있는 사이 날씨가 추워지자 압록강이 얼어붙었다. 계필하력은 얼음이 언 틈을 이용해 군사를 이끌고 강을 건넜다. 고구려군이 막아섰으나 북을 울리고 고함을 치며 진군하는 당군을 막기에는 역부족이었다. 한 번 무너지자 남생이 이끄는 고구려군은 후퇴하기 시작했고 계필하력은 수십 리를 추격해 3만 명의 목을 베었다. 남은 군사들은 제각기 도망가기 바빴고 남생은 겨우 몸만 빠져나가 목숨을 건졌다.

압록강 도하에 성공한 계필하력은 감개가 무량했다. 천책상장 태종도 실패한 요동 공략이었다. 압록강까지 건넜으니 이제 질풍같이 남하해 평양도행군대총관 소정방이 지휘하는 수군과 합세해 평양성을 함락시키면 고구려도 멸망이었다.

그러나 이때 소정방의 수군이 철군했다는 소식이 들렸다. 그리고 철군하라는 고종의 명령이 도착했다. 계필하력은 아쉬운 마음을 억누르고 철군할 수밖에 없었다. 그렇다고 해서 고종이 고구려를 포기한 것은 아니었다. 당군의 철수로 한숨을 돌리기도 전에 고종은 방효태(龐孝泰)를 옥저도(沃沮道)총관으로 임명하고 영남(嶺南) 수군 수만 명을 주어 다시 고구려로 보냈다. 방효태는 수로로 고구려에 도착해 패강 하류의 사수(蛇水 : 평양평야 합장강)에 진을 쳤다. 그는 자신의 아들 13명 전원을 이 전쟁에 참가시켰다. 총관 자신이 모든 아들을 데리고 참전함으로써 군사들에게 모범을 보인 것이다.

쉴 틈 없는 당나라의 공격에 연개소문은 반격의 필요성을 느꼈다. 연개소문은 방효태가 평양성을 포위하기 전에 선제 공격을 가하기로 결심했다. 연개소문은 직접 군사를 이끌고 조용히 평양성을 빠져나왔다. 그는 지리를 잘 아는 이점을 이용해 방효태가 눈치챌 틈도 없이 당군을 포위하는 데 성공했다.

평양성을 공격할 준비를 하던 방효태는 자신도 모르는 사이에 함정에 빠진 것을 알고 당황했다. 연개소문은 고구려 침략길이 죽음의 길이라는 사실을 이번 전투에서 확실히 깨닫게 해주기로 마음먹었다. 연개소문은 포위망을 좁히며 섬멸전을 펼쳤다. 당군은 이미 반격 능력을 상실하고 공포에 질려 우왕좌왕했다. 순식간에 수천여 명의 당군이 전사했다.

포위망은 점점 옥저도총관 방효태에게 좁혀졌다. 측근에서는 정예 병사를 조직해 포위망을 뚫고 좌효위장군 유백영(劉伯英)이나 조계숙(曹繼叔)의 진영으로 탈출하기를 권했다. 방효태는 이를 거부했다.

"내가 양대(兩代 : 당 태종과 고종)를 섬겨 지나친 은총을 입었으니 고구려를 멸망시키기 전에는 돌아가지 않으리다. 유백영 등이 어찌 나를 구하겠는가? 또 내가 데리고 온 향리(鄕里)의 자제 5천여 명이 모두 죽었는데 어찌 내 한 몸만 살아남기를 구하겠는가?"

측근들의 만류를 물리치고 전장에 나간 방효태는 온몸에 화살을 맞고 고슴도치가 되어 전사했다. 그 아들 13인도 모두 전장의 이슬로 사라졌고, 수만 군사들이 모두 섬멸당했다. 근래 보기 어려운 대참패였다.

방효태의 수군을 전멸시킨 이 전역으로 백제를 멸망시킨 기세를 몰아 고구려까지 멸망시키려던 당나라의 기도는 무산되었다. 장안성은 이 패전 소식을 듣고 다시금 고구려에 대한 두려움에 몸을 떨었다. 고구려는 멸망시킬 수 없는 나라라는 인식이 장안성에 다시 퍼졌다. 이후 당나라는 섣불리 고구려를 공격하지 못했다.

21

꺾인 백제 부활의 꿈

백제의 주류성이 마침내 당(唐)에 항복했다. 이때 나라 사람들은 이렇게 말했다.
"주류성이 항복했다. 일을 어떻게 할 수 없다.
백제라는 이름은 오늘로 끊어졌다. 조상들의 무덤이 있는 곳을 어찌 또 갈 수가 있겠는가?
… 이튿날 배가 떠나서 처음으로 일본으로 향하였다."
『일본서기』 천지천황 2년 조(663)에서

형세 악화

백제부흥군은 새로운 전기를 맞고 있었다. 왜국에 가 있던 의자왕의 아들 풍을 임금으로 맞아들이자 백제 서북부가 모두 이에 호응해 봉기했다. 백제 옛 지역은 누구도 완전한 지배권을 행사할 수 없는 혼란 지역으로 변해버렸다. 신라군이 장악하고 있는 지역과 당나라가 장악하고 있는 지역이 있는 반면 백제부흥군이 장악하고 있는 지역도 적지 않았다. 북에서는 고구려가 당나라의 공격을 막아내며 의연히 버티는 가운데 백제를 장악하기 위한 치열한 전투가 재개되었다.

새 임금을 맞이해 기세가 오른 백제부흥군은 선제 공세를 취해 당장 유인원이 지키고 있는 웅진성을 포위했다. 웅진성은 백제 멸망 후 웅진도독부로 개칭되었다. 웅진도독부는 옛 백제 지역을 총괄하는 곳으로 사실상 도읍지 역할을 했다. 이곳을 빼앗기면 당나라의 백제 점령은 사실상 실패로 끝나는 것이었다.

유인원은 급히 당나라에 급보를 올려 구원을 요청했다. 유인원의 구원 요청을 받은 당 고종이 떠올린 인물은 유인궤(劉仁軌)였다. 유인 궤는 당시 문책을 당해 백의종군하는 중이었는데 고종은 그를 검교 대방주자사(檢校帶方州刺史)로 삼아 전 도독 왕문도(王文度)가 이끌고 갔던 군사들을 주어 백제로 출격을 명령했다. 부족한 군사는 근처에 있는 신라군을 징발해 사용하라고 말했다. 왕문도는 660년 웅진도독으로 파견되었다가 태종 김춘추와 국서 교환을 하던 중 쓰러져 죽은 인물이다.

유인궤는 백의종군하고 있던 자신을 발탁해준 것에 감읍했다.

"하늘이 장차 이 늙은이에게 부귀를 안겨주려고 하시는구나."

그는 당력(唐曆 : 당나라 달력)과 묘휘(廟諱 : 역대 황제의 이름)를 청해 출정하면서 이렇게 호언했다.

"내가 동쪽 오랑캐를 평정하고 대당(大唐)의 정삭(正朔 : 달력)을 해외에 반포하겠다."

유인궤는 자신감에 가득 찼다. 백제에 도착한 그는 군사들을 이끌고 유인원이 고립되어 있는 웅진성으로 진군했다. 그는 자신들이 진군하면 웅진성을 포위하고 있는 백제부흥군이 포위를 풀고 철수할 것으로 믿어 의심치 않았다.

그러나 백제부흥군을 이끌고 있는 복신은 포위망을 풀지 않고 싸우는 길을 선택했다. 그는 웅진성을 포위하는 한편 웅진 어귀에 큰 목책 두 개를 세워 유인궤의 당군을 저지했다. 유인궤의 당군이 가까이 다가오자 복신이 이끄는 백제부흥군은 목책 밖으로 나와 결전을 벌였다.

하지만 상황은 배후에 웅진성을 두고 싸워야 하는 백제부흥군에게 절대적으로 불리했다. 당군과 맞붙은 백제부흥군은 변변히 싸워보지도 못하고 뒤로 밀렸다. 당군에게 밀린 부흥군은 우왕좌왕하며 목책

안으로 퇴각했는데 다리가 좁아 서로 부대끼다가 물에 떨어졌다. 이렇게 죽은 군사가 무려 만여 명에 달했다. 부흥군 결성 이래 최대의 참패였다. 그제야 복신 등은 웅진성에 대한 포위망을 풀고 임존성으로 퇴각했다.

이런 패전에도 불구하고 백제부흥군은 계속 확산되어갔다. 백제부흥군에는 복신과 흑치상지 이외에 승려 출신의 도침(道琛)이 가세해 기세를 떨쳤다. 그는 영군장군(領軍將軍)이라 자칭하고 옛 백제 유민들을 불러모았다. 도침은 백제에 왕성했던 불교 세력을 기반으로 승군을 조직하여 금방 큰 세력을 모을 수 있었다.

이처럼 웅진도독부 함락에는 실패했지만 백제부흥군은 점점 늘어나고 있었다. 도침 등은 유인궤에게 사신을 보내 이렇게 말했다.

"당나라와 신라가 서약하기를, '백제의 유민들을 다 죽이고 국토는 신라에 붙인다'고 했다 하는데, 앉아서 죽기를 기다리느니 힘써 싸워 보존을 도모하지 않겠는가? 그러므로 우리는 집결하여 스스로 굳게 지킬 뿐이다."

백제 유민들 사이에는 '백제의 유민들을 다 죽이고 국토는 신라에 붙인다'는 소문이 광범위하게 퍼져 있었다. 사비성 점령 초기 광범위하게 자행된 노략질이 이런 소문을 사실로 믿게 만들었다. 그리고 이런 소문들은 백제 유민들을 부흥군으로 집결하게 했다.

유인궤는 초기 전투에서 승리했지만 이는 시작에 불과하다는 사실을 곧 알게 되었다. 백제부흥군은 여기저기 수도 없이 산재해 있었다. 이들 모두를 상대로 싸우다가는 끝이 없을 것 같았다. 유인궤는 이들을 회유하는 게 제일이라고 판단했다. 그는 도침 등에게 사신을 보내 '백제의 유민들을 다 죽이고 국토는 신라에 붙인다'는 말은 아무런 근거가 없는 헛소문이라고 변명했다. 그리고 항복을 하면 살려

줄 뿐만 아니라 벼슬도 줄 것이라고 제안했다. 그러나 이미 당나라 군사들의 심한 노략질을 경험한 백제부흥군에게 이런 제안이 먹힐 리 없었다.

도침 등은 심지어 유인궤의 사신을 외관(外館)에 머무르게 하고 한참 동안 상대도 하지 않았다. 한참 시간이 흐른 후에야 도침은 이렇게 말했다.

"너는 관직이 낮고 나는 한 나라의 대장이니 상대하지 않겠다."

도침은 답서도 없이 빈손으로 사신을 돌려보냈다. 그만큼 당나라에 대한 원한이 깊었다. 이런 수모를 당하면서도 백제부흥군의 기세가 워낙 왕성했기에 유인궤는 어쩔 수가 없었다. 한번은 복신이 사신을 보내 이렇게 말하기도 했다.

"그대들이 언제나 서쪽으로 돌아가겠는가? 나는 마땅히 사람을 보내 전송(餞送)하겠노라."

이는 명백한 조롱이었으나 고립된 당군으로서는 대처할 방법이 없었다. 유인궤는 신라군의 지원을 받기로 마음먹었다. 그래서 당 고종에게 신라 군사와 연합해 공격하게 해달라는 내용의 글월을 올렸다. 고종이 곧장 문무왕에게 조서를 보내 유인궤의 당군을 도우라고 명령하자 문무왕은 장수 김흠(金欽)을 보냈다.

김흠은 신라군을 이끌고 유인궤를 구원하기 위해 출진했다. 김흠의 신라군이 고사(古泗 : 전북 고부)에 도착했을 때였다. 복신이 백제부흥군을 이끌고 갑자기 기습했다. 기습을 당한 신라군은 우왕좌왕하다가 죽거나 도망쳤고 겨우 죽음을 면한 김흠은 갈령(葛嶺)을 통해 신라로 도망쳐서는 다시 나오지 못했다.

이처럼 백제부흥군은 사비성 함락 이전의 기세를 되찾아 가고 있었다. 그 기세로 백제부흥군은 662년 7월 금강 동쪽으로 진출했다.

백제부흥군의 맹장 도침 초상화 복신에게 죽음을 당한다. 은산별신제의 주신으로 모셔지고 있다.

웅진성과 신라와의 교통로를 차단하기 위해서였다. 이 지역은 웅진성에 웅진도독부를 설치한 당군으로서는 사활을 걸고 지켜야 할 곳이었다. 이 지역을 빼앗기면 웅진성은 완전히 고립 상태에 빠지게 된다. 이 지역을 두고 공방을 벌이던 양군은 드디어 지라성(支羅城 : 대덕군 진잠면)에서 정면으로 맞붙었다.

당나라 군사들은 이곳을 빼앗기면 고립된 자신들은 먼 이국 땅에 외로운 뼈를 묻어야 한다는 사실을 잘 알고 있었기에 사력을 다해 싸웠다. 그 결과 지라성 전투에서 백제부흥군을 꺾을 수 있었다. 당군은 그 여세를 몰아 윤성(尹城 : 청양군 정산)과 대산(大山) 및 사정(沙井) 등의 대책도 빼앗았다. 백제부흥군은 잇단 패전으로 주요한 요충지들을 빼앗겼을 뿐만 아니라 수많은 군사도 잃고 사기까지 떨어졌다.

복신이 패전한 부흥군을 이끌고 퇴각한 곳은 진현성(眞峴城)이었다. 진현성은 강에 바짝 닿아 있는 데다 높고 험준한 곳에 자리 잡고 있는 천혜의 요충지였기 때문에 사기가 떨어진 부흥군을 추스르기에 적당했다. 복신은 이곳으로 다른 부흥군을 모아 재기의 발판으로 삼으려 했다.

그런데 유인궤는 부흥군에게 그럴 시간을 주지 않았다. 유인궤는 한밤중을 틈타 당군과 신라군을 이끌고 진현성 아래로 몰래 다가갔다. 그리고 군사들을 성벽에 바짝 붙게 한 다음 성가퀴를 잡고 기어오르게 했다. 당군과 신라군은 부흥군이 눈치채지 못하게 성을 올랐다.

지세의 험준함만 믿고 방비를 소홀히 하던 백제부흥군은 갑자기 성안에 당군과 신라군이 나타나자 크게 당황했다. 뒤늦게 사태를 짐작한 부흥군이 반격했으나 결국 백제부흥군은 약 8백 명의 군사를 잃었다.

금강 동쪽을 확보하려던 부흥군의 전략은 수포로 돌아갔고, 당군이 진주한 웅진도독부는 신라와 연결되는 교통로를 확보하게 되었다. 이는 부흥군에게 큰 타격이었다.

백강의 패배

겨우 위기에서 벗어난 유인원은 당 고종에게 신라와 교통로는 열었지만 언제 다시 백제부흥군의 공격을 받을지 모른다는 보고서를 올렸다. 당 고종은 부랴부랴 치주(淄州)·청주(靑州)·내주(萊州)·해주(海州)의 군사 7천 명을 징발해 백제로 보냈다. 잠시 급한 불을 끈 고종은 백제부흥군을 완전히 전멸시킬 대규모 병력을 보내기로 결정했다.

고종은 좌위위장군(左威衞將軍) 손인사(孫仁師)에게 백제부흥군을 전멸시키라고 명령했다. 고종이 손인사에게 준 병력은 무려 40만 명이었다. 여기에는 백제부흥군의 사기를 꺾기 위해 의자왕의 아들 부여융도 포함시켰다.

뿐만 아니라 신라의 문무왕에게도 동원 가능한 모든 병력을 이끌고 당나라와 연합 작전을 펼치라는 칙조(勅詔)를 내렸다. 또다시 대규모 나당 연합군이 결성되려는 참이었다. 손인사는 당의 대군을 이끌고, 문무왕은 김유신 등 28명의 장수를 거느리고 덕물도로 향했다.

이런 상황에서 백제부흥군에는 고질적 병폐가 다시 재연되고 있었다. 내분이었다. 갈등은 상잠장군 복신과 영군장군 도침 사이에 발생했다. 둘 사이의 내분은 결국 복신이 도침을 죽이는 것으로 귀결지어졌다.

이 내분은 백제부흥군의 세력을 결정적으로 약화시켰다. 도침의 죽음으로 형식상 복신이 도침의 세력을 흡수했으나 도침 세력이 반발할 것은 불문가지였다. 두 세력이 힘을 합쳐도 부족한 판국에 서로 혈투를 벌였으니 세력이 약화될 것은 뻔한 일이었다.

복신의 이런 전횡에 풍왕은 분개했다. 631년(무왕 32년) 왜국에 갔다가 30년 만인 662년에 귀국한 그는 비록 국내에는 기반이 없었지만 왜국에는 상당한 기반을 갖고 있었다. 제명여제 사후 소복으로 칭제(稱制 : 즉위하지 않고 정무를 봄)하고 있는 중대형 또한 풍왕의 지지세력이었다.

이런 사정은 풍왕과 복신 장군 사이를 미묘하게 만들었다. 풍은 임금이지만 백제부흥군의 실권을 장악하고 있는 인물은 복신이었다. 복신은 풍을 임금으로 추대했지만 이는 형식상일 뿐 실권까지 넘겨줄 의사는 없었다. 또 복신은 도침을 제거한 데서 알 수 있듯 자신의 권력을 위협하는 세력이나 인물은 거침없이 제거했다.

풍왕은 허수아비 임금 노릇에 만족할 생각이 없었다. 게다가 백제가 일단 멸망한 지금 배후에 왜국이란 기반을 갖고 있는 것은 큰 자산이었다. 사실상 백제부흥군이 지금의 형세를 결정적으로 역전시키기 위해서는 왜국의 지원병이 절대적으로 필요했다.

풍왕과 복신은 백제부흥군의 수도를 정하는 문제에도 서로 대립했다. 풍왕은 주류성[州留(柔)城 : 전북 부안 위금암산성]을 백제부흥 운동의 중심지로 삼아야 한다고 주장했다. 그런데 주류성은 복신에게 피살된 도침의 세력 근거지였다. 그래서 복신은 이곳을 떠나 다른 곳을 백제부흥군의 수도로 삼으려 했다.

"주류성은 전답과 멀리 떨어져 있고 토지가 척박합니다. 농사지을 땅이 아니라 방어하고 싸울 장소일 뿐입니다. 오래 있으면 백성들이 기근이 들 것입니다."

"그럼 어디가 좋겠소."

"피성(避城 : 전북 김제)이 좋을 것 같습니다. 피성은 서북쪽에는 고련단경(古連旦涇)의 물이 띠를 두르며 흐르고 동남쪽에는 깊은 진흙의 큰 제방(벽골제)이 있어서 방어하기에 좋습니다. 사방에 논이 있어 도랑이 파여 있고 비가 잘 내립니다. 꽃이 피고 열매가 열리는 것이 삼한에서 가장 기름진 곳입니다. 의식(衣食)의 근원이라 할 만큼 천지가 깊이 잠겨 있는 땅입니다. 비록 토지가 낮은 곳에 있지만 어찌 옮기지 않겠습니까?"

복신이 이렇게 말하자 부흥군 내에서는 풍왕을 비롯해 아무도 반대하지 못했다. 왜국에서 온 장군 박시전래진(朴市田來津 : 에치노 다쿠쓰)만이 이를 반대했다.

"피성은 적이 있는 곳에서 가까워 하룻밤이면 올 수 있습니다. 만일 불의의 일이 발생하면 뉘우쳐도 소용없을 것입니다. 대저 굶주림은 나중 일이고 망하는 것은 먼저입니다. 지금 적군이 함부로 오지 않는 이유는 주류성이 험한 산지에 축조되어 있어 방어하기에 적합할 뿐 아니라 산이 가파르고 높으며 계곡이 좁으니 지키기는 쉽지만 공격하기는 어렵기 때문입니다. 만일 우리가 낮은 지역에 있었다면 무엇으로 오늘날까지 거처를 굳게 지켜 동요하지 않았겠습니까?"

그러나 복신이 왜국에서 온 이 무장의 말을 들을 리가 없었다. 백제부흥군은 662년 12월 피성으로 천도했다. 그러나 복신의 고집으로 강행한 피성 천도는 6개월이 채 못 되어 실책으로 드러났다. 663년 2월 신라군의 공격으로 거열성(居列城 : 경남 거창), 거홀성(居忽城 : 전북 남원 거물성), 사평성(沙平城 : 전남 승주), 덕안성(德安城)을 빼앗기고 피성까지 공격당할 위기에 처하게 되었다. 그래서 다시 주류성으로 천도하자는 주장이 대두되었고 복신도 이에 동의할 수밖에 없었다.

풍왕은 복신의 이런 전횡에 큰 불만을 가졌고, 이런 불만을 석성(石城 : 충남 부여군 석성면)에서 만난 왜장에게 털어놓기도 했다. 풍왕은 급기야 복신을 제거하기로 결심했다.

이 소식을 들은 복신도 풍왕을 없애기로 마음먹었다. 백제를 멸망에 이르게 한 국왕과 호족의 내분이 다시 재연된 것이다. 복신은 풍왕을 살해할 계획을 세우고 병을 칭탁해 굴실(窟室)에 누웠다. 자신이 누워 있으면 풍왕이 문병 올 것이라는 계산이었다. 그때 그를 잡아죽일 계획이었다.

풍왕은 복신의 계획대로 굴실로 문병 왔다. 그러나 먼저 행동한 쪽은 복신이 아니라 풍왕이었다. 풍왕의 심복들이 순식간에 복신을 덮쳐 체포하였다. 663년 6월의 일이었다.

풍왕은 복신의 손바닥을 뚫고 가죽으로 묶었다. 그러나 혼자 그를 참할 수는 없었다. 그랬다가는 반란이 일어날지 몰랐다. 백제부흥군의 실세는 풍왕이 아니라 복신이었다. 그래서 풍왕은 여러 신하들을 모아놓고 이렇게 물었다.

"복신의 죄는 여러 신하들이 잘 아는 바이다. 더 이상 논할 것은 없다. 복신을 참할 것인가, 아닌가만 논의하라."

그러자 아무도 입을 열지 않았다. 괜히 나섰다가 제2의 복신이 될수는 없었다. 이때 달솔 덕집득(德執得)이 침묵을 깼다.

"이 악한 역적을 어찌 방면할 수 있겠습니까?"

당왜 해전

이 말을 들은 복신은 그의 얼굴에 침을 뱉었다.

"썩은 개! 미친 종놈!"

복신은 끌려나가 목이 베어졌다. 신라와 당나라군의 노략질에 분개해 백제부흥군의 기치를 올린 한 무장의 생애가 같은 편에 의해 끝을 맺었다. 피장파장이었지만 이런 내분으로 백제부흥군은 안에서부터 무너져내렸다.

복신에 대한 풍왕의 증오가 얼마나 깊었는지 그의 머리로 젓을 담그라고 명령할 정도였다. 이로써 부흥군 내에서 풍왕의 주도권은 확립되었지만 이는 백제부흥군의 약화를 가져왔다. 복신을 제거한 마당에 그의 핵심 측근들을 그냥 둘 수 없어 숙청이 불가피했다.

이런 상황에서 당나라 대군은 다가오고 있었다. 풍왕은 고구려와 왜국에 사신을 보내 구원군을 청했다. 그런데 그만 불행히도 구원군을 청하러 가던 배가 중도에 당나라 손인사의 선단을 만나 모두 전멸했다.

손인사는 드디어 유인원의 군사와 합류했다. 고립되어 싸우던 유인원의 당군은 사기가 충천했다. 여기에 문무왕이 이끄는 신라군까지 가세했다. 3년 전 사비성을 함락시킨 나당 연합군의 재현이었다.

손인사와 유인원은 여러 장수들과 전략회의를 열었다. 한 장수가 먼저 입을 열었다.

"가림성(加林城 : 충남 부여군 성흥산성)이 수륙(水陸)의 요충이니 여기를 먼저 공격하는 것이 좋겠습니다."

유인궤는 이 주장에 반대했다.

"병법에 실(實)을 피하고 허(虛)를 치라고 했다. 가림성은 험하고 견고한 성이어서 공격하자면 군사들이 많이 상하고 쉽게 함락시키기도 어려울 것이다. 반면 주류성은 백제의 소굴로 이곳을 쳐서 꺾게

되면 여러 성들은 저절로 항복할 것이다."

문무왕도 유인궤의 의견에 동조했다.

"주류성은 지금 풍과 복신 사이에 내전이 벌어져 세력이 크게 약화되었소. 지금 공격하면 쉽게 이길 수 있을 것이오."

그래서 유인궤와 문무왕의 주장대로 주류성을 치는 것으로 결정되었다. 나당 연합군은 주류성을 향해서 총진군했다. 손인사·유인원과 신라의 문무왕은 육군을 거느리고 주류성으로 향했다. 유인궤·두상(杜爽)과 부여융은 수군과 군량선을 거느리고 주류성으로 향했다. 수륙으로 나뉜 대규모의 나당 연합군이 주류성을 목표로 전진했다.

주류성은 긴장했다. 그러나 이 보고를 들은 풍왕은 두려워하지 않았다. 그는 나당 연합군과 맞설 비장의 무기를 갖고 있었다. 바로 왜국의 대규모 지원군이었다. 풍왕은 동요하는 여러 장수들에게 이렇게 말했다.

"걱정하지 말라. 지금 왜국의 구원군이 오고 있다. 여원군신(廬原君臣 : 이호하라노 기미오미) 장군이 1만여 명의 용사를 이끌고 바다를 건너오고 있다."

— 와아! —

환호성이 터졌다. 백제부흥군은 극심한 내분을 겪어 사기가 떨어질 대로 떨어졌다. 이런 상태로 수십 만에 달하는 나당 연합군과 싸워 이기는 것은 불가능했다. 이런 상황에서 왜국에서 구원군이 온다니 반갑지 않을 수 없었다. 왜국의 구원병은 모두 2만 7천여 명이었다. 선단도 400여 척에 달하는 대선단이었다. 왜국 구원병에 백제부흥군을 합치면 나당 연합군보다는 비록 숫자는 적지만 싸워볼 만했다. 다시 부흥군의 사기가 올라갔다.

풍왕의 말은 계속되었다.

"나는 백강(白江 : 금강 하류 혹은 동진강)으로 먼저 가서 맞이하겠다. 여러 장수들은 미리 준비하여 이 전쟁을 승리로 이끌기 바란다."

나당 연합군 중 수군의 진로는 백강에서 육군과 합세해 주류성으로 향하는 것이었다. 당나라 장군이 170척의 선박을 이끌고 백강에 진을 쳤다. 부흥군의 배후를 차단하기 위해서였다.

663년 8월 17일, 나당 연합군은 주류성을 공격했다. 백제부흥군 격파를 위한 대공세가 시작된 것이다. 나당 연합군은 이번 전투로 부흥군을 전멸시키려고 마음먹었다. 주류성을 함락시키고 잔존 세력을 모두 초토화하여 다시는 재기하지 못하도록 철저하게 짓밟을 작정이었다.

주류성도 이를 잘 알고 있었다. 그래서 사력을 다해 저항했다. 금방 함락될 것 같던 주류성은 나당 연합군의 공세를 잘 막아내고 있었다. 사흘, 일주일, 열흘이 되도록 나당 연합군은 주류성을 함락시키지 못했다.

나당 연합군이 주류성을 공격한 지 열흘째가 되는 8월 27일, 드디어 왜국 지원군이 백강에 모습을 드러냈다. 2만 7천여 명의 지원군 중 먼저 출발한 군사들이었다. 이들은 도착하자마자 당나라 수군과 접전을 벌였다. 그러나 왜국과 당의 첫 접전은 당나라의 승리로 돌아갔다. 오랜 시간 험한 뱃길을 항해한 왜국 수군들은 지쳐 있었다. 게다가 당군의 전선은 큰 군선인데 비해 선박 제조기술이 그에 미치지 못했던 왜국은 작은 군선이었다. 배끼리 직접 부딪치는 당파(撞破)전법을 쓴다면 왜국의 군선들이 불리했다.

비록 첫 접전에서 승리했지만 왜국의 구원군이 출현한 사실은 신라와 당나라를 긴장시켰다. 고구려와 연계만 끊으면 고립된 부흥군을 깨는 것은 식은 죽 먹기라고 보고 지금까지 백제와 고구려의 고리를 끊는 데만 주력하던 참인데 갑자기 왜국의 대규모 구원군이 나타났으니 당황하는 것은 당연했다.

당의 수군은 백강에 굳게 진을 치고 백왜연합군의 다음 공세에 대비했다. 다음날 나머지 왜국 구원군이 도착했다. 400여 척의 배에 2만 7천여 명을 태운 대선단이었다. 백강 어구는 왜국의 대선단과 당나라 대선단의 배들로 뒤덮였다. 이 해전의 결과는 전쟁의 승패를 가를 중요한 일전이었다. 백왜 연합군이 승리한다면 나당 연합군의 주축을 궤멸시키고 백제의 부활을 노려볼 수 있었다.

풍왕이 거느리는 기병이 언덕 위에 진을 친 상황에서 왜국의 대선단은 진용을 갖추려 했다. 그러나 이런 대해전의 경험이 없는 왜국은 쉽게 진용을 갖추지 못했다.

주류성이 공격받는 상황에서 백제의 풍왕과 왜국의 장군들은 주류성이 함락되기 전에 신속하게 승부를 결정지어야만 했다. 그래서 해전의 필수요소인 기상도 무시하고 무작정 공격의 기치만 내걸었다.

"우리가 선수를 쳐서 싸우면 저쪽은 스스로 물러갈 것이다."

왜국 장수들은 선박을 이끌고 당 수군으로 돌진했다. 그러나 왜군의 중군은 아직 진용이 채 갖춰지지 않은 상태였다. 당군은 미리 예상하고 있었다는 듯 수군을 좌우로 나누어 협격했다. 기세 좋게 돌진한 왜국의 선박들은 좌우로 포위당했다. 곧 당군의 배에서 바위와 불화살이 날아들었다.

3년간을 준비한 이 대전투는 너무 싱겁게 끝장이 났다. 『일본서기』의 표현대로 "눈깜짝할 사이에 관군이 패배했던 것이다." 수많은 군사들이 물에 떨어져 익사했다. 패색이 짙었는데도 왜군은 풍향을 보지 않고 선박을 돌진시켜 뱃머리와 고물을 돌릴 수가 없었다. 해로(海路)에 익숙한 왜군이 수전(水戰)에 약한 당군에게 참패를 당한 것이다.

『삼국사기』 의자왕 본기는 네 나라 군사가 뒤엉켰던 이 전투를 이렇게 기록하고 있다.

유인궤와 별수(別帥) 두상, 부여융은 수군과 군량을 실은 배를 거느리고 웅진으로부터 백강으로 가서 육군과 합세해 함께 주류성으로 가다가 백강 어구에서 왜국 군사를 만나 네 번 싸워서 다 이겼다. 왜국의 병선(兵船) 400척이 불타니 연기와 불꽃이 하늘에 가득하고 바닷물도 붉어졌다.

피성으로 천도하는 것을 반대했던 박시전래진(朴市田來津)은 사방에서 불화살이 날아드는데도 당황하지 않았다. 그는 패색이 짙어지자 홀로 하늘을 우러러 맹세하고 배에 뛰어든 당군과 접전을 벌여 수십명을 죽이고 장렬하게 전사했다. 박시전래진의 이런 분투에도 불구하고 왜국 구원군은 패전하고 말았다.

이 백강 전투의 패전은 사실상 백제부흥군의 종말을 의미했다. 풍왕은 몇 사람과 배를 타고 고구려로 달아났다. 비록 주류성이 나당연합군과 맞서 저항을 계속하고 있었지만 함락은 시간 문제였다. 게다가 백강 전투에서 왜국 구원군이 패전했다는 소식은 사기를 떨어뜨렸다.

그럼에도 불구하고 고립된 주류성은 저항을 계속했다. 주류성이 함락된 것은 백강 전투 패전 후 열흘이 지난 9월 7일이었다. 『일본서기』 천지천황 조에는 주류성 함락 소식을 듣고 비통해하는 왜국 사람들의 이야기가 실려 있다.

백제의 주류성이 마침내 당(唐)에 항복했다. 이때 나라 사람들은 이렇게 말했다.

"주류성이 항복했다. 일을 어떻게 할 수 없다. 백제라는 이름은 오늘로 끊어졌다. 조상들의 무덤이 있는 곳을 어찌 또 갈 수가 있겠는가? ……이튿날 배가 떠나서 처음으로 일본으로 향하였다."

아직 임존성이 남아 있었지만 왜국의 구원군까지 패전한 마당에 희망은 없었다. 왜국 구원군의 패전은 백제 부활의 꿈을 꺾어버렸다. 믿었던 구원군이 일격에 무너진 상황에서 더 이상 백제 부활의 꿈을 꾼다는 것은 불가능했다.

흑치상지도 이런 사실을 잘 알고 있었다. 별부장(別部將) 사타상여(沙吒相如)와 함께 험준한 곳에 의거해 저항하던 흑치상지는 복신이 참형을 당하고 백왜 연합군마저 나당 연합군에게 패배하자 더 이상 싸울 의욕을 잃어버렸다. 이런 흑치상지에게 당 고종은 직접 사신을 보내 회유했다. 더 이상 희망이 없다고 생각한 흑치상지는 이 회유를 받아들여 유인궤에게 나아가 항복했다. 그리고 그 자신이 임존성을 함락하는 데 중요한 역할을 했다. 이는 백제부흥군의 소멸을 의미하는 것이었다.

그 위대한 전쟁

22

제국의 멸망

고구려의 중모왕(中牟王 : 시조 추모왕)이 처음 나라를 세울 때
천 년 동안 다스리려고 생각했다. 모부인(유화부인)이,
"나라를 잘 다스리더라도 불가능하다. 700년이 적당하다"라고 말하였다.
지금 나라를 잃은 것은 그로부터 700년 후의 일이다.
『일본서기』 천지천황 7년 조(668)에서

연개소문의 죽음과 분열

백제의 소멸로 고구려는 바다 가운데 홀로 뜬 외로운 섬이 되었다. 이제 사방은 모두 적이었다. 그러나 상대가 고구려인지라 당나라도 신라도 함부로 움직이지는 못했다. 이런 가운데 팽팽한 긴장이 계속되었다. 그 팽팽한 대치 상태를 먼저 깬 것은 신라의 문무왕이었다.

664년 7월 문무왕은 동생 김인문과 장군 김품일, 그리고 군관(軍官) 김문영(金文穎) 등에게 명령을 내렸다. 일선(一善 : 경북 선산)과 한산(漢山 : 경기 광주) 두 고을 군사를 이끌고 웅진도독부의 군사와 합세해 고구려 돌사성(突沙城)을 공격하라는 명령이었다. 이 공격으로 돌사성은 깨뜨렸지만 이것이 본격적인 전쟁으로 발전하지는 않았다. 이 돌사성 전투를 빼면 백제부흥군이 멸망한 663년부터 666년까지 고구려와 신라·당나라는 외면적으로 평화를 유지하고 있었다. 물론 모두에게 불안한 평화였다.

옛 백제 지역에는 웅진도호부를 비롯한 5개의 도호부가 들어섰다.

그러나 신라 영토 전부와 당나라 5개 도호부를 모두 합쳐도 고구려보다 작았다. 고구려에는 거인 연개소문이 버티고 있었다. 그가 버티고 있는 한 꺾을 수 없는 나라가 고구려라는 인식이 널리 퍼져 있었다.

연개소문은 백제의 멸망을 목도하고 나서 유연한 전술로 바꾸었다. 강경 일변도의 외교정책으로 모든 침략을 물리치고 고구려의 국체를 지켰지만 그 대가는 너무 컸다. 전쟁이 일상화되면서 백성들의 생활은 피폐해졌다. 연개소문은 당나라와 공존하는 방법을 찾고 싶었다. 당나라도 그것을 원할 것이라고 생각했다. 그래서 과거의 연개소문 같으면 상상도 못할 조치를 취했다.

보장왕의 태자 복남(福南)을 당나라에 보내 고종의 태산(泰山) 제사에 시위(侍衛)하게 했던 것이다. 영류왕이 태자를 당나라에 조공 보냈다는 것을 정변의 중요한 사유로 삼은 과거의 그로서는 상상도 못할 일이었다.

고구려 태자 복남은 태산 제사 시위 현장에서 문무왕의 동생 김인문을 만날 수 있었다. 고구려 태자와 신라의 왕제 중에서 당나라는 신라의 왕제를 더 우대했다. 김인문에게는 우효위(右驍衛)대장군을 제수하고 식읍 4백 호를 내려줬으나 고구려 태자 복남에게는 아무것도 내리지 않았다. 당나라에게 고구려는 아직 적국이었다. 당 고종은 또 김유신의 아들 삼광(三光)이 숙위하자 그를 좌무위익부 중부장(左武衛翊府中部將)으로 삼았다.

그런데 김삼광이 당나라에 온 것은 단지 숙위하기 위해서가 아니었다. 천존(天存)의 아들 한림(漢林)과 함께 당나라에 온 이들은 특별 임무를 띠고 있었다. 바로 당나라에 고구려 원정군 파견을 요청하는 일이었다. 이들은 적당한 기회를 보아 고구려 원정군 파견을 요청했다. 그러나 당 고종은 김삼광의 요청을 들은 척 만 척했다. 연개소문이 버티고 있는 고구려를 정복하는 건 불가능했기 때문이다. 수나라 문제 18년(598)부터 당 고종 재위 13년(662)까지 64년 동안 헤아릴 수 없이 많은 원정군을 보냈지만 한 번도 성공 못 한 나라가 고구려였다. 방효태의 수만 대군이 전멸한 것이 불과 5년 전이었다.

그런데 상황이 급변했다.

연개소문이 급서(急逝)한 것이다. 어느 날 갑자기 거짓말처럼 연개소문은 세상을 떠나고 말았다. 연개소문의 사망 소식은 고구려 내부는 물론 신라와 당나라를 긴장시켰다. 연개소문이 없는 정세에 대해 촉각을 곤두세우는 한편 후계 체제가 제대로 가동되는지 눈을 크게 뜨고 지켜보았다.

이런 가운데 연개소문 사후 그 아들들이 분열하기 시작했다. 연개소문의 세 아들 중 당시 33세의 장남 남생(男生)이 연개소문의 후계자였다. 남생을 후계자로 점찍은 연개소문은 9세의 어린 그를 중리소형(中裏小兄)에 임명했다. 그 후 남생은 중리대형(大兄)에 올라 나라의 정사를 도맡았으며 다시 중리위두대형(位頭大兄)에 올라 명실상부한 연개소문의 후계자가 되었다.

연개소문이 죽자 그는 막리지와 삼군(三軍)대장군을 겸임했다. 고구려의 행정권과 군사권을 장악한 그는 얼마 후 대막리지로 올라 아버지 연개소문의 지위를 그대로 계승했다. 누가 보더라도 남생은 연개소문의 후계자였고 고구려는 그를 중심으로 연개소문의 죽음이란 충격에서 벗어나고 있었다.

그런데 남생이 여러 부(部)를 순시하기 위해 지방에 나가면서 문제가 발생했다. 그는 지방 순시에 나가면서 두 아우 남건(男建)과 남산(男産)에게 중앙의 일을 맡겼다. 여기에서 불화가 싹트기 시작했다. 형제 사이를 이간질하려는 세력이 나타난 것이다. 이들은 남생이 지방에 나가 있을 때가 내부에서 봉기해 그를 무력화시킬 수 있는 호기라고 판단하고 남건과 남산을 회유했다.

"대막리지는 두 분이 자신을 핍박할까 두려워 장차 두 분을 제거하려 합니다. 어찌 앞서서 계책을 세우지 않습니까?"

그러나 남건과 남산은 이 말을 믿지 않았다. 형이 그럴 리가 없다고 생각했다. 그래서 남건과 남산은 이들을 크게 꾸짖어 내쫓았다. 이간자는 남건과 남산만 회유한 것이 아니었다. 이들은 지방 순시 중인 남생에게도 이렇게 말했다.

"두 아우는 형이 돌아와서 자신들의 권한을 빼앗을까 두려워합니다. 그래서 형을 막고 장안성(평양성)에 들이지 않으려 합니다."

지방에 나와 있을 때 이런 말을 듣자 남생은 불안한 마음이 들었다. 그래서 자신의 심복을 보내 정세를 살피게 했는데 그만 이 정보가 남건과 남산에게 흘러 들어갔다. 두 아우는 남생의 심복이 평양성에 나타나자 잡아 가두었다. 그리고 왕명을 빙자해 남생을 불렀다. 자신이 보낸 심복은 돌아오지 않고 자신을 부르는 왕명이 도착하자 남생은 일이 잘못되었음을 금방 알아차렸다.

남생은 평양행을 거부했다. 그러자 남건은 남생의 아들 헌충(獻忠)을 죽이고 스스로 막리지가 되었다. 그리고 군사를 일으켜 남생을 공격했다. 북쪽으로 달아난 남생은 고구려의 옛 수도 국내성에 웅거했다. 남생은 두 동생이 정변을 일으켜 아들을 죽이고 자신까지 죽이려 한 행위에 이성을 잃었다. 그는 무슨 수단을 써서라도 두 동생을 처치하겠다고 결심했다.

그는 세력을 모으기 위해 거란·말갈족과 교결했다. 그러나 거란·말갈족만 가지고 남건과 남산이 거느린 고구려 군사를 꺾을 수는 없었다. 두 동생에 대한 원한에 이성을 잃은 그는 복수를 위해서라면 악마에게 영혼이라도 팔고 싶었다. 그래서 그는 불구대천의 원수 당나라에 도움을 청하는 우를 범하고 말았다.

그는 아들 헌성(獻誠)을 당나라에 보냈다. 연개소문 사후 그 누구도 예상하지 못했던 일이 발생한 것이다. 헌성은 당 고종에게 달려가 군사를 빌려달라고 요청했다. 당 고종은 죽은 연개소문의 손자이자 대막리지 남생의 아들이 고구려를 쳐달라고 부탁하기 위해 머나먼 장안까지 왔다는 사실이 믿기지 않았다. 고종은 전혀 새로운 현실이 눈앞에 전개되고 있음을 깨달았다. 이는 하늘이 내린 기회였다.

고종은 곧바로 헌성을 우무위(右武衛)장군에 제수하고 좋은 말과 보검까지 주어 돌려보냈다. 군사 지원을 약속한 것은 물론이었다.

이제 정세는 완전히 뒤바뀌었다. 고구려가 분열되었을 뿐만 아니라 강력한 내응자까지 생겼다. 비록 지금은 동생에게 쫓겨났지만 아직도 고구려 내부에 그의 세력은 적지 않았다. 이들과 한편이 되어 싸운다면 고립되는 쪽은 오히려 남건·남산일 것이다.

당 고종은 고구려를 멸망시킬 기회가 왔다고 판단했다. 그는 좌효위(左驍衛)대장군 계필하력에게 군사를 이끌고 요동으로 가서 남생을 도우라고 명령했다. 계필하력은 5년 전인 661년에 요동도행군총관으로 요동을 거쳐 압록강까지 진출했던 장수였다. 그때 연개소문이 맞서 싸우라고 보냈던 인물이 바로 남생이었다. 어제의 적이 오늘의 동지가 된 것이다. 그 원인이 형제간의 싸움 때문이니 지하의 연개소문이 통곡해 마지않을 일이었다.

상황이 이렇게 되자 보장왕은 할 수 없이 남건에게 안팎의 병마사를 겸하게 했다. 남건은 막리지와 병마사를 겸하며 행정권과 군사권을 모두 장악했다. 전쟁이 눈앞에 다가오고 있었다. 당나라가 이 호기를 놓칠 리가 없었다.

이제 남생은 돌아올 수 없는 다리를 건넌 셈이었다. 당 고종은 남생에게 특진요동도독 겸 평양도행군대총관 지절안무대사 현도군공(特進遼東都督兼平壤道行軍大摠管持節安撫大使玄菟郡公)이라는 긴 관직을 제수했다. 남생은 남소성(南蘇城 : 무순시 동쪽 철배산성) · 창암성(倉巖城 : 청원현 남산성산성) 등을 당나라에 바쳐 이에 부응했다. 고종은 서대사인(西臺舍人) 이건역(李虔繹)을 보내 남생의 군진(軍陣)에 나가 위로하라고 명령했다. 그리고 여러 가지 물품을 내려주며 남생을 위로했다.

이렇게 모든 준비를 마친 당 고종은 그해(666) 12월 고구려 정벌군을 출진시켰다. 고종이 고구려 정벌사령관인 요동도행군대총관 겸 안무대사로 삼은 인물은 73세의 노장군 이적이었다. 그는 고종이 왕황후를 폐하고 무씨를 황후로 삼으려 할 때 "이는 폐하의 집안일이니 굳이 외부인의 의견을 물을 필요 없습니다"라고 동조했던 인물이다. 안륙(安陸)과 학처준(郝處俊)이 부총관이었으며, 방동선(龐同善)과 계필하력은 요동도행군부대총관이었다.

수륙군 모두 이적의 지휘를 받으며 하북(河北) 여러 주의 세금은 모두 요동으로 보내 군사비로 충당하라고 명령했다. 본격적인 고구려 원정의 막이 올랐다.

상황이 이렇게 되자 고구려 내부는 심하게 동요하기 시작했다. 얼마 전까지 대막리지였던 남생이 당나라를 끌어들이자 사람들은 고구려의 붕괴는 시간문제라고 생각했다.

연개소문의 친족인 연정토(淵淨土)가 종관 24인을 거느리고 신라에 투항하여 이런 기류를 단적으로 보여주었다. 연정토는 자신과 종관들을 비롯, 12개 성 763호 3,543명의 백성들을 거느리고 신라에 투항했다. 이중 8개 성은 성과 주민이 모두 온전한 상태여서 신라는 군사를 보내 주둔하게 하였다. 신라는 가만히 앉아서 고구려의 성들을 차지한 것이다.

그러나 당 고종은 신중했다. 문무왕에게 조서를 보내 군사를 출동시킬 준비를 하라고 일렀다. 고종은 당나라는 물론 신라가 모든 준비를 갖출 때까지 기다렸다.

드디어 이듬해(667) 7월 모든 준비가 갖춰졌다고 판단한 당 고종은 신라에 칙명을 내렸다. 지경(智鏡)·개원(愷元)·일원(日原)을 장군으로 삼아 요동 전역에 투입시키라는 명령이었다. 문무왕은 지경을 파진찬, 개원을 대아찬, 일원을 운휘장군으로 삼아 북상시켰다. 그리고 당장 유인원과 태종 무열왕의 아들 김인태(金仁泰)에게 비열도(卑列道)를 따라 진군하라고 명령했으며 모든 군사들은 평양에서 회합하라고 지시했다.

그해 8월 문무왕은 김유신 등 장군 30여 인과 수만 군사를 이끌고 출정해 9월에 한성정(漢城停)에 도착했다. 문무왕은 한성정에서 이적의 군사가 도착하기를 기다렸다. 드디어 고구려 정벌을 위한 나당 연합군이 발진한 것이다. 고구려는 분열된 상태에서 막강한 나당 연합군과 맞서 싸워야 했다. 개국 이래 최대 위기였다.

고구려의 퇴장

고구려가 옛날 같지 않다는 조짐은 여러 군데서 나타났다. 당나라 고구려 원정군 사령관 이적이 요하를 건너면서 첫번째 목표로 삼은 곳은 신성(新城 : 지금의 무순 북쪽 고이산산성)이었다. 이적은 여러 장수들을 모아놓고 말했다.

"신성은 고구려 서쪽 변방의 요충이니 여기를 먼저 함락시키지 못한다면 남은 성을 취하기가 쉽지 않을 것이다."

이적의 전략에 따라 당군은 요하를 건너 신성 아래 진을 쳤다. 신성은 역대 수많은 전쟁 중에 단 한 번도 함락되지 않은 성이었다. 당연히 큰 저항이 있을 것으로 예상했다.

그러나 당군이 신성을 공격한 지 얼마되지 않아 예기치 못한 사태가 발생했다. 성안에 있던 사부구(師夫仇) 등이 성주를 체포해 결박한 후 성문을 열고 항복한 것이다. 당의 대군이 다가오자 결사항전을 주장하는 성주 측과 항복을 주장하는 사부구 측이 내분을 겪다가 사부구 측이 선수를 쳐서 성주를 결박하고 항복해왔다. 이런 일은 고구려 역사상 전례가 없었다. 이럴 정도로 고구려 내부에 항복론이 득세했다. 신성을 고스란히 삼킨 이적은 방동선과 고간(高侃)을 신성에 남겨두고 다시 남하했다. 삽시간에 16개 성이 모두 함락되었다. 이 역시 전례가 없는 일이었다.

남건은 역습을 시도했다. 5만 이상의 대군을 이끌고 신성을 탈환하려 한 것이다. 그러나 이는 갓 서른이 되었을 젊은이 특유의 혈기 어린 전략이었다. 그 병력으로는 요충지를 굳게 지켜 방어하는 편이 훨씬 효율적이었다. 수성에 강한 고구려는 군이 빼앗긴 성을 되찾기 위한 공성에 수많은 군사를 동원할 필요가 없었다.

남건이 신성을 공격하자 좌무위장군 설인귀가 신성으로 달려와 역습했다. 성 안팎에서 공격받아 더 이상 버틸 수 없게 된 남건은 퇴각하기 시작했다. 그러자 설인귀뿐만 아니라 성안에 있던 고간까지 군사를 이끌고 추격해왔다.

퇴각하던 남건은 금산(金山)을 대결 장소로 삼았다. 먼저 고간이 이끄는 당군이 달려와 맞붙어 싸웠다. 그러나 이미 예전의 위용을 찾아볼 수 없었던 고구려군은 고간이 이끄는 당군에게 패해 도주했다. 고구려군이 한창 도주에 정신 없을 때 설인귀가 이끄는 당군이 갑자기 좌우에서 나타나 협격했다. 고구려군은 방어 능력을 상실하고 추풍낙엽처럼 쓰러져 갔다.

이 한 번의 패전으로 고구려는 주력군 5만 명을 잃는 대참패를 당했다. 설인귀는 이 여세를 몰아 남소성·창암성·목저성(木氐城)의 세 성을 함락시키고 남생의 군사와 합류했다.

이적은 육군을 이끌고 요동으로 진격하면서 곽대봉(郭待封)에게 수군을 주어 평양으로 향하게 했다. 또 별장(別將) 풍사본(馮師本)에게 배를 주어 곽대봉에게 무기와 군량을 조달하게 했다. 그런데 풍사본의 선박이 항해 도중 풍랑을 만나 파손되는 바람에 약속한 기일까지 식량과 무기를 전달하지 못했다. 식량이 오지 않아 굶주리게 된 곽대봉은 이적에게 식량 공급을 다시 요청했다. 그러나 이 편지가 고구려군에게 입수되어 들키지 않도록 이합시(離合詩)를 지어 보냈다. 이합시는 한자의 자획(字劃)을 떼어 의미를 나타내는 일종의 암호였다. 그러나 이 이합시를 이해하지 못한 이적이 노하여 이렇게 말했다.

"군사(軍事)가 한창 급한 판국에 곽대봉은 어찌 시를 일삼는단 말인가? 내 반드시 목을 베리라."

당군 진영의 행군관기통사사인(行軍管記通事舍人) 원만경(元萬頃)이 나섰다.

"그것은 식량이 제때 오지 않아 굶주리고 있음을 나타낸 것입니다."

그러자 이적이 다시 무기와 식량을 보내주었다. 그런데 이 원만경은 박학함을 과시하기 좋아하는 인물이어서 고구려에도 이런 격문을 지어보냈다.

"압록강의 험고(險固)함을 지킬 줄도 모르는구나."

그러자 남건은 이렇게 회보했다.

"삼가 명을 받들겠노라."

남건은 곧 군사를 동원해 압록강을 지켰다. 당군은 남건이 굳게 지키고 있는 압록강을 건너지 못하고 대치하게 되었다. 이 소식을 들은 당 고종은 원만경을 영남(嶺南)으로 유배 보냈다.

압록강을 경계로 두 군이 대치한 상태에서 전쟁이 소강 상태에 접어들며 667년이 저물었다. 668년 정월이 되자 이적은 고구려 원정군을 재편했다. 유인궤를 요동도부대총관으로 삼고 학처준과 김인문을 부장으로 삼았다. 그리고 문무왕의 동생 김인문을 신라로 보내 신라군의 동원을 명령했다.

그해 2월 당군은 다시 공세를 퍼부어 천리장성의 북쪽 경계인 부여성을 함락시켰다. 부여성이 함락되자 주변 40여 성이 모두 항복했다. 전쟁은 다시 고구려에 불리하게 전개되었다. 당 고종은 시어사(侍御史) 가언충(賈言忠)을 요동에 보내 전황을 알아보게 했다. 장안으로 돌아온 가언충은 이렇게 보고했다.

"이번에는 반드시 승리합니다. 옛날 선제(先帝 : 태종)께서 뜻을 이룩하지 못하신 것은 고구려에 틈이 없었기 때문입니다. 속언에 이르기를 '군(軍)은 중매(仲媒)가 없으면 중도에서 돌아오는 것이다'라고 했습니다. 이제 남생이 형제들과 내분이 일어나 우리의 길잡이가 되어 적국의 형세를 모두 알게 된 데다 장수는 충성스럽고 사졸들은 힘을 다하는 까닭에 신이 반드시 이긴다고 단언하는 것입니다."

가언충은 자신의 단언이 옳음을 확신시키기 위해 고구려『비기(秘記)』까지 동원했다.

"고구려『비기』에 '9백 년이 못 되어 마땅히 80대장(大將)이 있어 이를 멸한다'고 했는데, 고씨(高氏)가 한나라 때 나라를 세워 지금 9백 년이 되었고, 이적의 나이 80입니다. 고구려는 지금 연달아 기근이 들어 사람들이 도적질하고 자식을 팔며 지진이 일어나 땅이 갈라지고 이리와 여우가 성안에 들어오며 두더지가 성문 밑에 구멍을 뚫어 인심이 흉흉합니다. 이번 원정으로 고구려는 끝장나고 다시 거병할 필요가 없을 것입니다."

부여성이 함락되자 남건은 다시 군사 5만 명을 이끌고 부여성을 탈환하려 했다. 남건은 이적과 설하수(薛賀水)에서 맞붙어 싸웠으나 또 대패하고 말았다. 이 패배로 고구려는 3만 군사를 잃었으니 작년 금산에서 전사한 5만 명까지 합치면 무려 8만 대군이 목숨을 잃었다.

한 못난 지도자의 변절이 이토록 큰 비극을 초래하고 말았다.

그해 4월에는 혜성이 필성(畢星)과 묘성(昴星) 자리 사이에 나타나자 당나라 허경종(許敬宗)이 이렇게 말했다.

"혜성이 동북방에 나타났으니 이는 고구려가 장차 망할 징조이다."

허경종은 고종이 황후를 바꾸려 할 때 "시골 촌부도 보리가 한 가마쯤 남아돌면 부인을 바꾸고 싶어한다. 천자가 황후를 세우는 데 여러 사람에게 상담할 필요가 없다"고 말했던 인물이다. 과거와는 달리 이제는 모두 고구려 원정 성공을 자신하고 있었다.

그러나 당 고종은 과거의 쓰라린 패배를 잊지 않고 있었다. 철저한 준비가 없으면 거사는 성공을 거두기 어렵다고 생각했다. 그래서 대규모의 나당 연합군을 조직했다.

고종은 장안에서 숙위하고 있는 김유신의 아들 삼광을 불렀다.

"유인궤와 함께 신라로 돌아가 고구려를 공격할 준비를 갖춰라."

삼광은 고종의 명령에 따라 유인궤와 함께 당항진에 도착했다. 문무왕은 동생 김인문을 보내 유인궤를 영접했다. 문무왕은 다시 신라를 전시 체제로 개편했다. 김유신을 대총관으로 삼고 김인문과 김흠순 등을 대당총관으로 삼았으며, 그 외에 천존, 개원, 죽지 등 신라의 이름 있는 장수들을 모두 포함시키는 군제 개편을 단행했다.

문무왕은 일단 김인문과 천존, 도유(都儒) 등을 선발대로 보냈다. 이들에게 한성주(漢城州)와 일선주(一善州) 등 일곱 고을의 군사를 거느리고 먼저 당나라 진영에 가서 합류하도록 했다.

그런데 이들이 막 출발하려는 찰나에 사건이 발생했다. 김유신이 풍질(風疾)에 걸린 것이다. 김유신이 없는 군사 작전은 생각해보지 못했던 신라군은 당황했다. 문무왕은 일단 김유신을 제외하고 김인문과 김흠순에게 출정을 명령했다. 그러자 흠순이 문무왕에게 이렇게 고했다.

"만약 김유신이 함께 출정하지 않는다면 후회할 일이 발생할까 두렵습니다."

김유신이 없는 출정은 안 하는 편이 낫다는 말이었다.

"경 등 세 사람은 모두 나라의 기둥인데 함께 출정했다가 혹시라도 차질이 생긴다면 나랏일을 어찌 한단 말인가? 김유신이 도성에 머물러 있다면 의연히 나라의 장성(長城)이 될 것이니 내가 걱정이 없다."

출정하기로 결심한 김인문과 흠순은 유신을 찾아가 가르침을 청했다.

"우리들은 모두 불초한 재질로서 이제 대왕을 따라 예측할 수 없는 전장에 나가오니 한마디 가르침을 듣고자 합니다."

병상에 누운 김유신이 대답했다.

"무릇 장수란 나라의 간성(干城 : 방패)이며 임금의 조아(爪牙 : 손톱과 어금니)로 시석(矢石 : 화살과 돌) 사이에서 승부를 결단하는 것이니 반드시 위로는 천도를 얻고 아래로는 지리를 얻으며 가운데로는 인심을 얻은 후에야 공을 이룰 수 있다. 우리나라는 충성과 신의로 보존되었거니와 백제는 오만하게 굴다가 멸망하였고, 고구려는 교만하여 위태롭게 되었다. 오늘날 우리가 곧음으로써 고구려의 간사하게 굽은 것〔邪曲〕을 공격하는데 어찌 이기지 못할 것을 걱정하겠는가?"

김유신의 격려를 들은 김인문과 김흠순은 결의를 새롭게 다지고 북상했다.

그동안 당나라의 이적은 대행성(大行城 : 지금의 구련성)을 함락시키고 압록강에 이르렀다. 고구려는 압록강에 목책을 세우고 방어에 나섰는데 기세가 오른 당군은 목책을 깨뜨리는 데 성공했다. 당군은 도망가는 고구려군을 200리나 쫓아갔다.

당군이 욕이성(辱夷城)을 함락하자 근처의 여러 성이 연달아 항복했다. 압록강 이남도 속수무책으로 무너지고 있었다.

계필하력이 이끄는 당군이 가장 먼저 평양성 아래 도착해 진을 펼쳤다. 뒤이어 이적의 군대가 도착했다. 여기에 김인문이 이끄는 신라군까지 가세했다. 김인문이 이끄는 신라군은 이적의 당군과 합류해 영류산(嬰留山) 아래 진영을 펼쳤다.

그해 7월 신라의 문무왕은 군사를 이끌고 한성주까지 북상했는데 모두 20만 명에 달하는 대군이었다. 평양성은 고립된 채 나당 연합군에게 완전히 포위되었다. 나당 연합군은 서두르지 않았다. 겨울까지는 아직 많은 시간이 남아 있었고, 고립된 평양성이 끝까지 버티기는 어려울 것으로 판단했다. 나당 연합군은 평양성이 지쳐 떨어질 때까지 번갈아가며 공격했다.

그렇게 공격한 지 한 달 남짓 만에 평양성에서 신호가 왔다. 연개소문의 셋째 아들 남산이 수령 89인을 거느리고 성문을 열었다. 남산의 손에는 백기가 들려 있었다. 이적은 남산에게 적장의 예절을 갖춰 항복을 받아주었다.

그러나 이는 평양성 전체의 의견이 아니었다. 막리지 남건은 항복을 굳게 거부하며 결사항전을 다짐했다. 그는 성문을 굳게 닫은 채 자주 군사들을 내보내 나당 연합군을 공격했다. 그러나 고구려군은 과거의 기세가 아니어서 싸우는 족족 패배했다.

남건은 승려 신성(信誠)을 신뢰해 군사에 관한 일을 그에게 맡겼다. 그러나 고구려의 운명이 다했다고 여긴 신성은 소장(小將) 오사(烏沙)·요묘(饒苗) 등과 짜고 몰래 사람을 이적에게 보내 내응하겠다고 알렸다. 약속한 5일 후에 신성이 성문을 열었다. 그 틈을 타 나당 연합군이 대거 성안으로 밀고 들어와 삽시간에 평양성을 점령했다. 모든 것이 끝났다고 여긴 남건은 자살을 시도했다. 그러나 미수에 그치고 그만 체포되고 말았다.

사로잡힌 보장왕은 이적에게 무릎을 꿇고 재배(再拜)했다. 이적 또한 예절에 따라 답례했다. 북방의 패자로 군림하며 중원의 패자 수당과 한치의 양보도 없는 대결을 펼쳤던 제국의 최후치고는 너무 허무했다.

그러나 이것으로 끝이 아니었다. 보장왕은 이적에게 끌려 장안성으로 가야 했다. 보장왕의 아들 복남(福男)·덕남(德男)이 그 뒤를 따랐다. 남건과 남산도 포로 대열에 끼여 보장왕의 뒤에 섰다. 뿐만 아니라 무려 20여만 명에 달하는 고구려 백성들까지 장안으로 끌려갔다. 『삼국사기』는 고구려 멸망 때의 행정구역과 인구수를 "5부(部), 176성(城), 69만여 호"라고 적고 있는데, 이에 따르면 3.5가구 중 한 명씩을 끌고 간 것이니, 고구려부흥운동을 철저히 차단하겠다는 당의 의도였다.

고구려 멸망을 초래한 남생은 포로가 아니라 이적, 계필하력 같은 당나라 장수와 김인문·인태(仁泰)·의복(義福)·천광(天光)·흥원(興元) 등의 신라 장수들과 함께 개선군이 되어 행진했다. 개인적 원한 때문에 조종이 물려준 나라를 팔아먹은 개선이었다.

대열이 장안성 가까이 이르렀을 때 성에서 고종의 사자가 달려나왔다.

"보장과 그 일행들을 먼저 소릉(昭陵)에 바치라는 칙명이시오."

소릉은 태종과 장손왕후가 묻힌 능으로 장안 서북 구종산(九嵕山 : 현 섬서성 예천현 동북)의 해발 1,188미터에 달하는 높은 곳에 자리 잡고 있었다. 중앙에 현궁(玄宮) 혹은 침궁(寢宮)이라 불리는 태종과 장손황후의 묘실(墓室)이 있고 장안성을 본떠 만든 능원(陵園) 안에는 수

많은 건축물과 조각물들이 있었다.

보장왕은 높은 산을 걸어서 힘겹게 올라갔다. 그리고 이적의 안내에 따라 주작문(朱雀門)을 지났다. 산릉을 정면으로 마주보는 주작문 안에 제사를 지내는 헌전(獻殿)이 있었다. 보장왕을 위시해 아들과 대신들은 이 헌전에서 무릎 꿇고 머리를 조아리며 태종에게 사죄

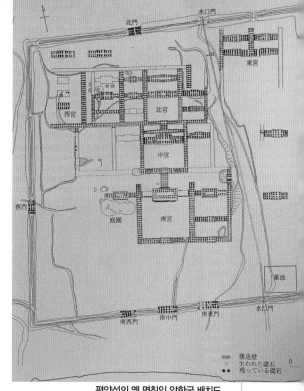

평양성의 옛 명칭인 안학궁 배치도

했다. 남건·남산은 물론 오늘의 이 사태를 초래한 남생도 땅 속에 묻힌 태종의 시신에 절을 했다. 668년 10월의 일이었다.

굴욕은 그것으로 끝이 아니었다. 소릉 참배를 마치자 고종은 장안성까지 개선가를 부르며 들어오라고 명령했다. 보장왕과 남건에겐 굴욕이었지만 이적에게는 신나는 명령이었다. 당군은 수많은 깃발을 펄럭이며 행진했다. 북과 취악소리가 천지를 뒤덮었다. 그 뒤를 사냥에서 잡힌 먹이처럼 보장왕과 아들·대신들, 그리고 고구려 백성들의 초라한 행렬이 따르고 있었다. 보장왕과 그 일행은 장안성 안의 태묘(太廟)에 다시 끌려갔다. 태묘에 모신 고조와 태종, 그리고 그 조상들에게도 죄인을 용서해 달라고 빈 후에야 고종을 만날 수 있었다. 고종은 이들을 준절하게 꾸짖었다.

보장왕은 정사가 그 몸에서 나온 것이 아니라는 이유로 특별히 용

서해서 사평태상백원외동정(司平太常伯員外同正)으로 삼았다. 크게 저항하지 않았던 남산도 사재소경(司宰少卿)을 삼았으며, 성문을 열어 당군을 불러들였던 승려 신성은 은청광록대부(銀靑光祿大夫)를 삼았다. 개인적인 원한 때문에 나라를 멸망하게 한 남생은 우위(右衛)대장군으로 삼았다. 그러나 끝까지 저항한 남건은 검주(黔州)로 유배를 보냈다.

고종은 또한 고구려의 5부, 176성의 행정구역을 9도독부, 42주, 1백 현으로 삼고 평양의 안동도호부가 이를 총괄 통솔하게 했다. 이리하여 대제국 고구려는 마침내 중국의 일개 행정구역으로 편입되고 말았다.

요동 벌판에 나라를 세워 중원의 여러 제국과 정면으로 맞서 싸웠고 대제국 수나라를 붕괴시키고 천책상장 이세민에게 최초의 패배를 주었던 대제국 고구려는 이처럼 허무하게 역사의 막을 내렸다.

23

삼국통일

왜국이 국호를 고치어 일본이라 하고 스스로 말하기를
해 뜨는 곳에 가깝기 때문에 이렇게 이름지은 것이라 하였다.
『삼국사기』 신라본기 문무왕 10년(670) 조에

끝나지 않은 전쟁

약소국으로 백제와 고구려를 멸망시킨 신라는 오랫동안 잔치 분위기에 젖어 있을 법했다. 그러나 현실은 그렇지 않았다. 도대체 무엇 때문에 9년에 걸친 대전쟁을 치렀는지 모르겠다는 불만이 사방에서 터져 나왔다. 불만은 영토 분할 문제에서 시작되었다.

백제부흥군이 멸망하고 난 후인 665년 당 고종의 칙사 유인원은 문무왕을 웅진도독부로 불렀다. 가보니 유인원뿐만 아니라 웅진도독 부여융도 함께 있었다.

"우리 셋이 회맹(會盟)하라는 칙명이시오."

문무왕과 유인원, 그리고 부여융이 함께 맹세하고 피를 나누어 마시는 삽혈(歃血)동맹을 맺으라는 명령이었다. 옛날 같으면 당나라와 삽혈동맹을 맺는 것이 싫을 이유가 없겠지만 지금은 아니었다. 지금의 삽혈동맹은 당나라가 백제의 옛 땅을 차지하려는 의도가 숨겨져 있었다. 부여융을 참석시킨 건 바로 이 때문이었다. 유인궤가 직접 써서 낭독한 회맹문의 서사(誓詞)에 그런 저의가 명확하게 드러났다.

"지난날에 백제의 선왕이 순역(順逆)의 이치에 어두워서 이웃나라와 친선하지 않았고 인척 간에 화목하지 않았다……. 이에 황제께서 크게 노하여 백성들을 위로하고 죄를 묻는 토벌을 행했으니 깃발이 이르는 곳에 한 번 싸워 대승을 거두었다. 그 궁전을 허물고 연못을 파서 후예(後裔)를 경계하며 뿌리를 뽑고 근원을 막아 후사(後嗣)에게 교훈을 보임이 마땅하다. 유순한 자를 따르게 하고 배반한 자를 치는 것은 선왕의 아름다운 전장(典章)이며 멸망한 자를 일으키고 끊어진 대를 잇게 하는 것은 선현의 상규(常規)이니 일은 반드시 옛날을 본받아야만 한다. 그러므로 전 백제 대사가정경(大司稼正卿) 부여융을 웅진도독을 삼아 그 선조의 제사를 받들고 옛 땅을 보전하도록 하였으니 신라와 서로 의지하여 길이 우방이 되고 각기 오랜 원한을 풀어 화친을 맺으며 각기 조명(詔命 : 황제의 명령)을 받들어 길이 번방(藩邦)이 되도록 하라……."

서사를 듣는 문무왕은 온몸이 분노로 떨리는 것을 느꼈다. '부여융을 웅진도독을 삼아 그 선조의 제사를 받들고 옛 땅을 보전하도록 하였으니' 란 말은 부여융을 허수아비로 내세워 백제 옛 영토를 당나라가 모두 차지하겠다는 말에 다름 아니었다. '신라와 서로 의지하여 길이 우방이 되고 각기 오랜 원한을 풀어 화친을 맺으며 각기 조명을 받들어 길이 번방이 되도록 하라' 는 말은 신라를 망한 백제와 마찬가지로 한 번방으로 취급하겠다는 내용이었다. 이는 신라를 동맹국으로 인정하지 않겠다는 의사였다.

회맹 장소를 웅진도독부의 취리산(就利山 : 금강 북쪽)으로 택한 것은 부여융을 내세워 망한 백제를 형식적으로 부활시켜 신라와 같이 대우하려는 의도였다.

문무왕은 분개했다. 백제를 멸망시켜 당나라에 헌납하려고 신라 군사들의 수많은 해골을 이곳에 묻은 것이 아니었다.

"……만약 맹서를 배반하고 마음을 여러 모로 변경시켜 군사를 일으켜 변경을 침범하는 일이 있으면 신명이 굽어보고 백 가지 재앙을 내려 자손을 기르지 못할 것이고 사직을 지키지 못할 것이며 제사가 끊기고 뒤끝이 남아나지 못할 것이다."

이것은 완전한 협박이자 웅진도독부의 변경을 침범하면 멸망시키겠다는 위협이었다. 그러나 어쩔 수 없었다. 아직 고구려가 북방에 건재했기 때문에 문무왕은 회맹을 거부할 수 없었다.

문무왕은 유인원, 부여융과 함께 희생의 피를 나눠 마셨다. 그리고 희생과 폐백을 제단 북쪽에 파묻고 회맹문을 신라 종묘에 간직해야 했다. 회맹문을 신라에게 보관하게 한 것도 웅진도독부를 침공하지 말라는 경고였다.

문무왕은 고구려만 멸망시키면 당나라가 진덕여제 2년(648) 부왕 김춘추가 당 태종 이세민과 맺은 동맹조약을 지키리라고 믿었다. 그때 이세민은 백제와 고구려를 멸망시킬 경우 백제 영토 전부와 평양 이남의 고구려 영토를 신라에게 주겠다고 약속했다. 문무왕은 고구려를 멸망시키면 이 약속이 이행되리라고 믿었다.

유인궤는 회맹이 끝난 후 신라·백제·탐라·왜국 네 나라의 사신을 데리고 당나라로 돌아갔다. 신라를 동맹국이 아니라 백제·탐라·왜국과 같은 번방으로 취급한 것이다.

문무왕은 분개했다. 웅진도독으로 임명된 부여융도 이 회맹문이 억지라고 생각했다. 회맹문 한 장으로 백제가 살아날 수는 없다는 사실을 그는 알고 있었다. 웅진도독부에는 신라 군사들도 다수 있었다. 그는 웅진에 남아 있으면 언제 신라 군사들에게 죽음을 당할지 모른다고 두려워했다. 그래서 유인궤가 떠난 지 얼마 되지 않아 당나라 장안으로 도망쳤다.

그러나 당 고종은 부여융을 당나라에 데리고 있을 생각이 없었다. 부여융의 용도는 신라에 대한 견제에 있었다. 고종은 부여융을 웅진 도독 대방군왕(帶方郡王)으로 임명하고 다시 돌아가 웅진도독부를 다스리라고 명령했다. 그러나 부여융은 이미 망한 백제의 왕 노릇은 아무 의미가 없다며 돌아가기를 거부했다.

665년의 회맹의 갈등은 겉으로 드러나지 않은 채 미봉되었다. 신라로서는 불만이 가득했지만 고구려가 북방에 건재한 상황에서 당나라와의 관계를 파탄낼 수 없었다. 그랬다가 고구려가 쳐들어오면 방법이 없었다.

그러나 고구려가 멸망하자 상황은 달라졌다. 회맹의 갈등이 겉으로 표출돼 나왔다. 당은 평양에 안동도호부를 설치하고 설인귀에게 2만 명의 당군을 주어 직접 다스리게 했다. 이는 백제 영토에 이어 고구려 영토도 당나라가 모두 차지하겠다는 야욕을 드러낸 것이다.

당나라의 이런 처사에 문무왕은 분개했다. 이는 648년 부왕 김춘추가 이세민과 맺은 동맹조약에 대한 명백한 위약이었다. 백제 영토 전부와 평양 이남은 신라가 갖는다는 맹약은 어디로 사라지고 당나라가 백제와 고구려 영토 전부를 차지하겠다고 나섰으니, 삼국을 통일한 신라는 과거처럼 한반도 동남쪽 한 귀퉁이나 차지하고 있어야 할 위기에 처했다.

문무왕은 배신감 속에서 큰 위기의식을 느꼈다. 당나라의 목적이 신라까지 멸망시켜 한반도를 모두 차지하려는 예감이 들었기 때문이다. 가만히 앉아 당할 수는 없었다. 문무왕은 일단 신라 내부를 다시 결속시켜 그 힘으로 만약의 사태에 대비하기로 했다. 그래서 669년 2

월 21일 여러 신하를 모아놓고 이렇게 하교했다.

"지난날 우리나라가 고구려와 백제 사이에 끼여 있던 탓에 북에서 쳐들어오고 서에서 침입해 잠시도 편안한 해가 없었고 전사들의 해골이 벌판에 쌓여 있었다. 선왕(先王 : 태종 무열왕)께서 백성의 잔해(殘害)를 민망히 여겨 바다를 건너 당나라에 가서 원병을 청한 까닭은 두 나라를 평정하여 여러 세대의 수치를 씻고 백성들의 남은 목숨을 보전하려 함이었는데 백제는 비록 평정했으나 고구려는 멸망시키지 못했다. 내가 선왕의 뜻을 이어받아 이 두 적국을 평정하여 사방이 안정되었다.

이 과정에서 공을 세운 자에게는 상을 주었고 전사한 자에게도 은혜를 베풀었다. 다만 옥에 갇혀 고생하는 자들은 경신(更新)의 혜택을 입지 못하고 있으니 침식이 편치 못하다. 이에 이번 달 21일 새벽 이전에 오역(五逆 : 임금·아비·어미·조부·조모를 죽인 죄)의 사죄(死罪)를 범한 자만 제외하고 그밖에 갇혀 있는 자는 죄의 대소를 불문하고 모두 석방하도록 하라……."

문무왕은 대대적인 사면 조치로 나라 안의 힘을 하나로 집결시켜 당나라에 실력 행사를 했다. 이대로 가만히 앉아서 백제와 고구려 영토 모두를 빼앗길 수는 없었다. 문무왕은 일단 옛 백제 영토 일부를 무력으로 장악하고자 했다. 결심을 굳힌 문무왕은 군사 행동을 개시해 백제의 옛 영토 일부를 빼앗았다.

신라의 군사 행동에 당나라는 거칠게 항의했다. 예상을 뛰어넘는 항의였다. 이 항의 때문에 문무왕은 재위 9년(669) 5월 각간(角干 : 1품) 흠순과 파진찬(波珍湌 : 4품) 양도(良圖)를 당나라에 사과 사절로 보낼 수밖에 없었다. 두 사람은 모두 통일전쟁 과정에서 당나라 장수들과 전선을 누빈 전우들이었다. 당나라에서 최소한 이 둘은 함부로 못하리라는 생각에 사절로 보낸 것이다. 게다가 흠순은 유신의 동생이었다.

그러나 당 고종은 이들을 원옥(圓獄)에 가두어 버렸다. 당나라에게 신라는 한갓 하수인이었을 뿐 동맹국이 아니었다. 흠순과 양도를 가둠으로써 당나라는 신라를 침략하겠다는 의도를 분명히 드러냈다. 실제로 당나라는 전쟁 준비에 착수했다. 고구려까지 멸망시킨 판국에 신라는 별 것 아니라고 생각했다.

옥에 갇힌 김흠순은 당나라의 전쟁 준비 정보를 빨리 본국에 알려야겠다고 생각했다. 그래서 당나라에 와 있던 승려 의상(義湘)을 몰래 불렀다.

"빨리 본국에 가서 당나라가 침공하려 한다는 사실을 알리시오."

의상은 670년 신라로 돌아와 문무왕과 김유신에게 이 사실을 알렸다. 이에 문무왕과 김유신은 마지막 결전을 준비했다.

나당 연합군이 합동 작전을 펼치면서 당나라가 가장 부러워한 것은 성능이 좋은 신라의 쇠뇌였다. 그래서 당 고종은 669년 겨울 신라 문무왕에게 사신을 보내 노사(弩師)를 보내라고 요구했다. 고종의 명을 어길 수 없었던 문무왕은 노사 구진산(九珍山)을 보냈다. 고종은 구진산에게 목노(木弩)를 제작하라고 명령했다. 그러나 제작한 뒤에 시험해보니 30보(步)밖에 나가지 않았다.

"너희 나라에서 만든 쇠뇌는 1천 보까지 나간다고 들었는데 지금 겨우 30보밖에 나가지 않으니 어떻게 된 일이냐?"

"재료가 좋지 않아서 그렇습니다. 본국에서 목재를 가져와야만 만들 수 있습니다."

당 고종은 다시 신라에 사신을 보내 목재를 보내라고 명령했다. 문무왕은 대내마 복한(福漢)에게 목재를 구하라고 명해 당나라에 보냈다. 다시 만들어 쏘아보니 이번에는 60보까지 나갔다. 고종이 힐문하자 구진산은 이렇게 대답했다.

"신 또한 그 이유를 알지 못하겠습니다. 아마도 목재가 바다를 건너오면서 습기를 먹어서 그런 것 같습니다."

구진산은 당나라가 쇠뇌를 신라 침공 때 사용하려는 속셈을 알아채고 기술을 다하지 않은 것이다. 두 나라의 충돌은 일개 노사도 알고 있을 정도로 기정사실화되었다.

이런 상황에서 670년 신라를 격분시킨 사건이 발생했다. 장안의 원옥에 갇혔던 양도가 옥사한 것이다. 이 사건 후 당나라는 김흠순을 석방시켰지만 문무왕과 김유신은 사신을 옥에 가두어 죽이는 행위를 도저히 용납할 수 없었다. 그들은 전쟁을 결심했다. 최후의 전쟁이었다.

당나라를 몰아낸 신라

문무왕은 백제, 고구려의 멸망이 오히려 신라를 위험에 빠뜨렸음을 인식했다. 특히 고구려의 멸망이 신라를 위험에 빠뜨린 주요인이라고 분석했다. 그래서 문무왕은 고구려부흥군을 지원하기로 결정했다. 지금 와서 망한 나라를 부활시킬 수는 없지만 고구려부흥군을 돕는 것이 당나라의 신라 침략을 막는 지름길이라고 판단했다.

문무왕의 이런 결정에 따라 재위 10년(670) 3월 사찬 설오유(薛烏儒)는 군사 1만을 거느리고 압록강을 넘었다. 이는 당나라와 연결된 말갈 군사가 신라의 북쪽 영토 개돈양(皆敦壤)을 침범한 것에 대한 응징이었다. 이 군사 작전은 당나라에 충격을 주었다. 신라의 사찬 설오유가 고구려 태대형 고연무(高延武)와 공동 작전을 펼쳤기 때문이다. 이는 신라와 고구려의 나려(羅麗) 연합군이 출현했음을 알리는 것이었다. 나려 연합군은 개돈양을 침범한 말갈군을 크게 깨뜨렸다.

말갈군이 대패했다는 소식을 듣고 당나라 군사들이 달려왔다. 그러나 신라군은 당군과 맞붙지 않은 채 백성(白城 : 황해도 재령평야)으로 퇴각했다.

나려 연합군의 출현으로 고구려 유민들은 망한 고구려를 되살릴 수 있다는 희망이 생겼다. 그러자 고구려에서 신라와의 연합에 적극적인 인물들이 등장하기 시작했다. 대형(大兄 : 2~3품) 관직에 있던 검모잠(劍牟岑)이 대표적 인물이었다.

검모잠은 나려 연합군 출현 3개월 후인 그해 6월 고구려 유민들을 규합해 패강으로 내려왔다. 그는 이곳에 주둔하고 있던 당의 관리와 승려 법안(法安) 등을 죽이고 서해(西海) 사야도(史冶島)로 향했다. 사야도에 보장왕의 서자 안승(安勝)이 도피해 있다는 정보를 들었기 때문이다. 검모잠은 그를 한성(漢城 : 황해도 재령 부근)으로 모셔와 임금으로 추대했다. 안승을 임금으로 삼은 검모잠은 고구려가 부활하기 위해서는 신라의 지원이 절대적으로 필요하다고 생각했다. 그래서 소형(小兄) 다식(多式)을 사신으로 삼아 문무왕에게 보냈다.

"우리 선왕 보장이 왕도를 잃고 멸망을 당했습니다. 이제 신 등은 고구려의 귀족 안승을 모셔 임금으로 삼았는데 영원토록 제후국이 되어 충성을 다하기를 원하옵니다. 신 등은 멸망한 자를 일으키고 끊어진 것을 계승시키는 것이 천하의 공의라고 들었으니 오직 대국(大國 : 신라)의 구원을 바랄 뿐입니다."

문무왕은 안승과 검모잠을 서쪽 금마저(金馬渚 : 익산)에 땅을 주어 거주하게 했다. 고구려부흥군이 익산에 웅지를 틀었다는 소식을 들은 당 고종은 이를 용납할 수 없었다. 비록 옛 고구려 땅이 아니라 백제 땅이지만 신라와 연합해 당나라에 저항할 경우 예측할 수 없는 사태가 벌어질 수도 있었다.

이때 고구려부흥군 내에서는 앞으로의 진로를 둘러싸고 내분이 발생했다. 이 내분으로 안승이 검모잠을 죽이고 신라로 도망쳤다. 이런 와중에 문무왕은 백제 영토의 상당 부분을 실력으로 장악했다. 이는 노골적인 군사 대결 의지의 표현이었다. 그러고 나서 그해 7월 대아찬 유돈(儒敦)을 웅진도독부에 보내 화친을 청했다. 화친을 제의함으로써 일단 선점한 토지는 인정받고 당나라와 맞서는 명분을 찾으려 했다. 만약 전쟁이 벌어지면 화친을 거절한 당나라에 책임이 있음을 분명히 해둔 것이다.

웅진도독부에서도 신라의 의중을 파악하기 위해 사마(司馬) 미군(彌軍)을 사신으로 보냈다. 그러나 이미 전쟁을 결심한 문무왕은 웅진도독부에서 보낸 사신 미군을 억류했다. 이를 신호탄으로 문무왕은 신라의 여러 장군들에게 총공격령을 내렸다. 이에 따라 신라의 여러 장군들은 군사를 이끌고 웅진도독부 관할하의 옛 백제 땅을 공격했다.

품일 · 문충 등이 삽시간에 질풍처럼 몰아쳐 무려 63개 성을 취했으며 천존 · 죽지 등은 7개 성을 취했다. 그리고 문영 등은 12개 성을 빼앗았다. 한 달 만에 무려 82개 성을 빼앗는 전과를 올렸다.

문무왕은 당나라와의 일전을 결심했다. 다음달인 그해 8월 문무왕은 사찬 김수미산(金須彌山)을 보내 안승을 고구려 국왕으로 봉했다. 이전에는 금마저에 땅만 주어 살게 했는데 이제 정식으로 국왕으로 책봉한 것이다. 문무왕은 고구려를 제후국으로 삼아 당나라의 천하관을 부인하고 대결 자세를 분명히 했다.

"공(公 : 안승)의 태조 중모왕(中牟王 : 추모왕)이 덕을 북방에 쌓고 공을 남방에 세워 위풍이 청구(靑丘)에 떨치고 인교(仁敎)는 현도(玄菟)를 덮었다……. 역년(歷年)이 8백 년에 이르렀는데 남건 · 남산 형제 때에 이르러 집안에서 앙화가 일어나 종사가 허물어졌으니 백성들이 흩어져 마음을 붙일 데가 없게 되었다……. 무릇 백성은 임금이 없을 수 없고 하늘은 반드시 돌보아주는 명수(名數)가 있는 것이다. 선왕의 정사(正嗣 : 정통을 이은 후사)로는 오직 공이 있을 뿐이니, 제사를 주관할 자도 공이 아니면 누구이겠는가?…… 공은 마땅히 유민(遺民)을 안집(安集)시켜 위무하고 옛 통서(統緖)를 이어 길이 이웃국이 되고 형제와 같이 돈독할지어다. 공경하라."

문무왕은 고구려왕 안승에게 갑구마(甲具馬 : 무장한 말) 1필과 갱미(粳米) 2천 석 등 여러 물품을 하사했다.

신라가 고구려 유민들을 이용해 당나라를 견제하자 당 고종은 분개했다. 그러나 문무왕은 고종의 이런 분노에 아랑곳 않고 웅진도독부 산하의 옛 백제 영토를 계속 침공했다. 드디어 신라군은 웅진 남쪽까지 진군해 웅진도독부의 군사들과 맞붙어 당주(幢主) 부과(夫果)를 전사시켰다.

신라군이 웅진도독부까지 공격하자 당 고종은 군사를 출동시켰다. 이런 사태를 예견하고 있던 문무왕은 대아찬 진공(眞功) 등을 옹포(甕浦)로 보내 당 수군을 격퇴하라고 명령했다.

문무왕 11년(671) 6월 신라군과 당군은 드디어 가림성(加林城 : 충남 부여군 임천면)에서 맞붙었다. 싸움을 건 것은 신라 쪽이었다. 신라의 장군 죽지는 군사를 이끌고 가림성 부근의 전곡(田穀)을 짓밟았다. 그러자 당나라 군사가 나와 이를 저지했다. 죽지는 당나라 군사들을 석성(石城 : 임천 동쪽 석성리) 쪽으로 유인한 다음 그곳에서 5천3백 명의 목을 베는 대승을 거두었다. 그리고 백제 출신 장군 2인과 당나라 출신 과의(果毅) 6인을 사로잡았다.

가림성 전투의 승전으로 신라는 옛 백제 지역에 대한 지배권을 대부분 회복했다. 문무왕은 재위 11년(671) 7월 백제의 옛 국도 부여성에 소부리주(所夫里州)를 설치하고 아찬 진왕(眞王)을 도독으로 삼았다. 백제의 옛 국도까지 신라가 장악하게 되자 웅진도독부는 점차 수세에 몰렸다.

드디어 당 고종은 설인귀에게 수군을 주어 한반도로 보냈다. 설인귀는 웅진을 장악한 신라군을 공격하기 위해 금강 어구에 군사를 정박시켰다. 그러나 신라군은 이들의 상륙을 방관하지 않았다. 신라의 급찬 당간(當干)은 상륙 준비를 하는 설인귀의 선단을 습격했다. 미처 진용을 갖추기도 전에 습격을 당한 당군은 선박 70여 척을 잃고 낭장(郎將) 겸이대후(鉗耳大侯)와 사졸 1백여 인이 포로로 잡혔다. 물에 빠져 익사한 군사의 수는 이루 헤아릴 수 없었다. 신라의 대승이었다.

믿었던 수군이 대패하자 당 고종은 동주도행군대총관 고간과 이근행(李謹行)을 요동으로 보냈다. 고구려부흥군이 기세를 올리기 전에 기선을 제압하려는 의도였다. 고구려부흥군은 안시성을 일차 격전지로 삼았다. 당 태종을 격퇴시켰던 안시성을 고구려 부활의 상징으로 삼으려는 의도였다. 그러나 이때의 부흥군은 고간의 적수가 되지 못했다. 고구려부흥군을 깨뜨린 고간은 평양성을 향해 남하했다.

문무왕 12년(672) 7월, 당나라의 고간이 거느린 군사 1만 명과 이근행이 거느린 군사 3만 명은 평양성에 들어갔다. 당군은 성 주위에 구거(溝渠 : 해자)를 깊이 파고 성루를 높이 쌓았다.

당군과 나려 연합군이 맞붙은 곳은 백수성(白水城)이었다. 이 전투에서 나려 연합군은 당군 수천 명의 목을 자르는 큰 승리를 거두어 기세를 올렸다. 패전한 당군은 말갈군과 합세해 전열을 정비했다. 당·말갈 연합군이 석문(石門) 벌판에 진을 치자 장군 의목과 춘장(春長) 등이 이끄는 신라군은 대방(帶方) 벌판에 진을 쳤다.

양군의 팽팽한 긴장을 깬 것은 신라의 장창 부대인 장창당(長槍幢)이었다. 신라의 장창당이 당·말갈 연합군에게 돌진해 삽시간에 무려

3천여 명을 포로로 잡는 큰 전과를 올렸다. 그러나 이는 백수성 전투의 승리로 사기가 오른 다른 여러 당(幢)의 사기를 꺾는 부작용을 가져왔다.

"장창당의 영(營)이 혼자 군공(軍功)을 이루었으니 반드시 후한 상을 받을 것이다. 우리는 이곳에서 머뭇거릴 필요가 없다."

군공을 빼앗겼다고 실망한 신라의 여러 당은 군사를 이끌고 후퇴해 버렸다. 당·말갈 연합군은 이 틈을 놓치지 않고 기습 공격했다. 후퇴하는 와중에 공격을 당한 신라군은 대혼란에 빠져 반격할 생각조차 못했다. 당·말갈 연합군은 신라군의 진지를 초토화시켰다. 이 패전으로 전사한 신라군 장군만 해도 대아찬 효천(曉天), 사찬 의문(義文)·산세(山世), 아찬 능신(能申)·두선(豆善), 일길찬 안나함(安那含)·양신(良臣) 등 여러 명이었다. 사로잡힌 군사도 2천여 명이나 되었다.

이 전투에는 김유신의 아들 원술(元述)도 비장(裨將)으로 참전했다. 원술은 패전이 눈앞에 닥치자 단기로 적진에 돌진하려 했다. 그러자 그의 부하 담릉(淡凌)이 만류했다.

"대장부는 죽기가 어려운 것이 아니라 죽을 자리를 가리는 것이 어려운 것입니다. 만약 죽어서 성취함이 없을 바에는 살아서 훗날을 도모함과 같지 못합니다."

"남아가 구차하게 살아서 장차 무슨 면목으로 우리 아버님을 뵙겠는가?"

원술이 말에 채찍질을 가해 적진으로 달려나가려 했으나 담릉이 말고삐를 잡고 저지하는 바람에 나가지 못했다. 죽는 데 실패한 원술은 상장군을 따라 무이령(無荑嶺)까지 후퇴했다.

당·말갈 연합군은 추격의 고삐를 늦추지 않았다. 계속 추격을 허용하면 신라군은 전멸할 상황이었다. 이때 나선 인물이 거열주(居烈

州) 대감 아진함(阿珍含)이었다. 그는 상장군에게 선봉을 자청했다.

"내 나이 이미 70이니 얼마나 더 살겠는가? 오늘은 나의 목숨이 다하는 날이다. 공 등은 그 사이에 빨리 군사들을 이끌고 돌아가라."

아진함은 말을 마치자마자 창을 비껴들고 적진에 돌진했다. 아진함은 비록 노장이었으나 평생을 전쟁터에서 단련한 몸이라 그리 쉽게 무너지지 않았다. 게다가 아진함이 전사하자 그의 아들이 또 단기로 돌진해 당·말갈 연합군과 맞서 싸웠다.

아진함과 그 아들이 목숨을 버리며 번 시간을 틈타 신라의 대장군 등은 샛길로 서라벌에 도착했다. 이 패전으로 문무왕은 크게 두려워 김유신에게 자문을 구했다.

"군병이 이처럼 패전했으니 어찌해야 하겠는가?"

"당군의 계책은 추측할 수가 없습니다. 장졸들에게 요충지를 지키게 하는 것이 가장 좋은 방법입니다. 그리고 내 아들 원술은 왕명을 욕되게 했을 뿐만 아니라 가훈을 저버렸으니 목을 베십시오."

"원술은 일개 비장인데 그에게만 홀로 중형을 실시할 수는 없다."

문무왕이 원술을 석방했으나 그는 부끄럽고 두려워서 감히 김유신을 만날 생각을 못하고 전야(田野)에서 은둔했다.

상황이 불리하게 돌아가자 문무왕은 급찬 원천(原川)과 내마 변산(邊山)을 사죄사로 삼아 당나라로 보냈다. 신라에 억류 중인 당나라 낭장 겸이대후와 사마 왕예(王藝), 장사(長史) 왕익(王益) 등과 군사 170인도 사신편에 되돌려보냈다.

문무왕은 이때 "사죄를 지은 신 모(某 : 문무왕)는 삼가 말씀을 올립니다……"로 시작하는 사과문과 은 335냥, 동 330냥, 침(針) 400매, 우황(牛黃) 1냥 2전, 황금 1냥 2전 등을 바쳤다.

이런 상황에서 문무왕 13년(673) 정월에 서라벌에 큰 별이 떨어지고 지진이 일어났다. 문무왕이 이 재변에 크게 근심하자 김유신이 나아가 이렇게 말했다.

"오늘의 재변은 국가의 재앙이 아니라 노신의 액운이니 근심하지 마십시오."

"만약 그렇다면 과인의 걱정이 더욱 심하다."

문무왕은 유사(有司)에게 기도를 올려 재앙을 물리치라고 명령했다.

신라군이 패전하자 고구려부흥군도 점점 당나라 군사들에게 밀리게 되었다. 고구려부흥군은 673년 윤5월 당나라 대장군 이근행에게 쫓겨 호로하(瓠瀘河 : 임진강)까지 밀려났다. 고구려부흥군은 이곳에서 전열을 정비해 당군과 맞서 싸웠으나 다시 패전해 수천 명이 사로잡히고 나머지는 신라로 퇴각했다.

그러던 7월 김유신이 79세를 일기로 세상을 떠났다. 대당전쟁 와중에 삼국통일의 영웅이 죽었으니 문무왕은 어찌할 바를 몰랐다. 문무왕은 채백(彩帛) 1천 필과 벼 2천 석을 부의로 내리고 장례 행렬에 군악 고취가 따르게 했다. 김유신은 온 신라가 비통해하는 가운데 금산(金山) 언덕에 묻혔는데 나당전쟁 중이었기에 비통함은 더했다.

그런데 김유신이 죽기 얼마 전 군사 수십 명이 김유신의 집에서 울부짖으며 나오더니 갑자기 사라지는 것을 목격한 사람이 있었다. 그 사람이 김유신에게 이유를 묻자 이렇게 말했다.

"이는 나를 수호하는 신병(神兵)들인데 나의 운명이 다한 것을 보고 떠나간 것이니 내가 곧 죽을 것이다."

문무왕은 외삼촌이 위독하다는 말에 직접 찾아와 문병했다. 김유신은 문무왕에게 이렇게 말했다.

"신이 심력을 다해 임금을 받들기를 원했으나 천질(賤疾)이 이에 이르렀으니 오늘 이후에는 다시 용안을 뵙지 못하겠습니다."

문무왕이 눈물을 흘리며 말했다.

"과인에게 경이 있음은 물고기에게 물이 있는 것과 같은데 만일 불행한 일이 생긴다면 인민과 사직은 어찌되겠는가?"

"……신이 예로부터 왕통을 계승한 임금을 살펴보면 처음에는 공적이 없지 않으나 끝을 잘 맺는 자가 드물어서 여러 대에 걸쳐 쌓은 공적을 하루아침에 무너뜨리는 자가 많으니 이것이 심히 두려운 일입니다. 엎드려 원하옵건대 전하께서는 성공이 쉽지 않음과 수성(守成) 또한 어려움을 생각하셔서 군자를 가까이하시고 소인을 멀리 하심으로써 위로는 조정이 화목하고 아래로는 백성들이 편안하다면 신은 죽더라도 유감이 없겠습니다."

문무왕은 김유신의 이 말을 듣고 감읍했다.

김유신의 처 김씨는 태종 무열왕의 셋째 딸로 삼광·원술 등 다섯 아들을 두었다. 김유신이 죽자 아들 원술이 어머니를 만나뵙기를 청했다. 그러나 유신의 부인 김씨는 이렇게 잘랐다.

"부인에게는 삼종(三從)의 의(義)가 있으니 이제 내가 아들을 따름이 마땅하다. 그러나 네가 이미 선군(先君)에게 아들 노릇을 하지 못했으니 내가 어떻게 너의 어미가 될 수 있겠느냐?"

원술이 통곡하고 가슴을 치면서 집 앞을 떠나지 않았으나 김씨는 끝내 아들을 만나주지 않았다.

"담릉이 그때 나를 말리는 바람에 이 지경이 되었다."

원술은 태백산으로 들어가 은둔했다.

김유신이 사망하자 신라는 혼란에 빠졌다. 그의 죽음은 당나라와 전쟁 중인 신라의 구심점을 잃은 것이나 다름없었다. 그러자 아찬 대토(大吐)가 모반해 당나라와 한패가 되려다가 발각되어 복주되는 일까지 발생했다.

그러나 김유신이 죽었다고 손놓고 있을 수는 없었다. 문무왕은 대아찬 철천(徹川) 등에게 군선 1백 척을 거느리고 서해로 나가 당 수군의 침략에 대비토록 했다. 그러나 당군은 해로가 아니라 육로로 침략해왔다.

당군은 이번에는 말갈뿐만 아니라 거란군까지 거느리고 신라 북쪽 변경을 쳐들어왔다. 그러나 배수진을 치고 사력을 다해 싸우는 신라군 앞에 당·말갈·거란 연합군은 아홉 번 싸워 아홉 번 모두 패하고 2천여 명의 목이 달아났다. 그 외에도 호로하와 왕봉하(王逢河 : 행주한강)에 빠져죽은 당군의 숫자를 이루 헤아릴 수 없었다. 이 전투로 신라는 위기에서 벗어나게 되었다.

당 고종은 신라가 계속 저항하자 크게 노했다. 그는 문무왕에게 내려준 관작(官爵)을 박탈하고 장안에 와 있던 동생 김인문을 신라왕으로 삼아 귀국하게 하였다. 김인문이 간곡하게 사양했으나 고종은 막무가내였다.

고종은 유인궤를 계림도(鷄林道)대총관, 이필(李弼)과 이근행을 부총관으로 삼아 신라를 공격했다. 문무왕 15년(675) 유인궤가 이끄는 당군은 칠중성(七重城 : 경기 파주시 적성)에서 신라 군사와 맞붙었다. 이 칠중성 전투에서 당군은 신라군을 크게 깨뜨렸다. 당나라는 말갈과 발해까지 동원해 신라의 남쪽 국경을 공격했다. 발해의 수군이 동원된 이 기습전으로 신라는 큰 피해를 입었다. 그러나 신라는 이런 패배에도 굴복하지 않고 당나라와 전쟁을 계속해 나갔다.

이때 말갈이 공격한 성 중의 하나가 한주(漢州) 북쪽 아달성(阿達城)이었다. 아달성의 성주는 소나(素那)였는데 그는 백성군(白城郡) 사산(蛇山) 사람 침나(沈那)의 아들이었다. 사산은 뱀산이란 이름처럼 백제와 영토가 뒤엉켜 있어서 싸움이 잦았다. 백제가 공격할 때마다 침나는 선봉에 서서 싸웠다.

인평(仁平 : 선덕여왕 연호) 연간에 신라는 백성군의 군사를 이끌고 백제를 공격한 적이 있었다. 백제에서 정병을 보내 대적케 하자 신라군이 물러났다. 이를 본 침나가 홀로 검을 뽑아 들고 돌진해 수십여 명을 참살하자 백제군은 더 이상 대항하지 못하고 군사를 이끌고 돌아갔다. 이때 백제 군사들은 침나를 가리켜 신라의 비장(飛將)이라면서 이렇게 말했다.

"침나가 아직 살아 있으니 백성군에는 가까이 가지 말라."

소나도 용맹한 아버지를 닮아 두려움을 몰랐다. 백제가 멸망하자 한주도독 도유(都儒)가 문무왕에게 천거해 소나를 북쪽 변경을 지키는 아달성으로 보냈다. 소나가 아달성에 부임했을 때 아달성 태수 한선(漢宣)은 백성들에게 모두 나와 삼〔麻〕을 심으라는 명령을 내렸다. 말갈의 첩자가 이 소식을 전하자 말갈군은 이날을 호기로 삼고 아달성을 공격하기로 했다.

아달성의 백성들은 모두 나와 삼을 심고 있다가 갑자기 말갈군이 공격하자 당황해 어쩔 줄을 몰랐다. 군사와 백성들이 모두 우왕좌왕하자 소나는 칼을 뽑아들고 말갈군에게 큰 소리로 외쳤다.

"너희들은 신라에 침나의 아들 소나가 있는 것을 모르느냐? 나는 죽음을 두려워하지 않을 것이니 싸우고 싶은 자는 나와라."

소나가 말갈 진영에 돌진해 칼을 휘두르자 말갈군은 감히 맞서 싸우지 못하고 활만 쏘았다. 소나도 말갈군에 맞서 활을 쏘며 저항했다. 소나는 이렇게 진시(辰時 : 오전 7시~9시)부터 유시(酉時 : 오후 5시~7시)까지 싸웠다. 화살을 맞았으나 소나는 이에 굴하지 않고 끝까지 저항하다가 고슴도치처럼 온몸에 화살이 박혀 전사하고 말았다.

소나의 아내는 가림군(加林郡) 여인이었는데 아달성이 국경 지대여서 아내를 친정에 남겨둔 채 전선으로 나왔다. 소나의 장렬한 전사 소식을 들은 사람들이 조문하자 그 아내는 통곡하면서 말했다.

"남편은 살아 있을 때 늘 '대장부가 국가를 위해 전장에서 죽어야 지 어찌 침석(寢席)에 누워 가족과 부녀자들이 간호하는 손길 속에 죽겠는가?' 라고 했는데 이제 전사했으니 그 뜻을 이룬 것입니다."

문무왕은 이 소식을 듣고 눈물을 흘리며 말했다.

"소나 부자는 대대로 충의를 다했다고 이를 만하다."

문무왕은 소나에게 잡찬(迊湌 : 3품)을 추증했다.

이런 수많은 일화들을 남긴 채 나당전쟁은 막바지로 접어들고 있었다. 당나라의 설인귀는 신라 출신 숙위 겸 유학생 김풍훈(金風訓)을 길잡이로 삼아 신라를 공격했다. 풍훈은 그 아버지 김진주(金眞珠)가 사형당한 것에 원한을 품고 당나라의 길잡이를 수락했다. 김진주는 황산벌 전투에서 김유신과 함께 계백의 5천 결사대를 격파했으며 김인문, 김흠돌과 함께 대당장군(大幢將軍)으로 고구려 원정에도 출정했던 인물이다.

백제 멸망 후인 662년 8월 백제 유민이 내사지성(內斯只城)에서 반란을 일으키자 흠순 등 장군 19명이 진압하러 나섰는데 김진주는 남천주(南川州)총관 진흠(眞欽)과 함께 병을 칭탁하고 출전을 거부했다가 사형당했다. 당나라에 와 있던 아들 풍훈이 이에 원한을 품고 길잡이가 된 것이었다.

그러나 신라 출신을 향도(嚮導)로 삼은 이 전투는 신라의 승리로 돌아갔다. 신라의 문훈(文訓) 등은 설인귀의 당군에 맞서 싸워 1천4백여 명의 목을 베고 병선 40여 척을 빼앗았다. 세가 불리함을 느낀 설인귀는 부랴부랴 도망가고 말았는데 신라는 이 전투에서 말 1천필까지 얻는 전과를 거두었다.

그러자 당 고종은 안동진무대사(安東鎭撫大使) 이근행에게 20만의 대군을 주어 신라를 공격하게 했다. 이근행은 매초성(買肖城 : 경기 양주, 혹은 경기 연천 청산면)에 주둔해 남하를 준비했다. 초반에 이근행은 신라군과 세 번 싸워 모두 이겨서 기세가 드높았다.

　　문무왕 15년(675) 9월, 신라와 당나라는 나당전쟁 사상 최대 회전(回戰)인 매초성 전투를 벌이게 된다.

　　신라군은 매초성을 격전지로 삼기로 결정하고 대군을 결성하여 진군했다. 이 전투에는 신라의 많은 장군들뿐만 아니라 김유신의 버림받은 아들 원술도 참가했다. 이미 살아남은 치욕을 겪은 원술은 목숨을 내던지고 선봉에 나서 열심히 싸웠다. 앞선 승리로 자만심에 차 있던 이근행은 목숨 걸고 달려드는 신라군을 보고 당황했다. 김유신의 아들 원술이 선봉에 서자 신라군은 죽은 김유신이 살아 돌아온 듯 앞다투어 달려들어 매초성을 함락시켰다. 신라는 매초성 전역에서 말 3만 380필을 얻는 대승을 거두었다. 그 밖에 노획한 병기도 셀 수 없이 많았다.

　　매초성 전역의 승리는 사실상 나당전쟁의 승패를 결정지었다. 이근행의 20만 대군을 물리친 이 전투는 당나라로 하여금 신라 지배의 야욕을 꺾게 했다. 이는 신라의 원래 영토는 물론 신라가 장악한 옛 백제와 고구려 영토도 신라가 지배하게 되었음을 뜻한다.

　　물론 매초성 전역 이후에도 크고 작은 전투가 계속 벌어졌다.

　　당군이 거란·말갈군과 연합해 칠중성을 공격했는데 신라의 소수(小守 : 지방 관원) 유동(儒冬)이 전사하면서까지 싸워 이를 막아낸 승전도 있었고, 말갈군이 적목성(赤木城)을 공격하자 현령 탈기(脫起)가 백성들을 이끌고 항전하다 모두 전사한 패전도 있었다. 당군이 석현성(石峴城)을 에워싸자 현령 선백(仙伯)·실모(悉毛) 등이 저항하다가 전사한 패전도 있었다. 그러나 전체적으로 신라군은 대소 18차례의 전투에서 6천47급이나 되는 적군의 목을 베는 승리를 거두었다.

문무왕 16년(676)에도 전쟁은 계속되었다. 당군이 도림성(道臨城)을 공격해 함락시키고 현령 거시지(居尸知)가 전사했으며, 그해 11월에는 당나라 설인귀가 수군을 이끌고 공격하자 사찬 시득(施得)이 역시 수군을 이끌고 소부리주(부여) 기벌포(伎伐浦 : 금강 하구)에서 싸웠으나 패배했다. 시득은 이에 굴하지 않고 전열을 정비한 다음 다시 맞붙어 싸워 대소 22차례의 전투 끝에 당군 4천여 명의 목을 베는 승리를 거두었다. 이해를 기점으로 나당전쟁은 사실상 종결되었다.

이런 전과들로 당 고종은 신라를 무력으로 정복하는 것이 불가능함을 깨달았다. 그러자 고종은 677년 2월 고구려의 마지막 임금 보장왕을 요동주도독으로 삼고 조선왕으로 봉해 요동에 돌려보냈다. 고종은 보장왕이 귀환할 때 당나라의 여러 고을에 억류되어 있던 고구려 백성들을 함께 돌려보냈다.

조선왕으로 책봉받은 보장왕이 거주하게 된 지역은 요동의 신성이었다. 안동도호부를 신성으로 옮겨 보장왕에게 통솔하게 했는데 물론 신성은 당나라의 통제를 받았다. 이는 부여융을 웅진도독으로 임명해 신라와 대립하게 한 것과 마찬가지 전술이었고 신라에서 임금으로 봉한 안승에게 맞서는 의미도 있었다.

그러나 요동에 도착한 보장왕은 당나라의 꼭두각시가 되기를 거부했다. 그는 당나라에 맞서기 위해 말갈과 연결을 시도했다. 보장왕은 결국 이러한 사실이 발각되어 681년 공주(邛州 : 지금의 사천성 공협(邛峽)]로 유배돼 이듬해 사망했다.

반면 문무왕은 재위 20년(680) 3월, 안승에게 사촌누이를 시집 보내고 소판(蘇判 : 3품)의 관등과 김씨 성을 하사했다. 이는 나당전쟁이 끝나고 새로운 통치 체제가 성립됨에 따라 고구려 유민들을 신라로 흡수 통합하기 위한 조치였다.

그러자 신문왕 4년(684) 안승의 족자(族子) 장군 대문(大文)이 이에 반발해 금마저(金馬渚 : 보덕국)에서 신라에 반기를 들었으나 진압되고 말았다. 신라는 대문을 복주하고 그곳에 살던 고구려 유민들을 신라의 남쪽 고을로 옮겼다. 그리고 신문왕 6년(686)에는 고구려 유민 중 관료나 장군들을 신라의 관료조직 내로 흡수시켰다.

신라가 당군을 패퇴시켰을 때 북쪽 영토는 호로하(瓠瀘河 : 임진강)에서 함경남도 철관성(鐵關城 : 함경도 덕원)까지였다. 그 후 성덕왕 34년(735), 발해의 성장을 우려한 당나라는 신라의 평양성 이남 영유권을 공인했다. 이로써 신라는 옛 백제 영토와 평양성 이남을 확보하여 648년 김춘추가 이세민과 합의한 군사동맹조약을 현실로 만들었다. 비록 고구려가 차지했던 요동벌판과 백제가 관할했던 일본에 대한 영향력을 상실했지만 약소국 신라의 입장에서는 삼국통일을 완성한 주역이 되었다는 데 의의가 있었다.

그 위대한 전쟁, 막을 내리다

2만 7천 명의 백제구원군을 보냈다가 663년의 백강 전투에서 대패한 왜국의 중대형태자는 670년 국호를 일본으로 고쳤다. 중대형태자는 제명여제가 사망한 후에도 즉위하지 않고 칭제(稱制 : 소복으로 정사를 봄)하다가 7년 후인 668년에야 즉위했는데 그가 바로 제38세 천지(天智)천황이다. 그리고 2년 후 왜국을 일본으로 개칭했다. 이는 왜국이 해 뜨는 곳에 가깝다는 이유로 제정한 국호였다.

백제구원군이 패전하고 돌아온 지 얼마 안 된 665년, 나당 연합군의 공격을 우려한 중대형태자는 해안 지대에 성을 쌓게 했다. 백제에 대규모의 지원군을 파견한 것은 신라와 당나라를 자극했다. 신라와 당나라에서 볼 때 왜국의 천지천황 정권은 위험한 존재였다. 백제 멸망 후 상당수의 백제인들이 왜국으로 망명했는데 이들은 언제라도 백제부흥운동을 다시 일으킬 수 있는 휴화산이었다. 따라서 나당 연합군이 왜국으로 쳐들어올 가능성을 배제할 수 없었다.

그래서 중대형태자는 664년에 대마도(對馬島 : 쓰시마)와 일기도(壹岐島 : 이키), 그리고 축자(筑紫 : 쓰쿠시)에 병력을 주둔시키고 봉화(烽火)를 설치해 나당 연합군의 침략에 대응했다. 그리고 그해 축자에 수성(水城 : 미즈키)을 쌓게 했다. 이듬해에도 나당 연합군의 침략에 대비하는 역사는 계속되었다. 한반도와 가까운 좌하(佐賀 : 사가)현과 복강(福岡 : 후쿠오카)현, 그리고 애원(愛媛 : 에이메)현 등에 산성을 쌓았고 장문(長門 : 나가토)과 축자에 대야성(大野城 : 오오노)과 연성(椽城 : 키)을 쌓았다. 667년에는 대화(大和)의 고안성(高安城 : 다카야스)과 찬기(讚岐 : 사누키)의 옥도성(屋嶋城 : 야시마), 대마도의 금전성(金田城 : 나가타) 등을 쌓았다.

이 산성들이 바로 백제식 산성(현재는 조선식 산성이라 부름)이다. 나당 연합군의 침략에 대비해 쌓은 백제식 산성들은 한반도에서만 발견되는 고유한 형태인데 일본에서도 이 시기에만 쌓았다. 이 산성들에는 당시 외국에는 존재하지 않았던 가공 석재(石材)와 판축(版築) 기술들이 보이는데 이는 외국으로 망명한 백제 장군들이 성을 축조했기 때문에 가능한 일이었다.

조선식 산성은 삼국시대에 출현한 고유의 산성으로 산 능선을 따라 축조되며 그 안에 계류가 흐르는 계곡과 우물이 있다는 특징이 있다. 농성이 전쟁의 한 형태였던 한반도의 특성이 낳은 산성이다.

백제의 멸망이 일본에 준 영향은 대마도 등에 병력을 증파하고 백제식 산성을 쌓는 데 국한되지 않았다. 더 큰 변화는 외부에서보다 내부에서 일어났다. 백제의 멸망으로 일본 내 반백제 세력들이 꿈틀거렸다.

반백제 세력의 핵심인물은 천지천황의 동생인 대해인(大海人 : 오오시아마노미고)황태자였다. 천지천황은 반백제 세력이 대해인황자 주위로 결집하는 것을 우려해 자신의 아들인 대우(大友 : 오오토모)황자를 태정대신(太政大臣)으로 임명하고 대해인황자를 화가산현(和歌山縣 : 와카야마현)의 길야(吉野 : 요시노) 산중으로 추방했다. 그리고 그때까지 잔존해 있던 소아가의 유족을 다시 대신으로 임명해 대우황자를 돕게 했다.

천지의 입장에서는 나름대로 선수를 친 셈이었지만 백제가 멸망한 상황에서 이는 미봉책에 불과했다. 그나마 반백제 세력을 이 정도로 잠재울 수 있었던 것도 천지천황이 재위에 있었기 때문이다. 소아입록을 참살한 천지천황은 역전의 용사였으므로 쉽사리 대항할 수 없었다. 그래서 반백제 세력은 천지천황이 사망하기만을 기다렸다.

드디어 천지천황이 사망하자 반백제 세력은 대해인황자의 주위에 집결하기 시작했다. 이들은 천지천황의 아들인 대우황자를 제거하기 위해 무력을 동원했다. 양 세력 사이에 2개월에 걸친 전쟁이 벌어져 결국 반백제계의 대해인황자가 승리했다. 이 전쟁에서 승리한 후 대해인은 천황에 즉위하게 되는데 그가 바로 천무(天武)천황이며, 673년에 있었던 2개월간의 왕위 계승 전쟁을 '임신(壬申)의 난(亂)'이라고 부른다.

천무는 즉위 후 일본의 대외정책을 보다 중립적으로 변화시켰다. 신라에 대한 적대적 관계를 풀고 우호 관계로 돌아섰다. 백제와 고구려가 이미 망한 상황에서 일본이 신라, 당나라와 적대 관계를 유지할 필요는 없었다. 더구나 신라의 통일로 백제 같은 외부 세력의 천황권 간섭을 막을 수가 있었다. 이렇게 볼 때 천무의 입장에서는 신라의 삼국통일이 자신에게 유리한 정세 변화였다. 외부의 간섭으로부터의 독립은 결과적으로 천무의 왕권을 강화시키는 역할을 했다. 천무천황은 사실상 일본의 독자적인 초대 천황이었던 셈이다.

신라의 문무왕은 재위 21년(681) 7월 초하룻날 세상을 떠났다. 그야말로 격동의 시대를 보낸 임금이었다. 그는 어린 시절부터 부왕을 따라 전쟁터를 전전하다 부왕 사후 고구려를 멸망시키고 당나라와 싸워 국체를 보존했다. 그의 유조(遺詔 : 임금의 유언)는 자랑스러운 재위 기간에 대한 그 자신의 회고를 잘 담고 있다.

"과인이 어지러운 세상의 운수와 전쟁의 시대를 만나 서쪽으로는 백제를 정복하고 북쪽으로는 고구려를 토벌하여 강토를 확정했으며, 배반하는 자를 치고 떠나는 자를 불러 원근을 안정시켰다. 위로는 조종의 걱정하심을 위로하고 아래로는 부자(父子)의 숙원을 갚았으며 전쟁에서 생존한 자와 죽은 자에게 골고루 시상하였고 중외의 공로가 있는 자에게 널리 관작을 내려주었다. 무기를 녹여 농사기구를 만들어 백성들이 인수(仁壽)의 역(域)에 처하게 하였으며, 세금을 가볍게 하고 요역(徭役)을 덜어 집집마다 풍요하고 사람마다 유족(裕足)하였으니 민간이 안도하고 경내에 근심이 없었다. 창고에는 곡식이 산더미처럼 쌓이고 감옥은 비어 있어 풀만 무성했으니 천지에 부끄러움이 없고 인민에 대하여도 저버림이 없다고 이를 만하다."

그는 전쟁터를 전전하면서 자신을 버릴 줄 아는 세계관을 터득한 임금이었다.

"그러나 내가 풍상(風霜)을 무릅써 드디어 고질병이 되었고 정교(政敎)에 수고로워 또 난치병을 얻었는데 세상의 운수는 가고 이름만 남아 있음은 옛날과 지금이 한가지여서 홀연히 저승으로 돌아가게 되었으니 무슨 한이 있겠는가?"

그러면서 문무왕은 중국 삼국시대 오왕(吳王) 손권(孫權)의 북산(北山) 무덤과 위왕(魏王) 조조의 서릉(西陵)을 예로 들며 화려한 무덤을 만들지 말라고 유언했다.

"분묘란 한갓 재물만 허비하고 역사서에 비평만 남길 뿐이며 헛되이 인력만 수고롭게 하고 영혼을 구하지도 못한다. 과인은 그윽이 생각하건대 마음의 상통(傷痛)을 금할 수 없으니 이러한 것은 나의 즐거워하는 바가 아니다. 숨을 거둔 후 10일 후에는 고문(庫門)의 외정(外庭)에서 서국(西國 : 인도)의 장례의식에 따라 화장할 것이며 복제의 경중은 본래 상규(常規)에 있지만 상제(喪制)는 검약을 따르는 데 힘쓸 것이다."

그는 전쟁의 폐해를 누구보다 잘 아는 임금이었다.

"변성(邊城)의 진수(鎭守) 및 주현(州縣)의 과세(課稅)는 아주 긴요한 것이 아니면 적당히 헤아려 폐지하고 율령과 격식에 불편한 점이 있으면 곧 개정하라. 원근에 포고해서 이 뜻을 알게 할 것이며 주사자(主司者 : 태자)는 이에 의하여 시행하라."

그동안 신라 백성들은 백제·고구려는 물론 당나라와 싸우기 위해 변성의 진수를 서야 했는데 이것은 큰 고통이었다. 이런 변성의 진수와 주현의 과세를 폐지하거나 감하라고 유언한 것이다.

신문왕은 문무왕의 유언에 따라 그의 시신을 화장했다. 삼국통일을 완성하고 대당전쟁을 승리로 이끈 문무왕의 시신은 한줌 재가 되어 바람에 날려 출렁이는 동해에 흩뿌려졌다.

동해 푸른 물결은 부왕 김춘추와 함께 장안까지 머나먼 길을 걸었

문무왕 수중릉 죽어서 용이 되어 지키겠다던 동해의 파도가 철썩대고 있다.

던 한 소년 왕족의 지난한 역정과 그가 걸었던 수많은 산하, 그리고 수를 헤아릴 수 없는 핏빛 기억들을 모두 담고 깊은 곳으로 가라앉았다. 고구려, 백제, 수·당, 왜국이 신라와 더불어 명멸했던 그 숱한 기억들을 모두 담은 채 깊은 바닷속으로 가라앉았다.

이제 그 바다 속에서 새로운 싹이 터올라야 했다. 백제를 멸망시켰으되 일본 열도를 잃었으며, 고구려를 멸망시켰으되 대륙을 잃었던 상실의 기억마저 바다 속으로 가라앉아서는 안 되었다. 그 대륙과 해양은 고구려와 백제만의 것이 아니라 그 광활한 무대에서 숨 쉬던 모든 선조들의 유산이었다. 역사의 변두리, 대륙과 해양의 변두리에서 삼국통일의 위업을 달성한 신라인들의 어깨 위에는 두 나라의 멸망이 통일이 아니라, 두 나라가 지녔던 대륙성과 해양성의 복원이 진정한 통일이라는 새 역사의 과제가 주어졌다. 그래서 그 광활한 대륙과 해양을 묶는, 그런 광대한 제국이 바다 속에서 솟아올라야 했다. 동해에서 떠오른 붉은 해는 그렇게 대륙과 해양을 환히 비춰야 했다. 그것은 살아남은 신라인들의 몫이지만 그들이 실패한 지금은 살아 있는 우리들의 몫일 것이다.

연도	내 용	고구려	백제	신라	중국	왜
552	• 백제 성명왕(聖明王 : 성왕), 왜국에 불상과 경전 보냄. 백제계 소아도목(小我稻目)과 호족 물부미여(物部尾興) 사이에 제1차 종교전쟁 발생해 소아가 패배함	양원왕 8년	성왕 30년	진흥왕 13년	위 · 진 남 북 조	흠명천황 13년
553	• 신라 진흥왕, 백제의 한강 하류지역 점령, 나제동맹 붕괴	양원왕 9년	성왕 31년	진흥왕 14년		흠명천황 14년
554	• 백제 성왕, 관산성에서 전사 • 백제의 역(易) · 역(曆) · 의박사(醫博士), 왜국으로 건너감	양원왕 10년	성왕 32년	진흥왕 15년		흠명천황 15년
584	• 백제, 왜국의 녹심신(鹿深臣)에게 미륵석상을, 좌백련(佐伯連)에게 불상을 줌 • 신라, 황룡사 금당(金堂) 완성	평원왕 26년	위덕왕 31년	진평왕 6년	수 문제 4년	민달천황 13년
587	• 왜국 제2차 종교전쟁, 소아마자(蘇我馬子)가 성덕태자와 함께 물부수옥(物部守屋)을 멸망시킴 • 수 문제, 후량(後梁)을 멸망시킴	평원왕 29년	위덕왕 34년	진평왕 9년	문제 7년	용명천황 2년
589	• 수 문제, 강남의 진(陳)을 멸망시키고 중원을 통일함	평원왕 31년	위덕왕 36년	진평왕 11년	문제 9년	숭준천황 2년
592	• 왜국의 소아마자, 숭준천황 암살, 추고여제 옹립 • 백제의 기술자들이 왜국 법흥사의 불당 완성	영양왕 3년	위덕왕 39년	진평왕 14년	문제 12년	숭준천황 5년
593	• 왜국, 추고여제와 섭정 성덕태자, 소아마자의 3두체제 출범. 비조(飛鳥)문화 창달 • 성덕태자, 사천왕사(四天王寺)를 난파(難波)에 건립	영양왕 4년	위덕왕 40년	진평왕 15년	문제 13년	추고여제 1년

연도	내 용	고구려	백제	신라	수	왜
594	• 왜국의 추고여제, 불교를 흥륭(興隆) 시키라는 조칙을 내림	영양왕 5년	위덕왕 41년	진평왕 16년	문제 14년	추고여제 2년
595	• 고구려 승려 혜자(惠慈), 왜국으로 건너가 성덕태자(聖德太子)의 스승이 됨	영양왕 6년	위덕왕 42년	진평왕 17년	문제 15년	추고여제 3년
597	• 수 문제, 고구려 영양왕을 내쫓겠다고 위협하는 국서 보냄 • 백제, 아좌태자(阿佐太子)가 왜국에 감	영양왕 8년	위덕왕 44년	진평왕 19년	문제 17년	추고여제 5년
598	• 고구려 영양왕, 말갈병 거느리고 요서 공격, 여수대전(麗隋大戰)의 단초를 염 • 수 문제, 30만 대군으로 고구려 침공, 전멸당함	영양왕 9년	혜왕 1년	진평왕 20년	문제 18년	추고여제 6년
604	• 수 양제, 부왕 독살설 속에 즉위. 한왕(漢王) 량(諒), 이에 반발하여 거병했으나 진압당함 • 수 양제, 낙양(洛陽)을 동경(東京)으로 삼음	영양왕 15년	무왕 5년	진평왕 26년	문제 24년 (양제 즉위년)	추고여제 12년
607	• 백제, 사신을 수나라에 보내 고구려 공격 요청 • 왜국, 대화(大和)의 반구(斑鳩)에 법륭사(法隆寺) 창건	영양왕 18년	무왕 8년	진평왕 29년	양제 3년	추고여제 15년
612	• 양제, 113만 대군으로 고구려 침공했으나 을지문덕 등에게 참패	영양왕 23년	무왕 13년	진평왕 34년	양제 8년	추고여제 20년
613	• 수 양제, 고구려 2차 침공 위한 총동원령 발동 • 수, 고구려 원정 반대하는 농민 봉기 빈발 • 수, 후방 군수책임자 양현감(楊玄感)의 반란 등으로 철군	영양왕 24년	무왕 14년	진평왕 35년	양제 9년	추고여제 21년

연도	내 용	고구려	백제	신라	수	왜
614	• 수 양제, 고구려 3차 침공, 패퇴당함	영양왕 25년	무왕 15년	진평왕 36년	양제 10년	추고여제 22년
617	• 수, 설거(薛擧) 봉기해 서진패왕(西秦霸王) 자칭 • 이연(李淵), 태원에서 거병(4월), 장안(長安) 점령하고(10월) 수 양제의 손자 양유(楊侑)를 추대해 공제(恭帝)로 삼음	영양왕 28년	무왕 18년	진평왕 39년	양제 13년	추고여제 25년
618	• 고구려, 영양왕 사망. 영류왕 즉위 • 수 양제, 강도(江都)에서 우문화급(宇文化及)에게 피살 • 이연, 황제를 칭하고(고조) 당나라 건국 • 당의 이세민, 설거(薛擧)·설인고(薛仁杲) 부자 진압	영양왕 29년 (영류왕 1년)	무왕 19년	진평왕 40년	양제 14년 (공제 2년) **당** 고조 1년	추고여제 26년
620	• 이세민, 유무주(劉武周) 진압	영류왕 3년	무왕 21년	진평왕 42년	고조 3년	추고여제 28년
621	• 이세민, 왕세충(王世充)과 두건덕(竇建德) 진압, 사실상 중원 통일	영류왕 4년	무왕 22년	진평왕 43년	고조 4년	추고여제 29년
626	• 이세민, 태자 건성과 동생 원길을 죽임(현무문의 변), 고조 양위, 이세민 즉위(당 태종) • 왜국, 대신 소아마자(蘇我馬子) 사망하고 아들 소아하이(蘇我蝦夷)가 대신이 됨	영류왕 9년	무왕 27년	진평왕 48년	고조 9년 (태종 즉위년)	추고여제 34년
629	• 신라, 고구려의 낭비성(娘臂城)을 공격함, 김유신이 공을 세움 • 왜국 경부마리세신, 조카 소아하이에게 아들과 함께 살해됨	영류왕 12년	무왕 30년	진평왕 51년	태종 3년	서명천황 1년

연도	내　　용	고구려	백제	신라	당	왜
630	• 당의 이정(李靖)과 이적(李勣), 돌궐의 힐리가한 공격하여 승리를 거둠	영류왕 13년	무왕 31년	진평왕 52년	태종 4년	서명천황 2년
631	• 당나라 사신, 고구려의 전승기념탑인 경관(京觀)을 헐게 함 • 고구려, 천리장성 축조	영류왕 14년	무왕 32년	진평왕 53년	태종 5년	서명천황 3년
640	• 고구려, 태자 환권(桓權)을 당나라에 보냄	영류왕 23년	무왕 41년	선덕여왕 9년	태종 14년	서명천황 12년
641	• 백제, 의자왕 즉위, 정적 숙청 • 당 사신 진대덕(陳大德), 고구려 지리를 정탐해 감	영류왕 24년	무왕 42년 (의자왕 1년)	선덕여왕 10년	태종 15년	서명천황 13년
642	• 백제, 신라의 40여 개 성 점령 • 백제, 신라의 대야성 점령, 김춘추의 딸인 고타소 부부 전사. 김춘추, 백제에 복수 결심하고 고구려에 군사 요청했으나 실패 • 고구려 연개소문, 영류왕의 대당화친책에 불만 품고 정변 일으켜 영류왕 살해하고 보장왕 추대. 대당관계 경색	영류왕 25년 (보장왕 1년)	의자왕 2년	선덕여왕 11년	태종 16년	황극여제 1년
643	• 백제 의자왕, 고구려 군사와 함께 신라의 당항성을 공격함 • 왜국의 소아입록(蘇我入鹿), 성덕태자 아들인 산배대형(山背大兄) 일가 살해 • 당의 태자 이승건(李承乾) 폐립되고, 당 태종의 3남 이치(李治)가 태자가 됨 • 당 태종, 고구려 공격 개시, 초반 승리했으나 안시성에서 패배해 실패함	보장왕 2년	의자왕 3년	선덕여왕 12년	태종 17년	황극여제 2년

연도	내　　용	고구려	백제	신라	당	왜
645	• 왜국의 중대형황자, 소아입록 살해 (태극전의 정변)하고 정권 장악. 그 아비 소아하이는 자살함. 황극여제 퇴위, 효덕천황 즉위하고 중대형은 황태자가 됨(대화개신)	보장왕 4년	의자왕 5년	선덕여왕 14년	태종 19년	황극여제 4년 (효덕천황 1년)
647	• 신라 상대등 비담, 진덕여왕 즉위에 반발해 반란 일으킴. 김유신이 이를 진압하며 군권 장악 • 김춘추, 왜국 방문해 중대형황자와 동맹 모색, 실패	보장왕 6년	의자왕 7년	선덕여왕 16년 (진덕여왕 1년)	태종 21년	효덕천황 3년
648	• 백제, 신라의 10여 성 점령 • 신라, 백제의 21성 공취 • 김춘추, 당나라에 가서 태종과 군사 동맹 체결	보장왕 7년	의자왕 8년	진덕여왕 2년	태종 22년	효덕천황 4년
649	• 당 태종, 고구려 원정 준비 중 사망 • 백제, 신라의 석토성 등 7성 점령, 김유신 도살성에서 백제군 격퇴	보장왕 8년	의자왕 9년	진덕여왕 3년	태종 23년	효덕천황 5년
650	• 진덕여왕, '태평송' 지어 당 고종에게 바침. 당나라 연호 사용	보장왕 9년	의자왕 10년	진덕여왕 4년	고종 1년	효덕천황 6년
654	• 김춘추, 진덕여왕의 뒤를 이어 즉위 (진골 왕통의 시작) • 효덕천황 사망	보장왕 13년	의자왕 14년	진덕여왕 8년 (태종무열왕 1년)	고종 5년	효덕천황 10년
655	• 황극여제 비조(飛鳥) 판개궁(板蓋宮)에서 두 번째 즉위, 제명여제가 됨 • 당 고종, 황후 왕씨 폐하고 측천무후(則天武后) 세움	보장왕 14년	의자왕 15년	태종무열왕 2년	고종 6년	제명여제 1년

연도	내 용	고구려	백제	신라	당	왜
657	• 의자왕, 서자 41명을 좌평으로 임명, 호족들의 반발을 삼 • 당, 태자 충(忠)을 폐하고 측천무후의 아들 홍(弘)을 책봉	보장왕 16년	의자왕 17년	태종무열왕 4년	고종 8년	제명여제 3년
660	• 백제 사비성 함락, 의자왕과 왕족, 백성들 당나라로 끌려감. 백제 멸망 • 흑치상지, 백제부흥군 결성, 임존성을 근거로 활약함 • 왜국의 제명여제, 백제부흥군의 요청 받고 백제구원군 파견 결정	보장왕 19년	의자왕 20년	태종무열왕 7년	고종 11년	제명여제 6년
661	• 백제부흥군, 주류성을 거점으로 저항 • 백제부흥군, 복신이 도침 죽임 • 신라 태종무열왕 사망, 문무왕 즉위 • 왜국 제명여제 사망, 중대형황태자가 칭제(稱制 : 소복 입고 정사 봄.)	보장왕 20년		태종무열왕 8년 (문무왕 1년)	고종 12년	제명여제 7년
662	• 왜국에서 귀국한 풍왕, 백제부흥군의 임금으로 추대됨 • 백제부흥군의 복신, 풍왕에게 죽음 당함 • 고구려 연개소문, 사수(蛇水)에서 당군 대파	보장왕 21년	풍왕 1년	문무왕 2년	고종 13년	천지천황 1년
663	• 왜국의 백제구원군, 백강 하구에서 나당 연합군에 대패 • 백제부흥군의 풍왕, 고구려로 망명	보장왕 22년	풍왕 2년	문무왕 3년	고종 14년	천지천황 2년
664	• 왜국 천지천황, 대마도와 일기도(壹岐島), 축자(筑紫)에 나당 연합군의 침략에 대비하는 병력을 주둔시킴 • 왜국 천지천황, 축자에 백제식 산성인 수성(水城)을 쌓게 함 • 당, 백제왕자 부여융을 웅진도독에 임명	보장왕 23년		문무왕 4년	고종 15년	천지천황 3년

연도	내용	고구려	백제	신라	당	왜
665	• 신라 문무왕, 당 유인원(劉仁願), 웅진도독 부여융과 웅진 취리성에서 회맹, 백제 영토를 당나라에 빼앗김 • 왜국, 한반도와 가까운 좌하(佐賀)현과 복강(福岡)현, 애원(愛媛)현 등에 백제식 산성 축조. 장문(長門)과 축자에도 백제식 산성인 대야성(大野城)과 연성(椽城) 축조	보장왕 24년		문무왕 5년	고종 16년	천지천황 4년
666	• 고구려 연개소문 사망, 장남 남생(男生)이 막리지가 됨 • 고구려, 남생이 지방 순시 중에 동생 남건·남산에게 쫓겨나 당나라로 망명함 • 고구려 연정토(淵淨土), 12개 성을 들어 당에 항복 • 당, 이적(李勣)에게 고구려 치게 함	보장왕 25년		문무왕 6년	고종 17년	천지천황 5년
667	• 당군, 고구려의 남소성·목저성·창암성 등 함락시킴 • 이적(李勣) 평양성 북쪽에 도착 • 왜국, 대화(大和)에 고안성(高安城), 찬기(讚岐)에 옥도성(屋嶋城), 대마도에 금전성(金田城) 등 백제식 산성 축조, 나당 연합군 공격에 대비	보장왕 26년		문무왕 7년	고종 18년	천지천황 6년
670	• 신라, 말갈과 연합한 당군 격파(나당 전쟁) • 신라, 백제 옛땅의 80여 성을 장악함 • 고구려 유민 검모잠(劍牟岑), 왕족 안승(安勝)을 추대해 부흥운동 전개, 신라는 이들을 금마저(金馬渚)에 살게 하고 안승을 고구려왕으로 봉함 • 왜국, 일본으로 국호를 바꿈(『삼국사기』 기록)			문무왕 10년	고종 21년	천지천황 9년

연도	내 용	고구려	백제	신라	당	왜
	• 장안에 잡혀간 신라 장군 양도(良圖) 옥사, 김유신의 동생 흠순은 석방됨					
671	• 신라, 부여석성에서 당군 대파 • 천지천황 사망			문무왕 11년	고종 22년	천지천황 10년
672	• 당나라 장수 고간(高侃)과 이근행(李謹行)이 군사 이끌고 평양 주둔 • 신라, 고구려부흥군과 연합해 당군 격파 • 천지천황의 동생 대해인(大海人 : 천무천황)황자, 조카 대우(大友)황자 제거 위한 거병(임신의 난). 대우황자 자살함			문무왕 12년	고종 23년	천무천황 1년
673	• 김유신 사망 • 왜국, 천무천황 즉위			문무왕 13년	고종 24년	천무천황 2년
674	• 당, 유인궤(劉仁軌)를 계림대총관(鷄林大總管)으로 삼아 신라 공격함			문무왕 14년	고종 25년	천무천황 3년
675	• 신라, 당의 대군을 매초성에서 대파, 나당전쟁을 사실상 종결지음			문무왕 15년	고종 26년	천무천황 4년

기초
자료

《삼국사기》

《삼국유사》

김대문 저, 이종욱 역주해, 《화랑세기》, 소나무, 1999

《日本書紀》, 成殷九 譯註, 고려원, 1987

《完譯 日本書紀》, 田溶新 譯, 一志社, 1989

《古事記》, 魯成煥 譯註, 예전, 1990

《續日本記》

《국역 삼국사절요》 1 · 2, 세종대왕기념사업회, 1996

《東京雜記》

《梁書》

《南齊書》

《宋書》

《陳書》

《南史》

《北史》

《周書》

《隋書》

《舊唐書》·《新唐書》

《資治通鑑》

《貞觀政要》

《冊府元龜》

《東國兵鑑》

《東史綱目》

《翰苑》

《북한의 문화재와 문화유적》 1~2, 서울대학교 출판부, 2000

김철준 · 최병헌 편저, 《사료로 본 한국문화사》 고대편, 일지사, 1986

《新編 日本史圖表》, 東京, 第一學習社, 1997

《二十五史人名辭典》 上 · 下冊, 中州古籍出版社, 1994

저서

江上波夫,《騎馬民族國家》, 中央公論社, 1967

江上波夫 編,《騎馬民族とは何か》, 每日新聞社, 1975

孔錫龜 著,《고구려 영토확장사 연구》, 서경문화사, 1998

국사편찬위원회,《한국사》4 초기국가─고조선 · 부여 · 삼한, 국사편찬위원회, 1997

국사편찬위원회,《한국사》5 삼국의 정치와 사회 Ⅰ─고구려, 국사편찬위원회, 1996

국사편찬위원회,《한국사》6 삼국의 정치와 사회 Ⅱ─백제, 국사편찬위원회, 1995

국사편찬위원회,《한국사》7 삼국의 정치와 사회 Ⅲ─신라 · 가야, 국사편찬위원회, 1997

국사편찬위원회,《한국사》8 삼국의 문화, 국사편찬위원회, 1998

국사편찬위원회,《한국사》9 통일신라, 국사편찬위원회, 1998

綱野善彥 감수,《古墳時代の考古學》, 東京, 學生社, 1998

古田武彥,《日本古代新史》, 東京, 新泉社, 1991

近藤義郎,《前方後圓墳の時代》, 岩波書店, 1983

김기흥,《새롭게 쓴 한국고대사》, 역사비평사, 1993

김문경 저,《唐代의 사회와 종교》, 숭실대학교 출판부, 1984

김상 편저,《네티즌과 함께 풀어보는 한국고대사의 수수께끼》, 주류성, 2001

김성호,《비류백제와 일본의 국가기원》, 지문사, 1982

김성호,《씨성으로 본 한일민족의 기원》, 푸른숲, 2000

김영하,《삼국시대 왕의 정치형태 연구》, 고려대 박사학위논문, 1988

김정배,《한국고대의 국가 기원과 형성》, 고려대학교 출판부, 1986

金鍾權,《國難史槪觀》, 명문당, 1957

김주성,《백제사비시대 정치사연구》, 전남대 박사학위논문, 1990

누노메 조후 · 구리하라 마쓰오 지음, 임대희 옮김,《중국의 역사─수당오대》, 혜안, 2001

盧重國,《百濟政治史 研究》, 일조각, 1988

杜文玉 著,《唐高祖與唐太宗》, 陝西人民出版社, 1999

朴在馨 著, 金鍾權 譯註,《海東續小學》, 明文堂, 1983

박진석,《호태왕비와 고대 조일관계 연구》, 도서출판 박이정, 1993

변인석 지음,《당대문화사총설》, 한울 아카데미, 1994

富士正晴 지음, 정성환 편역,《인물로 보는 중국역사》3─측천무후와 부침하는 왕조, 신원문화사, 1994

사회과학출판사, 《조선전사》 3, 1991

사회과학원 역사연구소 편, 《고구려사》 3, 과학백과사전종합출판사, 1991

山尾幸久, 《日本古代王權形成史論》, 岩波書店, 1983

《삼국시기의 사회경제 구성에 관한 토론집》, 일송정, 1989

서길수, 《고구려성》, KBS고구려특별대전도록, 한국방송공사, 1992

서병국, 《고구려 제국사》, 혜안, 1997

徐連達·吳浩坤·趙克堯 지음, 중국사연구회 옮김, 《중국통사》, 청년사, 1989

서희건 편저, 《잃어버린 역사를 찾아서》 1·2·3, 고려원, 1986

손영종, 《고구려사》 I, 과학백과사전종합출판사, 1990

石野博信, 《古墳時代史》, 雄山閣考古學選書 31, 1990

石云濤 著, 《走出玄武門》, 華夏出版社, 2000

申采浩 著, 陳鏡煥 註釋, 《朝鮮上古史》, 인물연구사, 1982

신형식, 《신라사》, 이대출판부, 1985

신형식, 《한국고대사의 신연구》, 일조각, 1984

趙克堯·許道勳, 《唐太宗傳》, 人民出版社, 1984

야마다 히데오 지음, 이근우 옮김, 《日本書紀入門》, 민족문화사, 1988

양기석, 《백제전제왕권성립과정연구》, 단국대박사학위논문, 1990

NHK 취재반 저, 남정현 역, 《大黃河》 전4권, 삼성미디어, 1991

余太山 主編, 《西域通史》, 中州古籍出版社, 1996

역사과학 연구소, 《고구려문화》, 사회과학출판사, 1975

寧志新 著, 《李勣評傳》, 三秦出版社, 2000

와타나베 미츠토시 지음, 채희상 옮김, 《일본천황도래사》, 지문사, 1995

牛致功 著, 《唐高祖傳》, 人民出版社, 1998

윤명철, 《말타고 고구려 가다》, 도서출판 청노루, 1997

이기동, 《신라 골품제사회와 화랑도》, 일조각, 1984

이기백, 《한국고대사론》, 탐구당, 1975

이기백, 《신라정치사회사연구》, 일조각, 1974

이덕일·이희근, 《우리 역사의 수수께끼》 1~2, 김영사, 1999

이도학, 《새로 쓰는 백제사》, 푸른역사, 1997

이도학, 《한국고대사 그 의문과 진실》, 김영사, 2001

이도학, 《꿈이 담긴 한국고대사 노트》 상·하, 일지사, 1996

이도학, 《백제장군 흑치상지 평전》, 주류성, 1996

이병도·이원재, 《진단학회 한국사》 고대편, 을유문화사, 1959

이옥, 《고구려 민족형성과 사회》, 교보문고, 1984

이자와 모토히코 저, 유재성 옮김, 《역설의 일본사》―역설의 한일고대사―, 고려원, 1995

이종욱, 《신라상대왕위계승연구》, 영남대학교 출판부, 1980

이종욱, 《화랑세기로 본 신라인 이야기》, 김영사, 2000

이지린 · 강인숙, 《고구려 역사연구》, 사회과학출판사, 1976

李進熙, 《廣開土王陵碑の硏究》, 吉川弘文館, 1972

이진희 · 강재언 지음, 김익한 · 김동명 옮김, 《한일교류사》, 학고재, 1998

이형구 · 박노희, 《광개토대왕비의 연구》, 동화출판사, 1986

임용한 지음, 《전쟁과 역사》 삼국편, 혜안, 2001

井上秀雄 외, 김기섭 편역, 《고대 한일관계사의 이해―倭》, 이론과 실천, 1994

井上淸 지음, 서동만 옮김, 《일본의 역사》, 이론과 실천, 1989

정순태, 《김유신―시대와 영웅》, 까치, 2000

齊濤 主編, 《中國皇族的命運 大結局》, 齊魯書舍, 1999

조희승, 《일본에서 조선소국의 형성과 발전》, 백과사전출판사, 1990

佐佐克明 著, 姜錫泰 譯, 《일본천황가는 한국인의 후손》, 오성, 1999

曾先之 著, 김광주 譯, 《說話 中國史》 6 · 7 · 8, 신태양사, 1972

陳舜臣 · 오자키 호츠키 편, 《영웅의 역사》 7―대제국의 황제, 솔, 2000

陳安利 著, 《唐十八陵》, 中國靑年出版社, 2001

최재석 지음, 《古代 韓日關係와 日本書紀》, 일지사, 2001

澤田洋太郎, 《伽倻は日本のルーツ》, 新泉社, 1994

한국역사연구회, 《삼국시대 사람들은 어떻게 살았을까》, 청년사, 1998

한국역사연구회 고대사분과 지음, 《문답으로 엮은 한국고대사 산책》, 역사비평사, 1994

홍원탁 저, 《백제와 대화일본의 기원》, 구다라 인터내셔널, 1994

※ 개별 논문은 생략함